몸, 멈출 수 없는 상상의 유혹

# 몸,
## 멈출수없는
## 상상의유혹

허정아 지음

21세기북스

## '상상에 빠진 인문학'을 펴내며

인간은 생래적으로 결핍의 존재다. 고로 인간은 영원히 욕망한다. 상상력은 욕망하는 인간의 날개가 된다. 우리는 아직 오지 않은 미지의 세계로 이제껏 보지 못한 낯선 세계로 지금껏 존재하지 않은 신비의 세계로 상상의 날갯짓을 시작한다.

'상상에 빠진 인문학'은 이러한 비상의 길잡이다. 오직 꿈과 희망만을 나침반 삼아 상상의 망망대해를 항해하는 상상하는 인간 '호모이마기난스'의 도전을 향한 격려이자 현실 너머 유토피아로의 광막한 길을 방랑하는 상상력의 노마드들을 위한 지적 안내서다.

무한 지식 시대, 무한 콘텐츠 시대에 상상력은 융합의 기술이요 네트워크 능력이다. 이에 이 시리즈는 우리 시대의 헤르메스가 되고자 한다. 고대로부터 디지털시대에 이르기까지 중심과 주변의 경계를 끊임없이 넘나들며 과거와 미래, 억압과 해방의 교차로에서 이야기, 공간, 시간, 얼굴, 이미지, 몸, 향기, 음식, 지도, 테크놀로지 등 인류가 창조해낸 문화콘텐츠 전반에서 전개되고 있는 그 모든 상상력의 대역사를 읽어내고자 한다. 이것은 곧 미래를 위한 상상적인, 너무나 상상적인 여행의 대장정이다.

# 차례

# 몸, 그 거대한 상상의 교차로에서

인류 역사는 끊임없이 변화를 거듭해왔다. 그 변화의 굽이들 속에서 인간의 세계관, 가치관들 역시 다양하게 바뀌었다. 어느 세기에는 종교가 모든 것을 지배하기도 했고, 어느 때는 이성이 가장 중요한 위치를 차지했으며, 또 어느 시점에서는 전 인류가 기계문명과 산업화를 향해 맹렬히 달음박질하기도 했다. 그리고 이제 21세기가 되었다. 21세기는 첨단과학과 테크놀로지의 발달로 과거 그 어느 때보다 엄청난 변화가 올 것으로 예상되고 있다. 레이 커즈와일과 같은 미래학자들은 그 변화 속도가 너무 빨라 역사의 천이 찢어지게 되는 지점, 즉 '특이점'을 말하기도 했다.

　이처럼 지속적인 인류 변화의 배경에는 바로 인간의 상상력과 욕망이 있었다. 테크놀로지와 과학, 기계의 발명 또한 궁극적으로는 인간의 욕망과 상상력이 우선이었다. 과연 인간이 욕망하지 않고 상상하지 않았다면 이 많은 것들을 창조해내고 발전시킬 수 있었을까? 하늘을 날고 싶어 하는 욕망이 없었다면 비행기는 나오지 않았을 것이며, 좀 더 빠른 움직임을 원하지 않았다면 자동차는 나오지 않았을 것이다. 이제껏 상상력은 인류 문명을 가동시켜온 원동력이며 에너지였고, 현재 또한 그러하다. 특히 21세기 디지털 테크놀로지와 신과학들은 이러한 상상력의 차원을 한 단계 끌어올렸다. 3D, 아바타, 사이보그, 가상현실, 인공생명, 유전공학, 나노공학 등 21세기 최첨단 과학기술이 구현하고 있는 것은 이미 인간의 상상력 속에서 오랜 기간 욕망의 대상이 되었던 것이다. 과거의 시간들이 무언가를 상상하고 그것을 만들어가는 기술을 개발하는 시대였다면, 21세기는 상상하는 것을 곧 이루는 시대가 된 것이다.

　기술 발달로 상상을 얼마든지 현실로 탄생시킬 수 있는 21세기에, 상상력은 모든 하드웨어를 뛰어넘어 무한 이윤을 창출해내는 요술방망이와도 같은 것이다. 레오나르도 다 빈치와 아인슈타인과 피카소의 창의적 상상력, 할리우드 블록버스터 영화들의 거대한 이윤창출, 아이폰 신화, 빌 게이츠의 재산을 능가한 페이스북 창시자 마크 주커버그의 성공신화. 세계 곳곳의 다양한 분야에서 많은 사람들이 또 다른 신화를 창조하기 위해 새로움을 향한 모험을 꿈꾸고 있다. 그 모험들의 원동력이 되는 것이 바로 인간 능력을 무한하게 만드는 상상력이라는 점을 21세기는 실감하고 있다. 이제까지 예술 창작 분야의 전유물로 여겨온 상상력이 과학적 탐구나 정치·환경·교육·산업 분야 등으로 광범위하게 확대되고 있으며, 테크놀로지와 과학의 발달, 미디어환경의 변화로 상상력은 과거와는 다른 패턴으로 전개되고 있다.

뤼시엥 보이아는 인류 문명사에서 상상력이 걸어온 방대한 여정을 정리한 《상상력의 세계사》에서 "우리의 존재 자체가 상상력의 세계에 속하지 않는다고 맹세할 수 있겠는가?"라는 의미심장한 질문을 던진다. 그는 "역사의 모든 분야에서, 모든 역사적 사건에서, 모든 사상에서, 그리고 모든 행동에서 상상력을 발견한다"라고 말하며, 인류 역사의 대모험에는 언제나 상상력이 작용하고 있음을 강조한다. 상상력의 세계는 현실세계와 적대적인 경계선상에 있지 않다. 누가 상상의 세계와 현실 사이의 경계를 명확하게 정의할 수 있겠는가? 첨단과학의 발전에도 불구하고 과학자들은 우주의 96퍼센트가 과학적으로 설명할 수 없는 미지의 '어두운 에너지(dark energy)'로 이루어졌다고 한다. 이 어두운 에너지로 가득한 우주에서 상상력의 경계는 어디인가? 상상력에 대해 방대한 집필을 한 프랑스 학자 질베르 뒤랑은 모든 것이 상상력의 대상이자 산물이라고 단언한다. 상상력은 이제 경계가 없는 무한지대로 들어서고 있다.

그렇다면 인류가 펼쳐온 상상력 역사의 핵심은 무엇일까? 21세기 상상력이 이전 세대 상상력들과 구분되는 가장 큰 특징은 분야들 간의 융합이다. 산업혁명 이후 세분화, 전문화되어온 분야들이 21세기에 이르러서 서로 대화하며 만나기를 시도하고 있다. 각 분야들에서 이뤄온 성과와 변화들이 제각기 따로 가는 것보다는 다른 분야와 융합해 총체적으로 모색될 때 시너지 효과가 더욱 클 수 있다는 것을 알았기 때문이다. 그리고 이러한 융합 과정에서 상상력은 더욱 확대되고 거대해질 수 있다. 상상력을 통한 분야들 간의 융합이 중요하다는 것은 무엇을 의미하는가? 그것은 상대적으로 테크놀로지나 과학기술, 하드웨어 자체가 중요하지 않다는 것을 의미한다. 결과보다는 그 결과를 잉태시킬 수 있는 근원적인 에너지가 중요하다는 것이다. 그런 관점에서 상상력의 근원적 에너지를 알기 위해 우리가 가장 먼저 들여다보아야 할 것은 바로 그 상상력의 블랙홀인 몸이다. 그것이 바로 내가 이 책을 집필하게 된 동기다.

인간의 몸은 문명의 시작과 함께 끊임없이 상상의 대상이 되어왔고, 또한 상상력의 원동력 자체였다. 몸이 있어야 상상할 수 있고, 상상하기 위해서는 몸이 필요했기 때문이다. 뇌만 있는 인간이 상상할 수 있을까? 적어도 아직까지는 상상할 수 없다. 하지만 동시에, 상상 없이는 몸 역시 생존할 수 없다. 몸은 상상력의 통로이자 상상력의 창고이며, 상상력의 원천이자 질료이다. 무엇보다 몸에 대한 상상은 단순히 몸 자체에 국한되지 않는다. 몸은 인류의 모든 모험과 열정, 역사, 문화, 정치, 과학 등이 상호 교차하는 교차로다. 몸은 어느 한 순간도 정지하지 않으며, 또 그래야만 유지될 수 있는 거대한 우주다. 몸에 대한 상상의 궤적을 따라가는 것은 곧 인류 상상력의 역사를 추적하는 것과 같다.

과거 신화시대로부터 미래학에 이르기까지 몸은 상상력의 무한한 자원이다. 오비디우스의 《변신》을 비롯해 동서양의 민간설화, 건국신화들에서 끊임없는 상상력의 원동력이 되었던 것이 바로 몸이다. 인간의 상상력은 신과 인간, 동물, 식물, 자연의 경계를 넘나들며 몸에 대한 수많은 변신의 버전들을 낳았다. 유대 창조신화 속 아담을 비롯한 신화시대의 수많은 창조 신화들, 피노키오·프랑켄슈타인·골렘·피그말리온, 연금술 속의 호문쿨루스, 그리고 현대로 넘어와 터미네이터·스파이더맨·엑스맨 등의 초능력 히어로 캐릭터들, 로보캅·A.I.·아이언맨 등의 인간과 테크놀로지의 결합체들, 마징가·건담·트랜스포머 등의 수많은 로봇 캐릭터들에 이르기까지, 이 모든 것은 인간의 몸에 대한 상상의 형태들이다.

신화와 설화·소설·예술 속의 몸에 대한 상상은 이제 현실적 과제가 되었다. 과학기술은 과거 역사 속에서 상상된 몸을 현실로 만들어가고 있다. 시간과 공간을 초월하는 인터넷 소통은 과거 독심술이나 텔레파시로 꿈꾸던 것이었고, 나무인형이 살아 움직이도록 상상했던 것이 이제 로봇으로 생산되고 있으며, '백만불짜리 사나이'가 선보인 상상의 이야기가 몸속에 장기를 이식하고 컴퓨터칩을 넣어 사이보그로 실험되고 있다. 《이상한 나라의 앨리스》 《걸리버여행기》에서 상상되었던 가상의 공간은 이제 일상이 되었다. 연금술이 꿈꾸던 불로장생은 이제 과학의 최대 관심사이자 임무가 되어, 서기 3000년경에는 인간 수명이 300세가 될 것으로 전망되고 있다. 바야흐로 인간의 생명과 몸은 미래 과학기술 분야의 최대 블루오션으로 떠오르고 있다. 그리고 또 다른 한편에선 신

으로부터 해방되어 신과 같은 선상에 있는 '초인류(Superhuman)'를 상상하기도
한다.

　사실상 우리는 한평생을 몸이라는 장소 속에서 살아간다. 그 장소는 숙명적
인 장소다. 몸에 대한 상상은 그 숙명으로부터 벗어나기 위한 상상이다. 때로
우리는 그 장소를 비틀거나 변형시켜보기도 하고, 다른 것과 융합시키기도 한
다. 그리고 때가 되면 그 장소로부터 벗어나 훨훨 날아간다. 어떤 의미에서 몸
의 역사는 끊임없이 몸으로부터 벗어나기 위한 상상의 역사였다. 그리고 21세
기, 우리는 완전히 몸에서 떠나지는 못했으나 새로운 몸을 얻어가는 과정에 이
르고 있다. 몸은 이제 몸을 떠나 가상의 공간 속에서 몸 아닌 몸이 되어 소통의
네트워크로 살아가고 있다. 실체의 몸과 가상공간의 몸, 인간적인 한계를 벗어
나기 위한 부단한 여정 속에서 우리는 몸과 기계의 결합에 대한 상상의 흔적을
발견한다. 그 상상력의 여정은 우리가 생각하는 것 이상으로 훨씬 복잡했다.

　이 글에서는 몸에 대한 상상을 크게 세 가지 방향으로 설정해보았다. 몸 안
에 대한 상상, 몸을 벗어나 또 다른 몸을 상상하는 몸 밖으로서의 상상, 그리고
몸이라는 경계 자체에 대한 상상이 그것이다. 이것은 곧 우리가 세계를 상상하
는 방식의 하나다. 인간으로서 나라는 존재의 내부를 향한 상상의 끈, 나를 둘
러싼 외부세계에 대한 상상의 끈, 그리고 내부로서의 인간과 외부세계 사이의
경계에서 나와 너의 경계를 찾아가는 과정으로서의 상상의 끈, 이것이 우리가
세계를 보는 눈이요, 우리가 세계를 상상해가는 방식이다. 하지만 이 셋은 완
전히 단절되어 있는 것이 아니라 뫼비우스의 띠처럼 서로 연결되어 있다.

　보르헤스의 말처럼 모든 것은 모든 것과 닿아 있다.

결국 상상력의 가장 큰 테마는 네트워크요, 그 네트워크를 통한 경계 허물기가 아닐까. 이 책의 상당 부분은 상상력과 과학 사이의 경계의 모호성과 경계 허물기에 할애되었으며, 이 과정에서 동아시아 문명에 대한 자료발굴과 이에 대한 재해석을 시도하기도 했다. 비록 그 수준이나 자료의 양이 부끄럽기 그지 없지만, 상상력 집필 작업에는 근대 이후 서구 일변도의 지식체계를 벗어나 인류 문명에 대한 새로운 발굴과 재해석이 뒷받침되어야 한다는 생각에서였다. 상상력은 경계 없는 무한을 향한 도전이다. 비록 미미한 수준의 시도에 불과할지 모르지만, 이처럼 모든 경계를 허물고 넘나드는 과정이 수반되었을 때 비로소 상상력을 향한 모험의 가치가 빛을 발휘할 것이다.

몸과 상상력에 관한 이 책은 사실상 미완성이다. 이것은 첫걸음에 불과하며 수많은 다른 생각들 간의 네트워크를 통해 이 책은 비로소 완성될 수 있다고 믿는다. 독자들의 열린 상상력을 기대하며, 상황이 허락된다면 웹상에서라도 독자들과의 대화를 통해 미완의 부분들을 메워가고 싶다. 이 책에 있는 글들 중에는 논문이나 국내외 발표문을 각색한 것들도 상당 부분 차지한다. 그러나 독자들과 좀 더 자유롭고 직접적인 대화를 나누기 위해선 형식에 얽매이지 않는 자유가 필요하다고 생각해서 모든 각주를 생략했다. 이 점, 독자들에게 양해를 구하고 싶다.

이 세상의 모든 책을 완성하는 작업에는 수많은 사람들과의 협업과 보이지 않는 노고가 밑거름이 된다. 책이라는 매체 자체가 다른 사람과의 소통, 대화를 위한 것이니만큼 당연하다 하겠다. 하지만 이 책이 나오기까지 보이지 않는 이들의 노고와 열정은 특별했다. 북이십일 김영곤 사장님, 김성수 본부장님과

이 시리즈 기획의 중추 역할을 한 강선영 팀장님과 심지혜 팀장님, 글의 편집방향과 구성에 많은 노고를 아끼지 않으신 최혜령 님께 진심어린 감사의 마음을 전하고 싶다. 또한 2년여에 걸쳐 이뤄진 상상력 워크숍에 함께 참여해 많은 이야기를 나눈 선생님들께 함께한 그 시간들이 이 책에 고스란히 녹아 있음을 보여드리고 싶다. 그분들과의 값진 시간들이 또 다른 멋진 상상의 파티를 기획할 수 있기를 기대해본다.

　또 정말 고마움을 전해야 할 사람들이 있다. 나의 제자들과 연구원들이다. 리서치를 통한 자료 발굴과 정리, 인터넷 검색에서 젊은 연구원들과 제자들의 도움이 절대적이었다. 그들의 재기발랄한 아이디어와 리서치 능력이 없었다면 이 책의 완성은 불가능했을 것이다. 병혁, 보람, 선형, 성용, 성희, 영옥, 유빈, 재윤, 정균, 지혜, 현민, 형민……. 이 책은 그들의 책이다. 그들 모두에게 가슴 깊은 곳에서의 고마움과 함께, 그들과의 지적인 대화가 있어서 책을 준비하고 쓰는 동안 내가 얼마나 행복했고 그들을 자랑스러워했는지를 전하고 싶다. 나는 느낄 수 있다. 함께한 그 상상의 시간들 속에서 우리 모두가 행복했음을.

　그리고 무엇보다 내 인생 최대의 복권인 남편과 아들 재욱에게 이 책을 바치고자 한다.

2011년 3월
허정아

# 1부.
# 신비의 영토,
# 몸 안을 상상하다

몸의 기원에 대한 상상, 몸 안의 신비한 영토
를 상상하는 여행은 상상 그 자체를 상상하는
상상력으로 오늘날 포스트휴먼 시대까지 이
어지고 있다. 그 기이한 상상력들에서 우리는
우리 몸이 상상하는 대로의 몸을 본다. 과거
오랜 시간 몸은 상상을 실현시키기 위해 존재
하는 장소였지만, 바야흐로 머나먼 신화 속의
몸은 몇 백만 년 후 인류가 진화할 미래의 몸
이 될 수도 있을 것이다.

# 몸의 시작, 인간은
# 어떻게 만들어졌나?

인류는 탄생 이래 신화시대로부터 오늘날에 이르기까지 자신의 기원에 대해 끊임없는 상상을 펼쳐왔다. 그 미지의 상상여행을 안내해온 나침반은 크게 두 가지로 볼 수 있다. 하나는 몸이라는 미지의 세계에 대한 무한 상상이고, 다른 하나는 몸속 들여다보기다. 첫 번째 무한 상상이라는 나침반은 종교, 신화, 문학, 과학 등 다양한 분야에서 오랜 항해를 지속해오는 데 결정적 원동력이 되었다. 그리고 들여다보기라는 두 번째 나침반은 첫 번째 나침반에 비해 비교적 그 역사가 짧다. 직접 들여다보기 위해서는 그에 필요한 지식과 동기, 기술이 필요했기 때문이다. 하지만 해부학에서부터 시작된 몸속 들여다보기는 몸에 대한 인식, 몸에 대한 상상력의 형태를 크게 변화시켰다. 한편 몸속 신비에 대한 호기심과 상상력은 몸속을 가시화하는 기술을 발전시키게 된 원동력으로 작용했다. 신비의 영역으로 상상해오던 몸속을 직접 들여다보게 되면서, 인류는 몸에 대한 상상력을 다른 형태로 키워나가고 있다. 엑스선부터 CT, MRI, 그리고 나노기술의 발달로 이제 몸속의 더욱 세밀한 부분과 심지어는 세포조직, DNA 조직까지도 눈으로 볼 수 있게 되었다. 그리고 이러한 들여다보기는 몸을 의학, 예술, 과학, 인문학을 융합시키는 상상력의 기폭제로 만들고 있다.

## 태초의 혼돈은 무엇?

몸의 시작은 언제, 어디에서 비롯된 것일까? 아니 그보다 생명의 시작, 인간이라는 종의 기원은 언제, 어디에서 비롯된 것일까? 그리고 우주의 기원은? 이에 대한 해답을 얻기 위해 우리는 먼 시간여행을 할 필요가 있다.

우선 신화 속으로 들어가보자. 신화는 생명의 기원에 앞서 우주의 기원을 상상했다. 헤시오도스는 신화의 세계를 신들과 우주의 기원에 대한 이야기로부터 풀어나간다. 그는 《신통기》에서 우주의 기원을 상상한다. 카오스는 무(無)로서, 처음으로 무언가 카오스로부터 태어나기 전까지는 어떤 것도 존재하지 않았다. 카오스는 무질서하고 형체 없는 덩어리로 모든 물질의 원형과 에너지로 꽉 찬 공간이었다. 물질들과 에너지가 아직 분리되어 있지 않고 모든 것이 서로 뒤엉켜 있는 상태가 바로 카오스였다. 카오스에서 어둠의 신 에레보스와 밤의 여신 뇍스가 태어났다. 이때까지는 온 세상이 어둠뿐이었다. 어둠과 밤이 교합하기를 거듭하더니 이 둘 사이에 낮의 신 헤메라와 대기의 여신 아이테르가 태어났다. 이로써 모든 천체가 운행할 우주의 드넓은 어둠과 낮과 밤의 세계가 생겨났다. 곧이어 밤의 여신 뇍스는 검은 날개로 바람을 일으켜 거대한 알을 낳았다. 이 알에서 모든 물질을 결합해 생성하게 하는 생산의 신 에로스가 태어났다. 또한 밤의 여신 뇍스는 혼자 힘으로 많은 자식을 낳았다.

　중국 신화에서도 천지가 창조되기 이전에는 어두운 혼돈만이 존재했다고 상상했다. 이 혼돈은 알과 같은 형태였는데, 이로부터 반고라는 인물이 태어나 우주를 창조한 것으로 되어 있다. 반고는 태어난 지 1만 8000년 후에 잠에서 깨어나 천지를 둘로 나눈다. 양기를 띤 물질은 하늘이 되고, 음기를 띤 물질은 땅이 되었으며, 반고는 그 중간에서 양쪽을 계속 떠받쳐 천지가 자리를 잡기까지 노력했다. 그리고 다시 1만 8000년 후 하늘과 땅이 제자리를 잡게 되자 반고는 죽음을 맞이하고, 그의 몸은 바람, 구름, 번개와 천둥, 해와 달, 하천 등 천지를 구성하는 많은 요소들로 탈바꿈한다.

우리는 이 두 동서양 신화에서 천지창조에 대한 상상력의 형태가 매우 유사하다는 것을 느낄 수 있다. 우주는 무정형의 혼돈으로부터 발생했고, 그로부터 상반된 두 힘이 잉태되어 천지가 생겨났다는 것이다. 그리스 로마 문화권에서는 카오스로부터 밤과 낮의 교합이 있었고, 중국 문화권에서는 양기운과 음기운이라는 상반된 에너지로부터 천지가 생성되었다는 것이다. 우주 창조를 의인화해 상상했다는 점도 유사하다.

그렇다면 과학이 내놓는 우주 탄생과 지구 탄생 관련 자료는 어떨까? 지금부터 타임머신을 우주가 탄생한 100억 년에서 150억 년 전으로 돌려보자. 여러분은 지금 우주 탄생 후 1분 사이의 일들을 목격하게 될 것이다.

장면 #1 : 우주 탄생 $10^{-43}$초 후 온도가 내려가고 중력이 생긴다.

장면 #2 : $10^{-43}$초 후 온도는 $10^{27}$도로 내려가게 되고 그로부터 쿼크와 전자의 형태로 물질이 출현한다.

장면 #3 : 1초 후 전자와 반전자가 충돌해 전자만 남는다.

장면 #4 : 1분 후 온도가 10억 도로 내려가 양성자와 중수소가 합쳐져 헬륨과 리튬, 중수소와 같은 원소가 된다.

장면 #5 : 빅뱅 30만 년 후 평균온도가 3000도 정도 되면서 최초 원자가 만들어진다.

장면 #6 : 빅뱅 10억 년 후 은하가 형성된다.

장면 #7 : 빅뱅 30억 년 후 태양계가 형성된다.

장면 #8 : 지금으로부터 50억 년 전 지구가 탄생한다.

*신화시대로부터*
*인간이 우주를 향해 펼쳤던 무한한 상상,*
*인간은 어디로부터 왔는가?*

**장면 #9 : 그리고 지금으로부터 34억 년 전 지구에 최초의 생물이 태어난다.**

때로 과학적 사실들이 오히려 상상하기 더 힘들 때가 있다. 여러분은 어떤가? 헤시오도스의 《신통기》, 반고신화와 우주 탄생에 대한 과학적 자료 중 어느 것을 더 쉽게 상상할 수 있겠는가?

그럼 이제 인간의 등장을 추적해보자. 과학적으로 인간 진화의 비밀을 알아낸 것은 불과 200년 정도밖에 되지 않는다. 그 공백기는 모두 상상력으로 채워져왔다.

창세기에서는 "야훼 하나님께서 사람을 빚어 만드시고 코에 입김을 불어넣으시니 사람이 되어 숨을 쉬었다"고 한다. 이 창세기 신화는 인간 기원에 대한 매우 중요한 단서를 던져준다. 인간은 생물학적 진화로써 자연 발생적으로 생겨난 것이 아니라 창조주로부터 만들어졌다는, 동서양을 막론한 보편적 상상력을 담고 있기 때문이다. 그리스 로마 신화로부터 동남아시아, 중국 등 많은 문화권에서 인간은 어떤 위대한 힘에 의해 흙으로 제조되었다고 상상되었다. 그리스 로마 신화에서 프로메테우스는 인간을 창조하는 신의 위상에 최초로 도전장을 던진 인물이다. 그는 흙을 물에 반죽해 신의 형상을 본떠 인간을 만들었다. 그리고 여러 동물들에게서 취한 선한 성질을 진흙인간의 가슴 속에 불어넣었다. 그리고 여기에 마지막으로 여신 아테네가 인간 속에 여러 신들의 지혜와 습성을 불어넣어 인간이 탄생하게 된다. 물론 프로메테우스는 제우스로부터 신의 행위를 가로챈 이유로 벌을 받는다. 그리스 신화뿐만 아니라 나이지리아의 요르바족 신화와 오세아니아의 신화에서도 인간은 신이 흙으로 만든 존재로 상상된다. 중국의 창조신화도 같은 상상력을 보여준다. 반고가 천지를 창조한 후 인간을 창조한 것은 여신 여와다. 뱀의 몸에 사람의 머리를 한 여와는 황토를 반죽해 사람의 형태를 만들고 그 안에 생명을 불어넣어 최초의 인간을 창조했다.

신화시대부터 오늘날에 이르기까지 인간 제조에 대한 상상은 끊임없이 이어져왔다. 신에 의해 흙으로 창조된 인간과 과학기술로 창조된 사이보그에 이르기까지, 인간에 대한 창조는 끊임없는 상상의 테마였다. 인간 제조에 있어서 신화시대와 현대를 구분 짓는 것은 창조의 주체가 신인가 인간인가라는 점이다. 신화시대 창조의 모든 주체는 항상 신이었다. 프로메테우스 역시 올림포스 신의 권한에 도전했지만, 그의 소속 또한 근본적으로는 신이었다. 하지만 17세기 과학혁명이 일어나기 전, 그러니까 고대로부터 근대의 중간 단계인 중세에는 신화시대와 과학시대를 잇는 과도기적 상상력이 등장한다. 흔히 연금술은 금을 제조하기 위한 기술로 알려져 있다. 그러나 그들이 추구했던 것은 상당 부분 창조의 신비로 다가서기 위한 노력의 하나였다. 알베르투스와 파라켈수스, 로저 베이컨 등 연금술과 관련된 많은 이들과 인조인간의 이야기가 겹쳐지는 것은 이러한 이유에서였다. 실제로 인조인간이 만들어졌는지 그리고 그것이 성공했는지는 중요하지 않다. 여기서 중요한 것은 중세에는 인간 창조를 신들의 영역으로부터 끌어내려 직접 인간 제조에 도전했다는 것이다. 그리고 그 과정에서 과거처럼 신비로운 힘에 의존하는 방식이 아니라 물질들의 화합과 숙성을 활용하였다는 것이다. 흙으로 제조해 신성한 힘을 불어넣어 인간을 만들었다는 신화시대의 상상력이 중세에는 물질적 차원으로 전환된 것이다. 이러한 물질적 차원으로의 전환이 현대의 사이보그 탄생을 가능하게 한 것이었다. 상상력의 형태는 문명과 과학기술에 따라 진화하는 것임을 확인할 수 있는 대목이다.

## 상 상 하 는   인 간 의   탄 생

그럼 과학은 인간의 탄생을 어떻게 밝히고 있는가?

> 장면 #10 : 500만 년 전 두 발로 걷는 최초의 원인이 나타난다.
> 장면 #11 : 200만 년 전 호모에렉투스가 등장해 불을 통제하고 언어와 무기를 사용하며, 호모사피엔스가 출현해 도구를 제작하고 이전보다 고도화된 도구 혁신을 가져온다.
> 장면 #12 : 9만 년 전 인류의 직접 조상인 호모사피엔스사피엔스가 출현한다.
> 장면 #13 : 4만 년 전 호모사피엔스사피엔스가 지구상에 유일한 인류로 살아남아 기술을 진화시킨다.

호모사피엔스는 1758년 '현대 분류학의 아버지'라고 불리는 스웨덴의 식물학자 린네가 '생각하는 인간'이라는 어원으로 현생인류 종에 붙인 명칭이다. 이외에도 인류는 사회학적 특성에 따라 다양한 명칭을 갖는다. 놀이적 인류를 뜻하는 호모루덴스, 기술을 사용하는 인류를 뜻하는 호모파

베르, 언어를 사용하는 인류를 뜻하는 호모로퀜스, 정치하는 인류를 뜻하는 호모폴리티쿠스, 예술하는 인류를 뜻하는 호모아르텍스 등등.

그러면 호모에렉투스로부터 현생인류인 호모사피엔스사피엔스로 오기까지는 어떤 일들이 있었을까? 무엇이 종의 도태와 생존을 결정지었을까? 500만 년 전 오스트랄로피테쿠스는 유인원 머리에 인류의 몸을 가진 원시인류로 등장한다. 오스트랄로피테쿠스와 호모에렉투스의 차이점은 바로 두뇌용량이었다. 오스트랄로피테쿠스의 두뇌용량은 침팬지와 비슷했던 반면, 호모에렉투스의 두뇌용량은 현생 인류에 버금갈 정도로 급속히 증가했다. 바로 이 두뇌용량이 종의 생존을 좌우하는 열쇠였던 것이다. 유인원은 인간과 98퍼센트의 유전자를 공유하지만, 간단한 도구를 사용하는 유인원과 원시인류는 두뇌용량과 발달한 손의 기능으로 인해 진화의 쌍곡선을 긋게 된다. 엄지손가락이 다른 4개 손가락과 마주보게 발달한 인류의 손은 정교한 동작을 가능하게 해주었고 그것은 지능 발달과도 연결되었다. 이러한 이유로 오스트랄로피테쿠스는 '호모' 즉 인간이라는 칭호를 얻지 못한다.

EBS방송의 다큐 프로그램 〈한반도의 인류〉는 우리에게 흥미로운 단서를 제공한다. 호모에렉투스의 두뇌가 그 역량을 발휘한 것은 주먹도끼 덕분이라는 것. 주먹도끼는 다른 원시 인류에게서는 발견되지 않는 것으로서, 구석기의 상징이자 당시의 기술수준을 가늠하는 잣대다. 그런데 연구결과에 따르면, 그들의 주먹도끼 발명은 우연히 돌을 깨다 만들어진 것이 아니라 머릿속에서 상상하고 계획해 만들어낸 것이었음이 밝혀졌다. 호모에렉투스는 상상을 통해 도구를 만든 최초의 인류였던 것이다.

호모에렉투스는 이렇게 해서 100만 년이라는 시간 동안 살아남을 수 있었다. 하지만 그들보다 더 뛰어난 지능을 가진 호모사피엔스의 등장으로 결국 도태된다. 호모에렉투스가 주먹도끼 하나와 자연에서 얻은 불씨를 가지고 살아오면서 변하지 못했던 반면, 호모사피엔스는 불씨를 만들어내는 기술을 개발했고 석기를 나무에 묶어서 쓰는 지능도 갖췄다. 호모에렉투스와 호모사피엔스의 운명을 결정지은 것도 결국 지능과 기술이었다.

호모사피엔스는 단지 생존을 위해 노력하는 것뿐만 아니라 예술도 만들어낼 정도로 향상된 지능을 가졌다. 호모사피엔스는 보고 듣고 느낀 것을 표현한 최초의 인류였다. 석회암 동굴이 많은 유럽에서는 호모사피엔스의 동굴벽화가 많이 발견된다. 호모사피엔스에게서 흥미로운 점은 영혼의 세계를 상상하고 믿었다는 것이다. 그들은 영혼이 존재한다고 믿어 죽은 사람을 매장하고 애도할 줄도 알았다고 한다. 그 결과 영혼의 세계를 관장하는 무녀가 등장했다. 무녀는 사냥감이 있는 곳을 점치고 신성한 의식을 주관하며 귀한 소금도 관리했다고 한다.

## 멈출 수 없는 창조적 상상력

1859년 11월 22일 화요일, 찰스 다윈의 《자연선택에 의한 종의 기원에 관하여》란 책이 출간되었다. 초판 1250부가 당일로 매진된 이 책은 인류 역사상 가장 큰 파문을 불러일으킨 책이다. 바야흐로 인간 기원에 대한 수많은 상상들은 1859년 찰스 다윈의 《종의 기원》으로 큰 전환점을 맞는다.

이 이론이 나오기 전까지 인간은 신이 창조한 특별한 존재였다. 그런데 인간이 원숭이로부터 진화된 생물체라는《종의 기원》의 내용은 인간 이해에 대한 관점을 전면적으로 급선회시키며 서구 문화에 실로 혁신적 변화를 일으킨 역사적 사건 중의 하나가 된다. 그런데 몇 백만 년을 상상해온 인간의 기원을 밝히는 이 역사적 사건의 주인공 찰스 다윈이 정식으로 생물학 교육을 받지 않은 아마추어 자연학자였다는 사실은 매우 놀랍다. 다윈 이전에도 종이 변화해왔다는 사실에 대한 설명은 있었다. 1809년 장 바티스트 라마르크는《동물철학》에서 종의 변화를 주장한 바 있다. 그리고 다윈의 할아버지인 이레즈머스 다윈도 종이 변화한다는 것을 주장했다. 하지만 그들 주장은 진화가 왜 일어나고 어떻게 전개되는지를 설명할 수 없었기 때문에 진지하게 받아들여지지 않았다. 그러면 어떻게 정식 생물학자가 아닌 다윈이 그 오랜 비밀의 열쇠를 가질 수 있었을까?

다윈은 아버지가 권하는 의사와 목사의 길을 마다하고 해군 측량선에 승선해 5년여 동안 남아메리카와 남태평양 섬들을 여행했다. 이 경험이 《종의 기원》 내용의 전반적 기반이 되었다. 그가 1835년 갈라파고스 제도 각 섬들에서 가지고 온 새의 표본들은 종이 변화한다는 사실의 결정적인 단서를 제공하는 것이었다. 그 새들은 모두 '핀치'류에 속했지만, 각각의 부리들은 완전히 다른 종들의 부리로 보일 만큼 상이했다. 다윈은 서로 다른 부리 모양으로부터 새들이 각기 다른 섬의 환경에 적응하기 위해 부리 모양을 다르게 발달시켜왔을 것이라는 결론을 이끌어낸다. 그로부터 그는 종은 고정된 것이 아니라 변화한다는 사실을 직관했다. 다윈은 여행을

# 창조론과 진화론, 어느 쪽이 더 상상적인가?

통해 자신이 직접 목격했던 사실들에서 기존 생물학적 분류로는 설명되지 않는 부분들을 발견했고, 그러한 이론의 틈을 해소하기 위해 '진화'라는 새로운 패러다임을 제시하기에 이르렀던 것이다.

그의 진화론은 21세기 화두인 융합적이고 창의적인 사고의 한 예를 보여준다. 진화론을 집필하는 데 생각의 실마리를 제공받은 것은 전통적 생물학 이론이 아니었다. 다윈은 자신의 이론을 구축하는 데 결정적 실마리를 준 것은 찰스 라이엘의 《지질학 원론》과 토머스 맬서스의 《인구론》이라고 밝힌다. 특히 인구의 과밀과 생존수단이 개체 수에 영향을 미친다는 맬서스 이론은 개체의 생존과 관련해 우수한 형질이 자연선택을 통해 살아남는다는 그의 이론에 직접적인 영향을 주었다. 기존의 신학적 창조론을 뒤흔들며 나타난 다윈의 진화론은 철저하게 경험에만 입각했다는 점에서 과학적인 것이었다. 동시에 그것은 원숭이로부터 인간을 유추해낸다는 점에서 무엇보다 상상적인 이론이었다.

하지만 창조론이 진리로 인식되고 진화론이 그것에 반하는 상상력으로 이해되었던 시대는 이미 지나간 지 오래다. 이제 다윈의 진화론은 과학적 진리로서 창조론 못지않은 도그마가 되었다. 오늘날은 오히려 창조론이 더 상상적인 시대다. 그러나 현대가 과학과 기술로 요약될 수 있음에도 불구하고, 2004년 갤럽조사에 따르면 미국인들 중 다윈의 진화론을 절대적으로 받아들이는 사람들 수는 극히 적다고 한다. 대다수 미국인들은 자신의 문화적, 종교적 환경이 제공하는 신화적 설명을 과학적 사실보다 선호한다는 것이다. 과학이 아무리 인간 기원을 밝혀냈다고 확언한다 하더라도 인간은 자신의 기원에 대한 상상을 멈추지 않는다.

## 인 류  진 화 의 ' 빠 진  고 리 '

"우리는 누구인가?"

"우리는 어디로 가는가?"

"우리는 어디에서 왔는가?"

베르나르 베르베르의 소설 《아버지들의 아버지》는 이렇게 시작한다. 베르베르는 과학적 진화론이 온전하게 인간의 기원을 밝히고 있다고 생각하지 않는다. 그는 진화론의 틈새를 집요하게 파고들며 인류의 새로운 조상에 대해 상상한다. 《아버지들의 아버지》는 '빠진 고리'에 대한 상상력을 주제로 하고 있다. '빠진 고리'란 진화의 어느 단계에 존재했다고 가정될 뿐 실제로는 그 화석이 발견되지 않은 생물들을 말한다. 이 소설은 현생인류와 그 조상 사이에 존재하는 '빠진 고리'를 연구하던 과학자가 살해를 당하면서 시작된다. 그 과학자는 인간이 알아서는 안 되는 비밀을 알게 되어 죽음에 이른다. 그 비밀은 인간이 원숭이와 돼지가 사랑해서 태어난 돌연변이라는 사실이다. 충격적인 사실이 아닐 수 없지만 돼지는 장기 구조와 피부색이 인간과 똑같고, 유대교와 이슬람교에서 돼지고기 먹는 것을 금지해왔다는 사실은 인류 진화의 '빠진 고리'에 돼지가 썩 적합해 보이게 한다. 베르베르는 소설을 통해 돼지 말고도 다양한 '빠진 고리' 후보들을 열거한다. 어떤 이는 별똥별을 통해 지구로 들어온 외계 바이러스가 인류 기원이라고 말하고, 또 다른 이는 직립보행을 통해 에로티시즘에 눈

뜨게 된 원숭이들의 근친상간이 만들어낸 기형이 인간이라고 말하기도 한다. 이처럼《아버지들의 아버지》는 다윈의 진화론이 놓치고 있는 현생 인류와 인류 조상들 사이의 틈새공간을 상상한다. 그 틈새는 진화라는 거대한 맥락 속에서 새로운 상상적 개체들이 탄생해 나오는 공간이다. 그리고 우리 자신이 어쩌면 '빠진 고리'일지도 모른다는 뤼크레스와 이지도르의 결론은, 우리가 살고 있는 현재 공간이 그 틈새일 수 있음을 암시한다. 바로 이 틈새로부터 현생인류를 넘어선 진정한 인간이 등장할지도 모른다는 가능성이 제시된다. 진화는 현재 인간에서 끝난 것이 아니라 여전히 진행 중이며 우리는 다가올 인류를 위한 '빠진 고리'일지도 모른다.

다윈의 진화론은 생물 진화가 '자연선택'이라는 자연적 과정을 따른다고 보았다. 하지만 인류 진화는 기술 습득과 밀접한 관계를 맺고 있는 것처럼 보인다. 기술은 인간 지성으로 창조되고 전승된다는 점에서 자연적 과정이 아니다. 따라서 '빠진 고리'로서 인간은 진화의 긴 역사 속에 '자연선택'이 아닌 '기술선택'이라는 새로운 요소를 개입시키고 있다. 인간 진화의 결과물인 기술이 이제 역으로 인간 진화를 결정한다는 것이다. 미래학자들이 인류 미래를 결정짓는 중요한 요인으로 기술을 손꼽는 이유가 바로 인류 진화의 과정이 보여준 그러한 사실 때문이다. 인류는 끊임없이 기술을 진화시켜왔다. 그 기술은 이제 인류와 평행선상에서 함께 진화하고 있다. 레이 커즈와일을 비롯한 미래학자들과 트랜스휴머니스트들은 기술이 인류 생존과 진화에 결정적 역할을 했음을 주목하고, 미래 인류의 운명 역시 기술 진화와 불가분의 관계를 가지고 있다고 전망한다.

인간 정복의 욕망,
몸의 지도를 완성하다

아래 사진은 17세기에 스테판 지크가 상아로 제작한 인체 해부학 모형이다. 오스트리아 비엔나의 테크놀로지 박물관에 전시되어 있는 이 모형의 상단부 뚜껑을 열면 인간의 살아 있는 몸을 상세하게 들여다볼 수 있다.

그림 1 스테판 지크, **임신한 여자의 해부 모형**, 17세기, 뚜껑을 열어 몸속을 들여다볼 수 있게 했다.

심지어 태아까지 볼 수 있다. 여인은 마치 살아 있는 것처럼 수줍은 표정으로 눈을 감고 가슴과 음부를 손으로 가리고 있다. 모형을 여인으로 제작하고 수줍은 표정을 담은 것에서 숨겨진 것에 대한 인간의 호기심과 상상력을 짐작할 수 있다.

몸 안으로의 상상여행에는 몸에 대한 지도와 나침반이 필요하다. 인간은 몸에 대한 지도를 어떻게 그려왔을까? 몸을 직접 열어 해부도를 그리는 것으로부터 생명의 근원인 게놈 지도를 만들기까지 인간은 몸이라는 신비한 영토를 정복하기 위해 끊임없이 지도를 그려가고 있다.

## 보고 싶은 욕망의 길

몸은 신비한 영토다. 몸의 신비로움은 상당 부분 그 안을 볼 수 없다는 사실에서 기인해왔다. 신비한 영토로서의 몸은 끊임없는 호기심과 상상력의 대상이었다. 이 장은 몸이라는 신비한 영토를 보고자 하는 인간의 욕망에 관한 것이다. 해부학은 그 욕망이 만들어낸 성과다. 해부학의 역사는 의학의 역사만큼이나 길다. 서양에서 인체의 의학적 해부는 알렉산드리아에서 기원전 300년경 헤로필로스에게서 처음 시도되었고, 근대에 이르러 현대의학에서의 해부학과 같은 모양새를 갖추게 되었다. 인류가 처음으로 몸 안을 들여다본 시점으로부터 몇 천 년이 지나서야 몸에 대한 정확한 지도가 그려지게 된 것이다. 몸속 모습을 객관적으로 묘사하기까지 이렇게 많은 시간이 걸렸다는 사실은 현대 상식으로 쉽게 납득이 가지 않는다. 수천 년이라는 시간 사이에 몸의 구조가 바뀌었을 리는 없다. 그럼에도 불구하고 몸에 대한 정확한 해부도가 수천 년이 걸려서야 나오게 된 이유는 무엇일까? 해부학에는 인간의 '봄'에 대한 욕망이 연루되어 있기 때문이 아닐까?

신화 속 에우리디케는 자신의 연인인 에로스의 모습을 보고자 욕망했다. 그녀는 연인의 모습을 보고 싶은 강렬한 욕망을 참지 못하고 침실에서 곤히 잠든 아름다운 에로스를 보고야 말고, 결국 연인과 헤어지는 운명을 맞는다. 인간의 원초적 욕망들 중 '봄'은 가장 강력한 욕망이다. '봄'은 단순히 눈에 보이는 가시적인 것만을 보게 하지 않는다. '보여지는' 것에는 언제나 인간의 '보고자 하는' 욕망이 관여하기 때문이다. 바로 이러한 욕망 때문에 단일한 하나의 해부도가 아니라 시대와 문화에 따라 다른 여러 종류의 해부도가 나오게 된다.

다음 두 그림은 동서양의 해부도가 반영하는 세계관과 인간관의 차이를 극명하게 보여준다. 이 그림들은 인체 내부를 투시하는 일종의 상상적 해부도다. 첫 번째 해부도는 15세기 독일의 해부학자 요하네스 케탐이 편집한 《의학논문집》에 있는 '황도십이궁' 삽화다. 이 해부도는 체액들이 순환

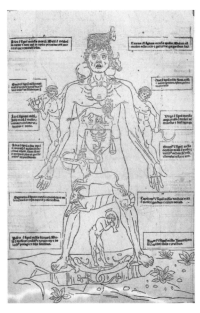

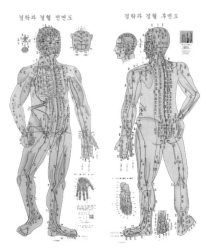

그림 2 (좌). 요하네스 케탐, 《의학논문집》의 삽화, 15세기, 각 장기마다 해당 별자리가 그려져 있다.
그림 3 (우). 한의학의 전형적인 인체경락도.

하는 장기들을 별자리 모양으로 묘사하고 있다. 중세까지 서양의학을 대표했던 히포크라테스의 4체액설(인체를 구성하는 네 가지 체액, 즉 혈액·점액·황담즙·흑담즙)은 각각의 체액이 불·물·공기·흙의 네 원소에 상응한다고 가정한다. 이러한 4원소의 순환은 우주를 포괄하는 원리이기도 하다. 서양 중세의 해부학은 인간 생명활동이 우주의 순환원리에 상응한다고 보았으며, 그러한 발상으로부터 인체와 천문학을 유비적인 것으로 보았다. 황도십이궁 인간은 갈레노스(고대 그리스의 의학자) 의학의 영향을 크게 받은 중세에 인간 해부학과 신체를 이해하는 주된 개념이었다. 갈레노스의 신체관을 형성하는 기반이 되었던 것은 데모크리토스, 플라톤 등이 주창한 소우주와 대우주 개념이었다. 우주에는 보편타당한 법칙이 있으며 그것은 우주에 있는 존재의 모든 단계에 적용된다는 것이다. 가장 작게는 원자에서 가장 크게는 우주까지, 인간은 그 존재들의 중간 단계에 있으며 우주를 요약한다고 상상했다. 이에 따라 몸의 각 부분들은 행성과 별에 해당한다.

　　황도십이궁의 순서에 따라 첫 번째 양자리는 머리와 3월에 해당하며 쌍둥이자리는 어깨, 염소자리는 무릎, 마지막 물고기자리는 양 발에 해당한다. 그리고 별자리와 천체에 따라 질병에 대한 치료를 할 수 있었다. 여기에서는 각 신체 부위에 해당하는 별자리 영향이 강할 때 그 부위를 치료하면 안 된다고 말한다. 따라서 3월에는 머리를 치료하면 안 된다. 그리고 "만약 그렇게 하면 그 사람은 뇌진탕에 걸리거나 죽을 것이다"라고 말한다. 비슷하게 게자리에 대해서는 "게는 6월의 별자리다. 배, 비장, 폐, 눈의 치료를 이때 하지 말라"고 말한다.

반면 동양의 전형적인 해부도라 볼 수 있는 그림3은 장기 위치나 형태보다 경락과 혈맥이 소통하는 가상의 선들을 묘사하는 데 심혈을 기울였다. 몸속에 그려진 가상의 선들은 기가 흐르는 장소로서 한의학에서 중요한 의미를 가진다. 음양오행설은 우주가 음과 양의 기로 구성되어 있다는 한의학의 주요 이론이다. 이렇듯 동양과 서양에서의 해부학은 인체가 우주를 운행하는 원리에 입각해 유지된다는 공통된 가정에서 독자적으로 발전해왔다. 동양과 서양 해부도의 차이는 각각의 문화가 우주를 상상하는 방식이 달랐기 때문에 발생한 것이다.

유럽에서 과학적이고 실증적인 해부학에 대한 연구는 르네상스에 들어와서야 이루어질 수 있었다. 16세기에 이르러서야 베살리우스에 의해 갈레노스 해부학이 비판될 수 있었으며 르네상스의 인문학과 회화술 발달, 과학 발달에 힘입어 처음으로 근대적인 해부학에 대한 연구가 이루어질 수 있었다. 이처럼 우리 몸은 언제나 종교적, 사회적, 문화적 맥락과 결부되어 있다. 갈릴레오와 코페르니쿠스의 혁명적인 천체 모형은 당시까지

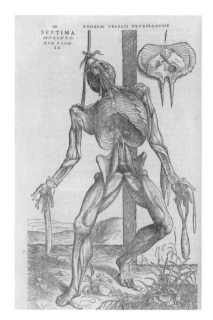

그림 4 안드레아스 베살리우스, **《인체의 구조에 대하여》**
**의 삽화**, 1543, 교수형당한 사체.

의 종교관에 큰 전환점을 가져왔
다. 이와 함께 자연에 존재하는 보
편타당한 법칙을 발견하려는 시대
적 분위기 속에서 천체와 물질뿐
아니라 살아 있는 사람의 몸까지
보편성 있는 연구 대상으로 삼게
되었다. 중세까지 인간 몸은 신의
영역에 속하는 것이었다. 하지만 르네상스 시기에 신학 중심의 학문이 개
별 학문들로 발전하고 인문학이 부흥하면서 신학적 목적론에 종속되었던
몸은 자유롭게 해방되어 해부학이 발전하게 되었다.

르네상스 시기에 해부학이 발달하게 된 또 다른 배경에는 의학과 예술
의 융합을 들 수 있다. 레오나르도 다 빈치가 그 대표적 예다. 다 빈치는 의
학적 지식을 갖춘 예술가로서 해부도를 그렸다. 인간 두개골을 그리는 데
건축의 입체 드로잉 기법을 차용해 스케치했다. 이러한 새로운 기법이 해
부학에 정확성과 함께 실감 있는 예술성을 부여했다. 한편 16세기 해부학
에 큰 전환점을 가져온 베살리우스의 해부도(그림4)는 의학지식에 비약적
발전을 가져왔는데, 이것 역시 그가 화가들과의 공동작업으로 정확한 묘
사와 함께 예술적 감성을 부여할 수 있었기에 가능했다. 베살리우스의 해
부도는 단순히 사체를 묘사한 것이 아니다. 위 그림에서 보여지듯 사체는
살아 있는 몸과 같이 무언가를 표현하고자 하는 듯하다. 아마도 교수형을
당한 이 사체는 자신의 처절한 운명을 절규하는 것 같다. 이러한 표현력은

화가의 도움이 없었다면 불가능했을 것이다.

## 동 양 의  해 부 학

16세기에 중국을 통해 서양 해부학이 전해지기 이전 동양의 해부도는 민중들 의식 속에 깊게 뿌리박혀 있던 도교적 세계관을 반영하는 것이었다. 생명을 중시하고 불로장생을 추구하는 도교는 의학과 깊은 관련성이 있었다. 자기양생을 통해 병과 수명을 다루는 도교는 의학적 내용을 적극 수용해 수련에 사용했다. 무위자연을 교의로 하는 도교사상의 이러한 점들은 동양 해부학을 상상적인 것으로 만든 원인으로 작용했다. 하지만 중국에서 실제 인체를 해부했다는 기록은 1세기 초와 12세기 단 두 번에 지나지 않는다. 게다가 해부 목적은 흉악한 범죄를 저지른 죄인 몸에서 악행의 원인이 된 장기를 알아보기 위해서였다고 한다.

　동양의 여러 나라들 중 해부학이 발달한 것은 일본이었다. 일찍이 서양과의 교역으로 서양 문물이 전래되었기 때문이다. 특히 에도시대에는 네덜란드와의 교역으로 네덜란드 문물을 배우는 난학(蘭學)이 꽃피웠는데, 그중에 해부학이 있었다. 해부학에 대한 관심이 일면서 실제로 해부학을 실습해보려는 움직임이 생겼고, 1754년 2월 7일 일본의 의학자 스기타 토오요우가 최초로 교토에서 참수당한 죄인 몸을 상대로 해부학을 실습했다. 《장지》는 이런 연구를 바탕으로 일본에서 자체적으로 저술된 최초의 해부학 서적이다. 그 후 1767, 1768, 1771년에 걸쳐 형장에서 처형된 죄인들 시신에 대한 해부학 실습이 이루어졌으며, 수많은 일본의 해부학서들이

그림 5 미나가키 야스카즈, 《해부존진도》 중에서, 1819,
회화적 상상력이 결합된 해부도.

나오게 되었다.

그런데 일본 해부학은 서양 해부학과는 장기 구조나 기능과 관련된 지식에서 다소 차이가 있다. 서양 해부도는 장기와 근육의 생리학적 지식을 바탕으로 하고 있는 반면, 동양에서는 인체를 그리는 데 예술적 상상력을 동원했다. 특히 에도시대 후기 해부학자들은 해부학이 가지고 있는 예술적 활용성과 상상적 이미지를 중요시하면서 인체를 생생하게 묘사했다. 서양 해부학이 논리적인 정확성에 근거해 합리적이고 과학적 묘사에 중점을 두었다면, 일본의 경우는 해부학이라는 것 자체, 그 섬뜩하면서도 끔찍한 행위 자체에서 상상력을 얻었다. 일본 에도시대의 대표적인 화가 우타가와 구니요시는 역사적인 이야기나 에피소드에서 소재를 따 악마적 상상력을 한껏 비약시켜 활달하고 극적인 장면을 연출시켰다. 그의 극단적 취향은 자연스럽게 해부학에 대한 관심으로 이어졌고 해부학서에 대한 연구를 하기도 했다. 이렇듯 해부학은 구전설화들에 등장하는 괴이한 이야기들을 목판화로 옮기는 시각예술이 발전하는 데 큰 기여를 했다.

1819년에 나온 《해부존진도(解剖存眞圖)》는 당시 의사이자 화가였던 미나가키 야스카즈가 집필한 것인데, 19세기 초 해부학서 중에서 매우 우수한 것으로 손꼽힌다. 미나가키 야스카즈에 이르러 일본 해부학은 회화적 상상력과 생리학적 지식이 잘 융합되어 묘사의 정확성과 함께 예술적 감성을 겸비하게 된다.

## 현대판 해부 전시

폴 비릴리오는 20세기의 가장 독창적인 사상가 중한 사람이다. 그는 철학자이기도 하지만 도시기획전문가, 문화 이론가, 영화 비평가, 전시 큐레이터,군사 역사가, 평화 전략가 등 다양한 경력의 소유자이며, 유명한 브라크나 마티스와 함께 작업을 한 아티스트이기도 하다. 비릴리오는 현대사회의 몸에대해 비판적 시각을 제공한다. 그는 문명 발달과 함께 몸이 더 이상 아름다운 상상력을 불러일으키는것이 아니라 문화산업의 도구로 전락되고 있다는점을 상기시킨다. 그와 함께 현대사회에서 몸은 어디까지 해부될 수 있으며, 그 해부된 몸이 어떻게자본주의와 결탁할 수 있는지에 대해 성찰한다. 그는 몸에 대한 몇 개 전시를 통해서 몸에 대한 상상력의 형태가 어떻게 변화했는지를 보여준다.

1998년 독일 만하임의 기술노동 박물관에서는세계 최초로 사체 전시회가 열렸다. 전시회 이름은'몸의 세계'였다. 이 전시회는 군터 폰 하겐스라는해부학자가 소장한 200구의 시체를 전시한 것이었다. 이를 보기 위해 78만 명의 관람객이 몰려들었다고 한다. 이 해부학자는 사체를 보존하고 그 사체에가소 물질을 입혀 조각할 수 있는 방법을 고안했다.사체를 전시 대상으로 삼는 것은 인류 문명의 역사에서 최후의 금기를 부수는 것이었다. 이후 이 전시회는 전 세계적으로 많은 관람객들을 모았다. 우리나라에서도 '인체의 신비'라는 이름으로 성공적인관람몰이를 했다. 사체는 더 이상 병원 시체 안치소나 무덤 속에서 안식을 취할 수 없이 인체의 신비를보여주기 위해서 전시 대상이 되어버렸다.

비릴리오가 또 다른 예로 든 것은 1906년 뉴욕자연사 박물관 진열장에 전시된 해골이다. 그 해 뉴욕의 일간 신문 〈월드〉지에는 "내 아버지의 몸을 돌려주세요"라는 기사가 실렸다. 박물관에 전시된 해골은 9년 전 북극 탐험대와 함께 도착한 에스키모인 일행 중 한 명이었다. 에스키모인들은 미국 땅에도착하자마자 급성 결핵에 걸려 죽게 되었는데, 당시 8세였던 어린 소년이 박물관에 전시된 해골이자신의 아버지임을 알고 탄원서를 쓴 것이었다. 미국 자연사 박물관에 전시된 에스키모인들 몸은 미국 전통 백인들의 몸과 같은 몸이 아니었다. 그것은백인들의 북극 정복을 위한 과학 연구 대상일 뿐이었다. 자연사 박물관에 전시된 어린 에스키모인 아버지의 해골은 북극 문명을 대변하는 잔해들 가운데 번호가 매겨진 표본에 불과한 것이었다. 그것은박물관에 전시된 많은 고대 문화의 잔해와 같은 것이었다.

이에 덧붙여 비릴리오는 1996년 파리에서 기획된 두 전시회를 비교한다. 1996년 파리에서는 두개의 괄목할 만한 전시회가 기획되었다. 두 전시회는 기획 의도와 결과에서 확연한 차이를 보였다. 하나는 세잔 전시회였는데, 주최 측의 면밀하고 열정적인 노력에도 불구하고 결과는 성공적이지 못했다. 반면 당시 재정적 위기에 처해 있던 오르세 미술관은 위기를 타개하기 위해 색다른 상상적 발상을 한다. 세잔의 전시회와는 달리 관람객을 자극시킬 주제를 선정하고 이를 포스터에 전면 광고하는것이었다. 예상은 적중했고, 파리뿐만 아니라 유럽전역에서 관객몰이를 했다. 포스터는 넓적다리를벌린 여자의 음부가 클로즈업된 귀스타브 쿠르베의〈세상의 기원〉일부를 보여주었다. "많은 미술 애호가들이 합류했고, 그들 모두는 쿠르베가 그린 건강한 여자의 넓적다리 사이를 좀 더 가까이에서 보기위해 오르세 미술관으로 향했다." 비릴리오는 이렇게 이야기를 맺으며, 문화산업에서 몸이 어떤 역할을 하고 있는지 그리고 포르노와 예술성의 구분 잣대는 무엇인가에 대한 답을 우리에게 넘긴다.

현대사회의 문화산업에서 누드와 성적 코드가 갖는 비중을 비평하기 위해 비릴리오가 든 예보다 더적나라한 예들을 한국에서도 쉽게 찾을 수 있다.2000년대 이후 한국에서는 보다 많은 관객을 동원하기 위한 유인책으로 성적 코드를 적극 활용하는알몸 연극이 급증하고 있다. 연극 〈논쟁〉은 알몸연극으로 개막 이후 연일 매진되고 3차 연장공연까지하면서 대성공을 거두었다. 연극 〈교수와 여제자〉에서는 전라연기를 하는 동안 남성관객이 무대 위로난입해 여배우를 껴안는 사건이 발생하기도 했다.비릴리오라면 이를 어떻게 비평했을까?

그림 6 로베르 우뎅, **뢴트겐 광선의 포스터**, 1896.

## 투 명 한  몸 을  꿈 꾸 다

과학기술의 발달은 몸을 직접 해부하지 않고도 몸속을 들여다보는 기술을 개발했다. 엑스선을 발견한 빌헬름 뢴트겐은 "나는 눈에 보이지 않는 것, 눈으로는 접근할 수 없는 것들을 보게 해주는 광선을 발견했다"고 했다. 하지만 엑스선이 발견된 이후 몸을 투과해 엑스선 촬영을 하게 된 것은 한참 후였다.

미지의 영역이었던 몸속을 들여다볼 수 있다는 것은 몸에 대한 상상력의 패턴에 변화를 가져왔다. 청진기를 귀에 대고 손으로 환자의 아픈 부분을 두들김으로써 들려오는 소리의 반향으로 몸속 상태를 상상했던 전통적 방법은 1895년 엑스선 발견으로 큰 변화를 맞이한다. 이후 CAT, MRI, PET 등 몸속 상태를 영상으로 보여주는 기계들이 발달하면서 사람의 몸은 "유리 상자처럼 투명해졌다." 그렇다면 투명한 몸은 어떤 상상에서 나왔으며, 어떤 상상들을 불러일으켰을까?

19세기 말은 인간 시각에 획기적 전환을 가져온 시기다. 1895년에 엑스선이 발견되었고, 1896년에는 방사능, 1897년에는 전자가 발견되었다. 그리고 1900년대에는 알파선, 방사선, 베타선 등이 발견되면서 대중들은 시간과 공간에 대해 새로운 경험을 하게 된다. 눈에 보이지 않는 광선들이 공중에 떠돌아다니고 있다는 사실은 당시 사람들에게 새로운 상

# 투명한 몸은 어떤 상상에서 나왔으며, 어떤 상상들을 불러일으켰을까?

상력을 불러일으켰다. 그림6은 1896년 프랑스의 로베르 우댕이라는 마술사가 뢴트겐 광선을 소재로 한 마술쇼 〈뢴트겐 광선〉 포스터다. 포스터만 봐도 어떤 내용인지를 어느 정도 상상할 수 있다. 포스터는 남자 주인공과 여자 주인공 사이에 엑스선이 강하게 비춰지는 장면을 상징적으로 내세우고 있다. 남자와 여자 사이에 무슨 일이 일어나고 있는 것일까? 엑스선은 남자가 여자에게 보내는 것인데, 그 남자 옆에 전기가 스파크를 일으키고 있고, 엑스선으로 손을 촬영한 영상이 보인다. 남자는 마치 동양무술에서나 볼 수 있는 염력이나 장력을 보내는 것 같기도 하다. 여기서 우리의 상상력을 자극하는 것은 남자가 보내는 엑스선이 과학적 원리로써 방사되는 것이 아니라, 마치 천상에서 내려오는 은총처럼 X자가 새겨진 여자의 머리 위 왕관 위로 비춰진다는 것이다. 이것은 당시 눈에 보이지 않는 과학적 광선들이 사람들 상상력에 깊은 영향을 끼쳤음을 짐작케 해준다.

한편 엑스선 외에도 19세기 현미경의 발달은 과학 분야를 넘어서 예술 분야 상상력에도 큰 변화를 가져왔다. 19세기에 이르러 현미경은 더욱 발전해 아메바 같은 미세한 생물이나 유충의 내부까지 관찰하게 해주었다. 이로 인해 육안으로 관찰할 수 없는 미시세계에 대한 관심이 높아졌고, 아메바 형태나 도롱뇽 유충과 같은 생물 형태가 예술적 상상력의 원천이 될 수 있음을 일깨워주었다. 이외에도 대중을 포함한 예술가들이 생명현상에 관심을 가지게 된 데는 다윈의 《종의 기원》과 과학저널리즘이 큰 몫을 했다. 과학 정기 간행물들에는 일반 대중이 과학 지식에 친숙해지도록 하기 위해 멋진 삽화와 이미지를 넣는 것이 유행이었다. 이것은 예술과 과학의 융합이 과학지식의 대중화에 중요한 역할을 했다는 것을 의미한다. 당시 과학저널 삽화 분야의 대표적 인물로 에른스트 헤켈을 들 수 있는데, 그는 해저 생태계에 존재하는 다양한 변종들의 삽화를 드로잉했다. 그의 드로잉들은 예술과 자연이 상당히 유사하다는 것을 보여주었다.

광학기기를 통해 생명체 모습을 볼 수 있게 되자, 예술가들은 이제까지와는 다른 예술의 가능성을 찾게 된다. 생명체 내부의 미시세계에 대한 호기심과 상상력이 예술가들에게 새로운 지평을 열어주었던 것이다. 이제까지 눈에 보이는 대로의 현실을 모사하려고 했던 예술가들은 눈에 보이는 가시적 세계 너머의 새로운 영역을 개척하기 시작했다. 그것은 가시적 현실의 틀에 갇혀 있던 예술가들에게 자유로운 상상력의 길을 열어주는 계기를 마련했다. 입체파와 야수파, 추상회화는 바로 이러한 자유로부터 탄생한 예술들이다. 이전까지는 눈에 보이는 현실 세계가 오히려 예술가들에게는 표현을 억압하는 장애요소가 되었던 것이다.

첨단광학기기 덕분에 발견한 극미세계는 인류가 경험한 그 어떤 세계보다 더 많은 상상력을 요구한다. 우주를 상상하는 것이 극미세계의 DNA나 원자 구조를 상상하는 일보다 더 쉬울 수 있다. 미시세계에 대한 발견은 예술가들에게 눈에 보이는 것 너머의 세계를 상상하도록 했다. 추상회화의 대가 칸딘스키는 1935년 〈콘크레이션〉지에 다음과 같이 극미세계에 대한 자신의 경험을 쓰고 있다.

"육안이나 현미경 또는 망원경을 통해 보여지는 모든 사물 속에 내재된

그림 7 (위). 바실리 칸딘스키, **관계**, 1934, 현미경으로 관찰된 미생물들을 연상시킨다.
그림 8 (아래). 《일반생물학》에 실린 아메바 삽화.

숨겨진 영혼을 경험하는 것이 소위 '내면적인 눈'이다. 이러한 눈은 딱딱한 표면, 외부 형태를 침투해 사물 안으로 깊이 들어가 우리로 하여금 모든 감각을 통해 내면의 맥박소리를 느끼게 한다.”

추상회화의 역사를 연 칸딘스키의 상상력은 바로 과학기술이 열어준 미시세계의 발견으로부터 나왔던 것이다. 칸딘스키의 그림들이 보여주는 추상적 이미지를 보라. 기호와 같은 그 이미지들은 불가사리, 해저 생물계의 유충들, 아메바, 곤충의 투명한 기관들을 보는 것 같지 않은가!

몸속을 투명하게 들여다볼 수 있게 되고, 공중에 육안으로는 볼 수 없는 광선들이 존재한다는 사실이 밝혀지자, 당시 사람들의 상상력에도 변화가 일어났다. 몸을 투명하게 들여다본다는 것은 역으로 몸을 아예 투명하게 만들어 보이지 않게 할 수도 있다는 상상력을 낳았다. 1897년 영국의 H. G. 웰스는 시대 흐름에 맞춰 발 빠르게 소설 《투명인간》을 내놓았다. 1897년은 엑스선, 방사능에 이어 전자가 발견된 해다. 소설 《투명인간》은 이런 시대적 배경 속에서 잉태된 작품이다. 소설은 그리핀이라는 과학자의 과학 실험을 주제로 하고 있다. 그리핀은 만약 사람의 굴절률이 공기의 그것과 똑같이 바뀌면 반사광을 흡수하지 않게 되어 결국 보이지 않게 될 것이라고 주장한다. 그는 결국 실험에 성공해 사람들 눈에 보이지 않는 투명인간이 된다. 하지만 투명인간으로부터 정상 인간으로 되돌아가는 것에는 실패해 비극적 운명을 맞이한다. 소설 《투명인간》은 투명인간에 대한 극단적 상상력을 보여주지만 우리는 사실 우리 몸을 사라지게 해 현실

### 엑스레이 아티스트 정태섭

엑스레이 발견은 의학뿐 아니라 예술을 비롯한 다양한 분야에 상상력을 제공해왔다. 최근 우리나라에서도 강남 세브란스 병원 영상의학과 정태섭 교수가 엑스레이를 예술적 상상력의 소재로 엑스레이 아트를 선보인 바 있다. 정태섭은 의학과 예술을 접목한 융합적 상상력을 실천하는 작가다. 그의 연구실을 처음 찾았을 때, 그는 여느 의사와 다름이 없었다. 하루에도 몇 십 번씩 엑스레이를 찍고 나온 필름을 끊임없이 판독하는 의사였다. 나는 그가 어떻게 엑스레이 아티스트가 되었는지 상상해본다. 밀실에서 모르는 사람의 몸 안을 찍고 그 이미지를 하루에도 수십 장씩 바라본다. 그리고 몸 안을 들여다보는 것에 익숙해진다. 그래서 그 몸 안을 투명하게 보여주는 두개골 모습, 각종 장기들 모습이 또 다른 예술적 아름다움을 가질 수 있다는 것을 자연스럽게 상상했을 것 같다.

작품 〈입 속의 검은 잎〉은 기형도 시인의 시를 형

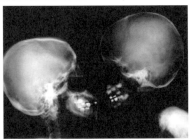

정태섭, **엄마뽀뽀**, 사랑 표현의 또 다른 형태.

상화한 작품이다. 시인이 그려내고 있는 망자의 주검은 엑스레이로 투과된 해골의 적나라한 모습과 해골 사이에 물려진 검은 낙엽의 이미지로 묘사되었다. 그가 그려내고 있는 엑스레이 영상은 물체 외양을 투과해서 물체 내부의 질감, 밀도를 표현하고 있다. 제목이 아니라면 아마도 사랑하는 연인 사이의 키스로 생각할 수 있는 작품 〈엄마뽀뽀〉는 사랑하는 엄마와 아이가 **뽀뽀**하는 장면을 투사하고 있다. 자신의 분신인 아이에게 **뽀뽀**하는 엄마는 표면에서 벌어지는 사랑 표현을 넘어 사랑의 또 다른 형태, 몸의 또 다른 형태를 보여준다.

정태섭이 엑스레이를 통해 우리에게 보여주고자 하는 것은 살밑에 숨겨진 뼈와 근육, 피부의 실핏줄 같은 것을 통해서 우리가 눈으로는 알아낼 수 없는 숨겨진 비밀이다. 그리고 그 비밀을 통해 또 다른 상상력의 문을 열어준다.

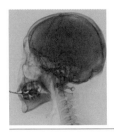

정태섭, **입 속의 검은 잎**, 기형도의 시를 형상화한 작품.

의 어려운 상황으로부터 도망치는 상상을 하루에도 몇 번씩 하고 있지 않은가.

〈중년의 위기〉에서 우디 앨런은 투명인간이라는 소재를 활용해 그의 천재적 유머 감각을 유감없이 발휘한다. 뉴욕에서 부유한 가정생활을 하고 있지만 무료함을 달래지 못하는 중년의 여주인공 앨리스는 중국 심리요법의 권위자 양박사를 찾는다. 양박사는 먹으면 몇 시간 동안 투명인간이 되는 신비의 약을 앨리스에게 제조해준다. 물론 시간 조절을 잘못하면 원하지 않는 장소에서 원래 몸으로 돌아오기 때문에 황당한 해프닝이 발생하기도 한다. 주인공은 투명인간이 되어 우연히 남편 사무실에서 불륜 장면을 목격하는데, 그 순간 정상의 몸으로 돌아와 관객들에게 잊지 못할 웃음과 해학을 선사한다. 뉴욕의 전형적인 스노비즘과 부유층의 위선을 드러내는 데 투명인간 상상력이 결정적인 역할을 한 셈이다. 이 영화에서 투명인간이라는 소재는 사람들의 불륜과 위선을 투과시키는 일종의 엑스선 같은 역할을 한 것이다.

투명인간은 과학 분야에서도 여전한 도전의 대상이다. 2007년 미국 퍼듀 대학의 블라디미르 샐라예프 교수를 포함한 몇몇 과학자들은 '투명망토'에 관한 논문을 내놓아 세간의 주목을 받았다. 이 투명망토는 10나노미터의 미세한 바늘들을 실린더 형태 혹은 머리빗 모양의 원뿔 형태로 정렬시켜 투명화 현상을 일으킬 수 있는 기술이다. 이들 과학자들은 이것은 물리학 법칙에 완전히 들어맞는 과학적 사실로 해리포터의 투명 망토도 머지않은 장래에 실제 제작이 가능할 것이라고 한다. 일반적으로 광파는 물체에 부딪힌 후 반사되지만 나노기술을 이용한 '투명망토' 장치를 이용할 경우 빛은 망토 속 물체 주변으로 인도된다. 물체를 통과한 후에도 빛은 원래 패턴을 유지해 물체가 보이지 않게 된다.

## 메디컬 아트

몸에 대한 예술적 상상력은 끝이 없다. 여러분은 몸을 대상으로 하는 예술을 어디까지 상상할 수 있겠는가? 사람의 형상을 그리는 것, 그 형상을 비틀어보는 것 아니면 그 형상을 무시하고 감정을 추상적으로 표현하는 것……? 그런데 이에 대한 최근 경향은 우리 생명을 이루는 가장 근본적인 요소에 초점을 맞춰 그 세계가 얼마나 아름다운지를 재발견하는 것이다. 오늘날 첨단 광학기기들은 예술과 과학의 경계를 허물고 있다. 첨단 광학기기를 통해 본 몸 안의 신비로운 이미지들은 그대로 예술 작품이 된다.

가령 사랑의 감정을 문학적으로 표현한다고 해보자. 어떤 통속가요에서 사랑을 '얄미운 나비'에 비유했다. 이 경우 사랑을 느끼는 인간 정신 또는 마음은 언어를 통한 보편적 형식으로 표현되고 있지만, 그 과정에서 항상 개인적이고 특유한 것일 수밖에 없는 감정은 언어 틀로써 재단되고 추상화된다. 결국 과거의 문학적 상징은 표현하는 자와 수용하는 자 사이를 완전히 매개하지 못했다. 반면 fMRI(functional MRI) 기술을 통한 뇌과학은 인간 육체가 정신활동에 대한 직접적인 매개임을 보여주고 있다. fMRI는 정신활동이나 정서활동이 발생할 때 뇌의 특정 부분이 활성화됨을 이미지로 보여준다. 이는 뇌가 인간의 정신활동에 관여함을 보여주는 직접적인

그림 9 **환상 속의 새**, 3D MRI로 촬영한 뇌 속 신경다발.

**자료다**(하지만 fMRI를 통해 뇌가 정신활동의 원

인이라고까지 말할 수는 없다. 현재의 발견은 뇌가 정신활동과 연동한다는 사실에 대해서만 말해줄 수 있다).

이제는 개인이 느끼는 사랑이라는 감정도 사람의 얼굴표정처럼 이미지로 표현될 수 있다. 즉 fMRI는 '그의 사랑은 이러한 이미지였다'라는 식의 표현을 가능하게 한다.

인간의 몸은 약 10만 킬로미터에 달하는 혈관과 다양한 장기, 뼈 그리고 기타 신경들이 유기적으로 연결되어 있다. 인체 혈관을 모두 합한 길이는 약 12만 킬로미터로서 지구를 세 바퀴 돌 수 있는 거리라고 한다. 의료영상기술의 발달 덕분에 엑스선을 비롯해 CT, MRI, 혈관조영술과 초음파 등으로 몸 안을 훤히 들여다볼 수 있게 된 현재, 이러한 의료영상들은 예술적 표현도구로 사용된다. 이제까지 예술은 몸의 외양에 국한되었지만, 테크놀로지가 발달하면서 그 영역은 몸 안으로 확대되고 있다. 이제 몸 안의 미시세계는 의학과 예술이 만나 새로운 상상력과 창의성의 지평을 넓혀나가는 장이 되고 있다.

위의 사진은 〈환상 속의 새〉라는 작품이다. 새 모양의 이미지는 컴퓨터기술로 만든 영상처럼 보이기도 하고, 환상 속에서나 볼 수 있는 새를 연상시키기도 한다. 너무나 아름다운 상상 속의 새! 그런데 실은 이 사진은 뇌 속의 신경다발을 3D MRI로 촬영한 이미지에 색을 입힌 것이다. 인체의 신비와 상상 사이의 거리는 그리 멀지 않은 것 같다.

〈복돼지의 미소〉라는 작품은 인간 뇌에 대한 MRI 영상이다. 뇌의 가장 중요한 중앙 부분을 MRI로 찍은 이미지다. 그런데 이 영상을 자세히 들여

그림 10 (위). **복대지이 미소**, 3D MRI로 촬영한 뇌.
그림 11 (아래). **작은 세상의 불꽃놀이**, 통풍환자의 피부조직을 편광현미경으로 확대한 사진.

다보면 정중앙 부분에 웃고 있는 돼지 모양의 이미지가 떠오른다. 작품 〈작은 세상의 불꽃놀이〉는 통풍환자의 피부 아래 형성된 결절에서 얻어진 조직을 편광 현미경으로 40배 확대한 사진이다. 통풍은 출산에 비유될 만한 통증을 유발한다고 한다. 상상이라는 끈을 통해 가장 고통스러운 통증이 가장 아름다운 결정으로 변환되고 있는 것이다. 인간의 뇌가 미소 짓는 복돼지로 상상되고, 신경다발은 새가 되며, 통풍이 남긴 요산은 하늘의 불꽃놀이가 된다. 상상은 몸을 우주로 만들 수도 있고 미세한 세균으로 만들 수도 있다. 그리고 가장 고통스러운 것이 가장 아름다운 것이 될 수도 있다. 첨단영상기술이 확인시키는 것은 이러한 상상력의 신비로운 실체다.

최근 의학기술의 발달로 초소형 나노로봇이 몸속으로 들어가 의사 대신 수술을 하게 되었다. 그러나 이보다 앞서 SF영화에서 이미 몸 안을 여행하는 상상이 선보였다. 1966년 디지털 문화가 시작도 되기 전 인체 내부로의 환상여행이 영화화되었다는 것은 다시 한 번 상상력의 힘을 실감하게 한다. 아마도 이런 소설적, 영화적 상상력이 있었기에 나노기술이 발달할 수 있지 않았을까? 바로 이런 이유로 나노분야 전문가들이 나노기술에는 상상력이 필요하다는 점을 강조하고 있는 것이다. SF영화 〈마이크로 결사대〉나 〈이너스페이스〉는 몸 안의 마이크로 세계에 대한 환상여행이다. 리처드 플레이셔 감독의 〈마이크로 결사대〉의 원제목은 '환상여

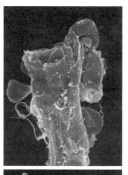

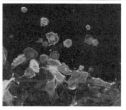

그림 12 (위). 앤 웨스턴, 색깔 유도 스캐닝 전자현미경으로 촬영된 끊어진 혈관.
그림 13 (아래). 로나 매긴로이, 초소형 현미경으로 촬영된 결장암 세포들.

행'이다. 냉전시대에 동구권의 축소기술 전문 과학자 베니쉬 박사가 테러범들 공격으로 뇌사 상태에 빠지고, 미국 정부는 특수부대를 동원해 잠수함을 미생물 크기로 축소시켜 박사의 뇌의 응혈을 제거하는 임무를 수행하게 한다는 내용 이다. 실제로 의학자들과 과학자들이 기술자문 으로 참여한 이 영화는 인간의 몸을 신비와 위험이 공존하는 미지의 행성 처럼 묘사한다. 이 행성에서 적혈구나 항체들은 결사대에게 위험을 가하 는 일종의 외계인이다.

동양에서는 일찍이 우리 몸을 우주로 보았다. 규모의 차이일 뿐 우리 몸 그리고 모든 생명체는 그 내부에 무한한 우주를 담고 있다. 그런데 첨단 현미경과 기술은 우리 몸 안의 무한한 우주적 광경을 보게 해준다. 결장암 이나 유방암과 같은 암세포의 이미지, 적혈구와 혈관의 형성과정, 정자의 발달과정에 대한 이미지들은 정말 우리 상상력의 한계를 뛰어넘는다. 실 제 살아 있는 우리 몸 안에서는 얼마나 엄청난 일들이 일어나고 있는 것일 까? 몸속 미시세계 이미지들은 정말 경이롭다. 거시세계와 미시세계, 우 주와 몸, 과학과 예술 사이의 경계는 과연 무엇일까?

## DNA 변신은 무죄

해부학에서부터 시작된 인간 몸 안을 향한 상상여행은 첨단과학기술의 힘으로 점점 더 극미한 세계로까지 확장되고 있다. 그중에서도 생명의 기본단위인 DNA는 수많은 모험여행의 길라잡이가 되고 있다. 그 여행의 길목에서 예술과 과학은 서로 만난다. 《생각의 탄생》의 저자 아르망 트루소는 "모든 과학은 예술에 닿아 있다. 모든 예술에는 과학적인 측면이 있다. 최악의 과학자는 예술가가 아닌 과학자이며, 최악의 예술가는 과학자가 아닌 예술가다"라고 단언한다. 그만큼 21세기는 예술, 과학, 테크놀로지 사이의 구분이 모호하며 불필요하다는 것이다. 1953년 4월 25일 제임스 왓슨과 프랜시스 클릭이 세계적인 과학저널 〈네이처〉지에 DNA의 이중나선구조에 대한 모형을 발표한 이후 DNA는 과학계를 넘어 예술문화 전반에 걸쳐 엄청난 파장을 일으켜왔다. 그것은 DNA 발견이 단순히 과학적 발견에 국한되는 것이 아니라, 오랜 인류 진화의 생명의 열쇠가 되기 때문이다. 해부학 발전사에서도 살펴보았듯이, 과학자들과 예술가들은 자연과 생명현상의 보이지 않는 징후들을 상상하고 모험을 감행한다는 점에서 공통점을 가지며 협업을 해왔다. DNA의 이중나선구조는 과학, 조각, 회화, 건축, 음악에 이르기까지 영감과 상상력의 원천이 되고 있다. 21세기 첨단과학과 예술에서 우리 몸의 가장 중요한 생명단위 정보는 무궁무진한 상상력의 보고로서 작동한다.

이를테면 20세기 초 전 세계를 풍미했던 초현실주의와 DNA의 관계는 어떠했을까. 얼핏 현실 너머의 초현실 세계를 향해 상상적 모험을 표방했던 초현실주의와 첨단과학 사이에 관련성을 찾기는 힘들 것 같다. 하지만 현실에서는 찾을 수 없는 좀 더 근원적인 인간의 욕망과 자유로운 상상을 찾아나섰던 초현실주의가 몇 백만 년 인간 생명의 비밀 열쇠인 DNA에 관

해부학으로부터 시작된 몸 안으로의 상상여행에
*DNA는 어떤 길라잡이가 될까?*

심을 가지지 않는 것이 오히려 이상하지 않은가? 과학과 예술은 필요에
따라 움직일 수 있는 이동식 칸막이에 불과할지 모른다.

초현실주의자들 중에서도 살바도르 달리는 20세기 초 과학에서 상상
력의 원천을 길어올린 전위적 예술가였다. 양쪽으로 말아올린 콧수염, 여
자처럼 긴 머리, 나비넥타이, 벨벳 재킷, 그리고 녹아내리듯 흘러내리는
시계, 삭막한 사막 풍경, 여기저기 널브러진 몸의 파편들…… 이것이 초현
실주의 거장 살바도르 달리를 떠올릴 때 상상할 수 있는 것들이다. 달리는
프로이트를 감동시킬 수 있었던 유일한 초현실주의자였다. 1932년 런던
에서 처음 달리를 만난 프로이트는 "내 이렇게 광적인 스페인 사람의 원형
은 처음 보았소!"라고 외쳤다고 한다. 인류 역사상 최초로 무의식을 발견
한 대가 프로이트조차도 무의식과 꿈, 상상의 경계를 오가는 달리에게는
두 손을 들었던 모양이다. 달리는 무의식과 꿈의 세계를 회화에 도입한 현
대회화의 이정표다. 그는 상상이라는 자유로운 날개를 달고 비상한 화가
다. 그 양쪽 날개의 추진동력은 바로 비이성과 비합리였다.

달리가 가장 관심을 가졌던 것은 인간의 원초적인 욕망과 생명의 원리
였다. 그가 당시의 과학적 발견과 새로운 테크놀로지에 깊은 관심을 가진
것은 당연한 일이었다. 과학에 대한 관심은 달리뿐만 아니라 당시 예술을
선도했던 예술가들에게는 공통적인 일이었다. 그러한 시대적 분위기 속
에서 달리는 당시 새롭게 발견되었던 원자론과 생명을 이루는 근본적인
DNA 구조로부터 새로운 상상력의 원천을 발견했다. 독실한 기독교 신자
였던 달리는 왓슨과 크릭의 DNA 구조에 대한 논문을 읽고 DNA야말로

신의 존재에 대한 증거가 될 수 있다고 상상했다. 모든 생명이 그와 같은 형상으로 만들어진 궁극적 원리, 즉 DNA가 있다는 것은 그에게 신비주의적인 상상력을 자극했고, 그는 곧바로 자신의 수많은 작품들에 DNA를 이용하게 된다. 〈나비 풍경〉은 이에 대한 좋은 예다. 이 작품은 일반 대중들에게는 잘 알려지지 않았지만, 달리의 초현실적 상상력을 잘 보여준다.

그의 다른 작품들과 마찬가지로 무의식과 꿈의 풍경을 제시한 이 작품에서 우선 우리가 관찰할 수 있는 것은 황량한 사막, 꽃처럼 생긴 나선형 물체로부터 날아오르는 나비들, 땅으로부터 무언가를 빨아들이는 괴이하게 생긴 생명체, 하늘의 먹구름 사이로 반짝이는 섬광 등이다. 그중에서도 작품의 가장 중요한 요소로 보이는 것은 생명체와 나선형 물체다. 나선형 물체는 달리 자신의 설명이 없더라도 DNA를 나타낸다는 것은 자명해 보인다. 문제는 괴이한 생명체다. 그것은 아마도 DNA라는 생명의 신비한 구조로부터 나오는 인간의 성적 욕망이 아닐까? 그 DNA는 생명의 씨앗 나방이 나비로 변신하는 모체다. 그리고 보면 얼굴만 있는 생명체는 남성 성기를 암시하는 듯하다. 광활한 사막에서 이 생명체가 차지하는 비중은 아주 커 보인다. 우주는 온통 생명 탄생의 몸부림과 성적 욕망으로 가득하다. 달리의 설명을 들어보자. 달리는 자신의 끊임없는 탐구 대상이었던 인간의 근원적인 성적 욕망과 생명의 원리를 융합시키고자 했다. 그러한 의도에서 달리는 근원적 욕망을 상징하는 자위 행위자와 생명의 원리인 DNA가 함께 만나는 광경을 그리고 있다. 이 작품의 전체 제목은 바로 '나비 풍경, DNA의 초현실적 풍경 속의 위대한 자위 행위자'다. 어쩌면 달리

그림 14 (우). 살바도르 달리, **나비 풍경**, 1957~58,
DNA 나선으로부터 나비가 날아오르고 있다.
그림 15 (좌). 살바도르 달리, **정물화, 빠른 이동**, 1956,
난간기둥이 DNA 나선 형태를 띠고 있다.

는 인간 욕망이 생명의 원리며, 생명이 곧 욕망이라는 상상력을 보여주고
싶었는지도 모른다.

달리가 DNA를 상상력의 모티브로 삼은 다른 작품의 예는 〈정물화, 빠른 이동〉이나 〈Galacidalacidesoxyribonucleicacid〉에서도 찾아볼 수
있다. 그는 현실에서 찾아볼 수 없는 예사롭지 않은 장면들, 예를 들면 중력에 영향을 받지 않고 공중에 떠 있는 일상용품들, DNA 나선형구조를
띤 쟁반 다리나 회오리 문양 등을 이용해 자신의 상상력을 펼쳤다. 달리의
상상력이 놀라운 이유는 다른 초현실주의 화가들과는 다르게 적극적으로
최신 과학을 응용함으로써 오늘날 자리 잡은 바이오 아트, 메디컬 아트 같은 첨단 예술장르의 전초 역할을 했다는 점이다.

프랑스의 유명한 시인 랭보는 〈모음〉이라는 시에서 독특한 상상력을
내놓았다. 알파벳의 모음이 각기 다른 색을 가지고 있다는 상상을 해, A는
까망, E는 하양, I는 빨강, O는 푸른색, U는 파랑으로 묘사했다. 알파벳과
색이라는 서로 만날 수 없는 이질적인 것을 연결시킨 이러한 상상력은 오늘날까지도 새롭게 해석되고 있다. 랭보의 융합적인 상상력처럼 우리 몸
의 생물학적 DNA를 음악이라는 예술과 융합시킨 상상력의 예를 보자.

1988년 UC 산타크루즈 화학과 데이비드 디머 교수는 음악가 수전 알렉산더와 협력해 DNA 음악을 만들기 위한 프로젝트에 착수해 1990년

## DNA 조각, 건축

예술가들은 끊임없이 새로운 상상력을 찾아가는 모험가들이다. 그들에게는 모든 것이 상상력의 재료다. 여러분은 DNA라는 재료로 무엇을 상상하겠는가? 나선형을 이루면서 완벽한 질서를 이루는 DNA 구조의 조형미를 설치조각 작품으로 상상한 예를 보자. 찰스 젠크스는 포스트모더니즘을 대표하는 건축 이론가이자 정원 디자이너, 조각가다. 그는 포스트모더니즘 건축 특성을 '자연과의 융화'로 생각해 보다 근본적이고 혁신적인 방법으로 자연에 융화되는 인공 공간을 상상했다. 그는 카오스 이론이나 프렉탈 이론과 같은 신비한 과학이론을 정원이나 조각에 응용해 상상적인 공간으로 창출하는 것으로 유명하다. 과학이론 중에서도 우리 몸을 이루는 가장 기본단위인 DNA 나선형구조는 그에게 가장 완벽한 조형미를 제공했다. 옆의 이미지는 미국의 콜드 스프링 하버 연구소에 설치된 그의 DNA 설치조각 작품들이다. 그가 DNA 조각을 통해 보여주는 상상력은 자연 속에 융합된 인간 모습이다. DNA 발견 이전이었다면, 조각가들은 인간과 자연의 조화를 표현하기 위해 우리 몸의 아름다운 곡선이나 질감을 사용했을 것이다.

DNA 구조는 건축에도 많이 활용되고 있다. 나선형이면서도 안정된 균형을 이루는 DNA의 구조는 그 자체로서 이미 아름다운 건축물을 상상하게 한다. 프랑스의 건축가 에르베 토르만은 중국 광저우의 쌍둥이 빌딩을 DNA 나선형구조로 디자인했다. DNA 모양을 본뜬 건축물들은 기존의 건축 공간과 다른 상상력을 보여준다. 미디어 이론가 마셜 맥루한은 미디어가 우리 몸의 확장이라고 한 바 있다. 그런데 DNA 조각과 건축물을 보면서 우리는 조각이나 건축물이 결국은 우리 몸의 확장이라는 사실을 확인할 수 있다. DNA 구조를 활용한 건축물과 달팽이나 거미와 같은 동물들이 스스로 자신을 보호하는 집을 건축하는 것 사이에는 그리 큰 차이가 있는 것 같지 않다. 그토록 연한 살을 가진 달팽이가 맨틀이라는 기관을 통해 딱딱한 껍데기를 만들어내고, 거미가 단백질성의 섬유질을 분비해 물레 역할을 하는 방적돌기라는 배 밑에 붙은 작은 기관으로 거미줄을 만드는 것은 우리가 상상하는 것보다 훨씬 복잡한 메커니즘을 가진다.

찰스 젠크스, **Time Spirals—Spirals Time**, 2000, DNA 모양의 조각.

음반 'Sequencia'를 완성 발매했다. 그는 2007년 한 학술대회에서 다음과 같이 말했다. "인간을 포함한 모든 생명체의 살아 있는 세포의 99퍼센트는 탄소, 산소, 수소, 질소, 황, 인으로 이루어져 있다. DNA도 마찬가지다. 여기 보이는 슬라이드에서 DNA를 이루는 파란색 알은 질소, 빨간색은 산소, 노란색은 인, 하얀색은 수소를 가리킨다."

단백질과 DNA는 중합체(Polymer 분자가 중합해서 생긴 화합물)로서, 단위체(monomer)들이 진주 목걸이의 진주처럼 붙어 있는 상태다. 디머 교수는 음악도 역시 중합체와 같다는 사실에 주목했다. 멜로디는 음표들의 서열(Sequence)이고, DNA는 염기들의 서열이다. 그는 이러한 사실에 착안해 DNA 염기들을 음표들로 바꿔보면 어떨까라는 상상을 하게 된다. 음악은 중합체와 같은 것이므로 음표들을 악보에 중합체처럼 늘어놓고 꼬을 수 있다면 DNA 서열 같은 것이 나올 수 있다는 가정에서 출발한 것이다.

슬라이드에는 세 문장이 있다. 첫 번째 문장은 "이것은 문장이라고 불리는 문자들의 나열이다." 두 번째 문장은 "이것은 멜로디라고 불리는 화음들의 나열이다." 그리고 세 번째 문장은 "이것은 DNA라고 불리는 염기들의 나열이다." 이 세 문장들에서 알 수 있는 것은 첫 번째 문장이 정보를 가지는 것과 마찬가지 형식으로 음악이나 유전적 서열이 정보를 갖게 된다는 것이다. 이러한 사실을 바탕으로 그는 박테리아의 간단한 DNA 서열을 음악악보로 만들 수 있게 된다. 'ALU Sequence'는 CTGGGCGT······ 등의 염기 서열들을 음악 코드로 바꾼 것이다. Cytisune은 C로 표기되므로 C코드(도미솔), Guanine은 G코드, Adenine은 A코드, Thymine은 T코드가 없으므로 임의적으로 E코드로 정했다고 한다.

　그는 강연 마지막 부분에서 DNA음악과 관련해 경험한 재미있는 이야기를 들려준다. 어느 날 애리조나 주에 사는 미국 인디언 부족 샤먼이 그에게 편지를 보내왔는데, 내용인즉 그 샤먼이 부족의 성스러운 지역에서 의식을 행하고 있던 중 디머 교수의 DNA음악 테이프를 틀자 새들이 빙글빙글 돌면서 내려와 음악이 흘러나오는 곳에 내려앉았다는 것이었다. 고대로부터 우리는 우리 몸이 우주, 자연, 또는 외부의 어떤 신비로운 힘과 연결되어 있다는 상상을 해왔다. 그리고 이제 첨단 과학은 일정 부분 그러한 신비한 영역에 있던 것들이 사실이라는 것을 밝혀나가고 있다. DNA 음악이 우주, 자연과 교감할 수 있다는 것도 어쩌면 과학이 풀어내야 할 또 다른 과제일지도 모른다.

　이외에도 일리노이 대학의 베커맨 연구소에 근무하는 스스무 오노 박사는 DNA 염기서열에 음악코드를 부여해 멜로디를 가진 음악으로 만들었다. 즉 DNA 염기서열에서 치토민(C)은 '도', 아데닌(A)은 '레' '미', 구아닌(G)은 '파' '솔', 티민(T)은 '라' '시'의 음악코드로 전환시키는 방식이다. 그런데 그는 여기서 역발상적 상상력을 발휘해 음악을 DNA 유전자로 바꾸는 시도를 했다. 그러자 재미있는 일이 발생했다. 그가 쇼팽 곡을 DNA 유전자 코드로 바꾸자, 놀랍게도 암세포 DNA 유전자가 만들어졌다고 한다. 그렇다면 우리는 이런 상상을 해볼 수 있을 것 같다. 암세포도 자신의 고유한 음악을 가지고 있으며, 그 음악코드를 조정할 수 있다면 암세포도 조정할 수 있지 않을까?

DNA의 기하학적 나선구조는 살바도르 달리에게 생명현상의 근원에 대한 조형적 상상력을 불러일으켰다. 또한 DNA의 미시적 구조는 단순한 과학적 사실로서가 아니라, 자연과 인간을 매개해주는 근원적 생명력에 대한 예술적 은유로 거대한 조각상이 되기도 했다. DNA음악 역시 자연과 인간 그리고 예술이 DNA라는 근원적 코드를 통해 융합될 수 있을 거라는 이상적인 전망을 대변한다고 볼 수 있다. 근대과학이 야기한 자연과 인간의 적대적 관계는 DNA라는 과학적 발견으로 또 한 번 새로운 국면을 맞이하고 있다.

하지만 모든 생명활동을 DNA라는 물리적 구조로 설명하려는 과학적 담론은 자칫 자연과 인류의 전 역사가 유전자로써 결정된다는 다소 비관적인 전망을 내놓기도 한다. DNA는 생명의 근원인 동시에 자유의 억압일 수도 있는 것이다. 앤드류 니콜 감독이 1998년에 만든 영화 〈가타카〉는 DNA로써 개인의 정체성과 능력이 결정되고, 그로 인해 개인의 가치가 물리적으로 결정되는 암울한 미래사회를 묘사하고 있다. 이 영화에서 DNA는 이전 예술에서 인간을 억압하는 것으로 등장했던 '운명' '계급' 등의 요소들에 대한 동의어로 사용되고 있다. 〈가타카〉의 결정적인 한 장면은 예술적 소재로서의 DNA가 갖는 디스토피아적인 측면을 잘 반영한다. 뛰어난 유전자를 타고났지만 사고로 다리를 다친 주인공이 원형 계단을 힘겹게 기어올라가는 장면이 바로 그것이다. 이 장면에서 거대한 원형 계단은 DNA의 이중나선구조를 본떠서 만든 것으로 인간을 억압하는, 개인이 극복할 수 없는 유전자의 한계를 은유적으로 보여준다.

나비가 날아오르는 달리의 DNA에서 주인공이 기어오르기에는 너무나 벅찬 DNA 계단까지, 생명활동의 근원에 대한 한 가지 대답인 DNA는 분명 많은 예술의 영감이 되어왔다. 하지만 그것을 대하는 예술의 태도는 유토피아에서 디스토피아까지 폭넓은 스펙트럼을 가지고 있다.

# 포스트휴먼 상상,
# 미래의 몸을 열다

이 장에서는 미래의 몸을 상상하기로 한다. 과학기술 발전은 인류 역사의 그 어느 때보다 빠르게 진행되고 있으며, 이와 함께 이른바 포스트휴먼 담론은 이미 일반화되고 있다. 이제 인류의 미래 몸은 과학기술과 떼려야 뗄 수 없는 관계가 되었다. 과연 인류는 몇 백만 년 전부터 진행되어온 생물학적 진화를 이어갈 것인가, 아니면 전혀 다른 새로운 진화를 할 것인가? 과학기술과 미래학 분야 그리고 SF 영화와 소설 분야들에서는 활발하게 이에 대한 답들을 상상하고 있다.

### 인 간 의  탈 을  쓴  기 계

세계적인 미래학자 레이 커즈와일은 진화에 관한 재미있는 상상력을 제시한다. 그는 인간의 생물학적 진화와 마찬가지로 기술도 진화를 한다고 본다. 인간이 몇 백만 년 전부터 오늘날의 호모사피엔스로 진화한 것처럼 기술도 이러한 진화 단계를 거친다는 것이다. 그는 "기술은 생존하고 진화하며 스스로의 특색 있는 라이프 사이클을 경험한다"고 피력한다. 그에 따르면 기술 진화는 단계별로 진행된다고 한다. 첫 단계는 '선구적' 단계로서 창의적이고 상상적인 아이디어를 내는 단계이고, 두 번째는 '발명' 단계로서 새로운 기술을 탄생시키는 단계, 세 번째는 '개발' 단계로서 원래 발명을 발전시키는 단계, 네 번째는 '성숙' 단계로서 독자적인 생명을 가지고 사회 속에서 독자적인 확고한 위치를 가지게 되는 단계이며 이 단계 후에는 다른 기술이 원래 기술을 몰아내는 '퇴화' 단계에 이른다.

  인류는 아주 오랜 기간 느린 진화 후 어느 시기에 이르러 가속적으로 진화되어왔다. 이와 마찬가지로 기술 역시 기하급수적으로 가속되는 성질을 가진다. 돌을 도구로 사용하게 된 것은 인류 기술 역사에 중요한 전환점이었고, 생존을 위한 종의 진화에 결정적이었다. 그런데 돌을 갈아서 도구로 쓰기 시작한 것이 지금으로부터 몇 만 년 전이었고, 이로부터 돌의 양쪽 면을 갈아서 쓰기까지에는 다시 수만 년이 걸렸다. 반면 산업혁명 이후 19세기에 이르러 인류 문명 기술의 역사는 이전 시대 몇 만 년을 뛰어넘는 가속적인 발전을 했다. 이후 20세기를 거쳐 21세기, 우리는 놀라운 기술 발전이 모든 상상을 마법처럼 실현시켜가는 시대로 진입하고 있다. 레이 커즈와일이 기술은 진화하고 그 진화 속도가 가속적이라고 강조하는 이유는 바로 이러한 기술 진화가 인간 진화와 무관하지 않기 때문이다. 오스트랄로피테쿠스로부터 호모에렉투스, 그리고 호모사피엔스로 진화하기까지 인간 진화에는 기술이 결정적인 역할을 했다. 이러한 기술의 역할은 포스트휴먼 단계에서는 더욱 커질 것이다. 인간 진화가 기술 진화와 맞물려 미래에는 기술과 인간이 공진화하게 될 것이다.

많은 SF소설과 영화에서는 인간이 만든 기술력으로 기계는 점점 인간화되고, 인간은 점점 더 기계화되는 상상을 한다. 그러한 상상의 배후에 자리하고 있는 것이 바로 기술과 인간의 공진화다. 기계와 인간은 같이 진화해 결국 경쟁적 관계에 놓이게 된다는 것이다. 기술은 우리가 상상하는 것보다 훨씬 더 인간과 밀접하게 연관되어 있다. 기계에 정신적인 면이 보강된다면 인간의 몸을 기계가 대신하리라는 것은 쉽게 상상이 간다. 레이 커즈와일은 기술 진화와 관련해 미래 인류의 모습을 상상한다. 그는 과학

미래에도 인류는 과연 몇 백만 년 전부터
진행되어온 생물학적 진화를 이어갈 수 있을까?

기술 연구결과에 근거해 21세기 한 세기 동안 일어날 진화에 대한 가상 시나리오를 작성한다.

2019년 상상의 청사진을 보면, 1000달러짜리 컴퓨터 성능이 인간 뇌의 용량과 거의 맞먹게 되고, 컴퓨터는 벽이나 의자·책상·옷·장신구 심지어는 몸 안에 숨어들게 되며, 거의 모든 거래에 가상 인간 즉 자신의 몸을 복사한 아바타들이 개입하게 될 것으로 상상한다. 그리고 2099년까지 한 세기 동안 사람의 생각과 기계 지능을 융합하려는 강력한 움직임이 지배적일 것으로 진단하며, 사람과 컴퓨터 사이에는 뚜렷한 차이점이 사라지게 될 것이고, 의식을 가진 대부분의 존재들은 고정적인 몸의 형태를 가지지 않을 것으로 내다본다. 이런 맥락에서 기존 인간보다 컴퓨터의 소프트웨어적인 인간이 대세를 이루게 될 것으로 전망한다.

한편 레이 커즈와일은 미래에 기술이 기하급수적으로 발전해 몸과 기계의 융합이 상상할 수 없을 정도로 빨리 진행될 수 있다는 것을 중국 황제의 설화를 들어 비유적으로 설명한다. 설화는 장기 발명가와 중국 황제 사이에 벌어진 내기에 관한 것이다. 장기를 발명한 발명가가 황제에게 장기의 각 칸이 늘어날 때마다 쌀을 두 배로 줄 것을 제안한다. 첫 번째 칸에 쌀 한 톨, 두 번째 칸에 두 톨, 다음 칸에는 네 톨, 그리고 계속 두 배로 늘려달라는 것이었다. 황제는 발명가의 요청이 하찮아 보여 즉각 수락한다. 그런데 장기의 절반에 이르러서는 즉 32번째 칸에 지불해야 할 양은 40억 톨의 쌀이었다. 결과적으로 황제는 1800경(1경은 1조의 1800만 배) 개라는 상상을 초월할 양의 쌀을 발명가에게 주어야 했기 때문에 파산에 이르렀다고 한다.

이것은 기술발전의 가속화와 관련된 비유다. 인류는 지금 장기의 절반에 와 있다. 1940년에 만들어진 컴퓨터는 그 속도 및 기술이 32배로 발전했다. 이것은 황제가 발명가에게 준 장기 절반의 양에 해당한다. 장기의 절반을 채운 이후 후반부에 일어날 엄청난 속도의 증가가 우리 몸과 기술에도 똑같이 일어날 가능성이 있다는 것이다.

18세기 계몽주의 시대에 자동인형이 성행할 무렵 '체스 두는 사람'이라는 자동인형이 등장해 사람과 체스를 두었다. 그런데 그 인형은 실제로 사람과 같은 지능을 가진 것이 아니라, 기계 밑의 공간에 사람이 들어가 체스를 둔 것이었다. 그로부터 약 200년 후 그 체스 두는 기계는 컴퓨터 프로그램으로 둔갑해 사람과 실제로 게임을 벌이게 되었다. 과거 체스 천재가 기계 속에 들어가 했던 역할을 이제는 컴퓨터 프로그램의 인공지능이 대신한다. 흥미로운 점은 인공지능이 인간 지능을 능가하고 있다는 것이다. 세계 체스챔피언 게리 카스파로프는 결국 컴퓨터와의 게임에서 진다. 게임에서 진 후 그는 자신을 누른 컴퓨터를 '외계지능(Alien Intelligence)'이라 불렀다고 한다. 인공지능을 연구하는 과학자 베노아 빈지는 약 30년 쯤 후에는 호모사피엔스로부터 '생각하는 기계(Thinking Machine)'라는 다른 종이 등장할 것으로 예측하고 있다.

21세기에는 이른바 인간처럼 생각하는 기계, '로보사피엔스'의 시대가 열리고 있다. '로보사피엔스'는 스스로 사고하며 자율학습능력을 가진 자율 로봇이다. '로보사피엔스'는 자율적인 로봇으로서 단지 컴퓨터의 복합적인 신경회로망 안에서만 존재하며, 자신의 존재 의미에 대한 자의식도

가지는 로봇이다. 인간에 의해 제작되었지만 자율적인 지능을 갖추고 있으며, 정확한 기억력으로 엄청난 양의 정보를 저장·검색하고, 자체적으로 치료가능한 완벽한 신체를 갖추고 있다. 그리고 아무리 먼 거리도 무선 통신이 가능하며, 공간 이동도 자유자재로 할 수 있고, 무엇보다 감정을 가진 개체의 특성을 지닌다. 데카르트가 정의한 인간의 특성 즉 '나는 생각한다. 고로 존재한다'라는 명제는 이제 그 당위성을 잃어가고 있다. 컴퓨터는 인류 역사에 혁명적 변화를 가져오고 있다. 컴퓨터 발전의 궁극적 단계는 컴퓨터가 인간과 같은 자율적 지능을 가지게 하는 것이다.

인간처럼 생각하는 컴퓨터, 상상이 가는가? 지금 세계 곳곳에서는 컴퓨터 프로그래머들이 이 상상을 실현시키기 위해 불철주야 노력에 박차를 가하고 있다. 미국 국가안보국에서 실제로 일어난 일화가 있다. 한 프로그래머가 국가안보국이 보유한 최신 양자컴퓨터와 대화하는 도중에 일어난 일이다. 프로그래머가 중국의 암호해독능력에 대해 컴퓨터와 대화하던 중, 컴퓨터가 잠시 '생각'에 잠겼다가 암호화하는 목적이 무엇인지를 물었다. 그 질문에 프로그래머가 암호화에 대해 설명을 해주자, 컴퓨터는 다시 "왜 우리는 정보를 감추어야 하지요?"라고 되물었다는 것이다. 이것은 컴퓨터 역사에서 커다란 사건이었다. 컴퓨터가 인간처럼 생각하고 생각을 통해서 질문을 던질 수 있다는 것은 인간과 같이 자율적 존재가 되었다는 의미이기 때문이었다. 그렇다면 컴퓨터는 생각하는 것뿐만 아니라 상상까지도 할 수 있을까? 생각할 수 있다면 상상할 수도 있지 않을까?

# 프 리 먼  다 이 슨 과  다 이 달 로 스

현재 과학에서 진행되는 사실들로 미래 인간의 모습을 상상하는 데 탁월한 통찰력을 발휘하는 과학자들 중 프리먼 다이슨이 있다. 영국 태생의 그는 물리학과 수학을 전공한 현 시대의 가장 영향력 있는 과학자 중 한 사람이다. 그런 그에게 수식어로 붙어다니는 문구가 '몽상의 물리학자' '과학적 상상력의 천재'다. 그는 미래를 진단하는 과학적 통찰에는 상상력이 필요하다는 점을 강조하면서, 인류 미래를 십년, 백년, 천년, 만년, 십만 년, 백만 년, 무한이라는 일곱 가지 시간대로 나누어 미래를 상상한다. 그가 예견하는 미래적 과학은 그야말로 상상을 초월할 정도로 상상적이다. 그 상상력에 따르면, 현재 진행되는 게놈 프로젝트가 성공한다면 인간의 유전자 염기서열 도서관이나 박테리아, 침팬지, 고래 등 여러 다양한 종들의 유전자 염기서열 도서관이 생겨날 수 있다. 또한 부모가 바라는 완벽한 유전공학적 아이를 가지는 것이나 아이를 설계할 수 있는 소프트웨어가 나오게 될 것이며, 그리고 백만 년 후쯤 인류는 점차 다양한 유전적 자질을 가진 개체들로 분화되어 여러 다양한 종들로 진화할 것이다.

다이슨은 '다이슨 나무'라는 것도 고안했는데, 이 나무는 유전자 조작으로 혜성에서도 자랄 수 있는 식물을 말한다. 그는 혜성을 조작해 내부에 생물이 숨쉴 수 있는 대기를 만들어내는 것이 가능하며, 태양계 밖으로 인간을 보낼 수 있는 서식지를 조성할 수 있다는 상상적 제안을 하기도 한다.

다이슨이 1995년 예루살렘 히브루 대학에서 강의한 내용을 엮은 《상상의 세계(Imagined Worlds)》는 미래 인류 청사진에 대한 상상이다. 그는 이 책에서 "과학은 내 전공 분야다. 그러나 과학소설은 내 꿈이다"라고 말한다. 다이슨의 《상상의 세계》는 우리가 미래의 몸을 상상하는 데 지침을 준다. 다이슨은 책 전체의 방향키를 두 책에 두고 전개한다. 웰스의 《타임머신》과 홀데인의 《다이달로스, 과학과 미래》가 그것인데, 두 책 모두 기술과 관련해 인간 미래를 상상하고 있다. 1895년에 출간된 《타임머신》은 과학 발전에 회의적 태도를 보이며 인간 미래를 매우 어둡게 상상한다. 생물학자였던 웰스는 인간 진화를 큰 주제로 삼았다. 《타임머신》에서 인간은 두 종류 즉 약탈자와 약탈을 당하는 부류 엘로이와 몰로크로 나뉘게 되어, 엘로이들은 밝은 태양 아래서 노래하고 춤추며, 몰로크들은 지하세계에서 기계를 돌리고 노동하며 엘로이들을 먹여 살린다. 이는 물론 당시 영국사회의 불평등에 대한 비판과 분노를 담고 있는 것이기는 하지만, 과학과 기술이 인류 미래에 미치는 영향에 대한 심각한 경고를 담고 있는 것이었다.

한편 영국에서 1923년 출간된 《다이달로스, 과학과 미래》는 케임브리지 대학 지성인들의 모임 헤러틱스에서 강의 교재로 사용되기도 했다. 홀데인은 이 책에서 과학혁명을 설명하는 데 다이달로스라는 신화적 인물을 차용해 다이달로스에 대한 고전적 신화해석으로부터 벗어났다. 그는 다이달로스가 발명가가 아닌 유전학자라는 관점을 강조한다. 그리고 끝까지 추적하는 미노스 왕을 시실리에서 살해하는 다이달로스가 왜 신의 처벌을 받지 않았는지에 대해서도 깊은 관심을 표한다. 다이달로스는 제우스의 아들 미노스를 죽이고도 신화의 다른 인물들처럼 엄청난 형벌을 받지는 않았는데, 이는 과학기술이 인간 한계를 극복하는 수단이라는 것에 대한 긍정적 태도를 반증하는 것이었다. 홀데인이 다이달로스가 유전학자라는 데 역점을 두고 있는 것은 인류 미래에 가장 큰 충격과 변화를 가져오게 될 것은 유전공학이나 체외발생(어머니 자궁 밖에서 생명체를 만드는 기술)과 같은 생물학이라고 판단했기 때문이다. 그는 이미 20세기 초에 유전공학을 이용해 새로운 종의 동물과 식물을 생산해 식량문제를 해결할 것이며, 아이들의 유전적 형질을 선택할 수 있을 것을 상상했다.

그러면 잠시 홀데인이 언급한 다이달로스의 신화 속으로 들어가보자. 그리스 신화에서 다이달로스는 홀데인의 말대로 유전공학자다. 미노타우로스는 다이달로스의 유전공학이 탄생시킨 생명체다. 인간과 황소 사이의 유전자 접목이 최초로 이루어진 결과였다.

신화적 상상력 속의 유전공학 시나리오는 다음과 같이 전개된다. 출발은 정치적 사건이었다. 크레타 섬의 왕 미노스는 자신의 왕위에 대한 권위를 상징하는 징표가 필요해 바다의 신 포세이돈에게 흰 황소를 보내주기를 간청했다. 이 황소 덕분에 미노스는 왕이 된다. 하지만 포세이돈에게 약속한 것처럼 황소를 돌려보내지 않고 가짜 황소를 보내자 미노스 왕은 포세이돈으로부터 벌을 받는다. 그 벌은 자신의 아내인 파시파에가 황소에게 반해버린다는 것이었다. 파시파에는 황소에 대한 사랑으로 상사병에 걸릴 지경에 이른다. 이때 다이달로스가 등장한다. 다이달로스는 그리스에서 아주 이름난 장인이었다. 조각에 뛰어난 솜씨를 가지고 있어 아프로디테 조각상을 만들기도 했다. 미노스 왕의 신임을 얻은 그는 왕비를 위해 황소와 꼭 닮은 나무로 된 황소상을 만들기에 이른다. 왕비는 실제와 똑같은 정교한 모습을 한 황소의 몸 안으로 들어가 황소를 유혹하고 교접을 해 마침내 사랑을 이루게 된다. 그리고 인간 유전자와 황소 유전자가 반반씩 접목되어 몸은 인간, 얼굴과 꼬리는 황소인 미노타우로스가 탄생한다. 인위적으로 만들어진 나무 조각상 안에서 이루어지는 상상적 사랑이 비록 괴물이기는 하지만 새로운 생명체를 탄생시킨 것이다.

파시파에의 사랑의 상상력과 다이달로스의 가공능력은 최초의 유전공학 모델을 만들었다. 하지만 이러한 첨단과학적 생명체는 인간 특성보다는 동물 속성에 치우친 것으로 상상되었다. 미노타우로스는 커감에 따라 성격이 점점 포악하게 변해간다. 이즈음에서 신화적 상상력은 유전공학적으로 태어난 미노타우로스와 그를 만든 장인 그리고 그것을 사주한 정치적 권력 입안자의 운명을 어떻게 그려나가겠는가. 우선 모든 과학 프로젝트를 입안하는 정책 결정자로서의 미노스 왕은 다이달로스로 하여금 아무도 들어갈 수도 나올 수도 없는 미궁 라비린토스를 짓게 한 후 미노타우로스를 그곳에 가둔다. 예상할 수 있는 결정이다. 유전공학으로 탄생된 생명체가 예상을 깨뜨리고 많은 문제를 일으킨다면 당연히 정책 입안자들은 이를 은폐시킬 것이다. 그러면 정책 입안자와 이를 실행한 과학자 사이의 관계는 어떻게 상상되었을까? 독자들은 어떻게 그 상상의 실타래를 풀어가겠는가. 신화적 상상력은 어떤 의미에서 매우 현실적인 과학적 자료들을 제공한다. 과학자는 당연히 권력자에게 반항할 것이고, 이들 사이의 투쟁은 둘 중 하나의 죽음을 부를 것이다. 그리고 은폐되어야 할 실패물 역시 없어져야 하지 않을까? 신화는 이 예상을 깨지 않는다. 단지 상상적 시나리오가 흥미로울 뿐이다.

미노타우로스를 미궁에 가둔 후 크레타와 아테네 사이에 전쟁이 벌어지고 아테네가 진다. 미노스 왕은 전쟁에 진 아테네에 대가로 매년 소년 소녀 일곱 명을 바치게 하고 이 제물을 괴물 미노타우로스에게 준다. 실패를 은폐하기 위해서는 반드시 또 다른 제물이 희생되어야 하기 때문이다. 두 번째까지 조공을 바치는 데는 문제가 없었지만, 세 번째에는 또 다른 영웅 테세우스가 등장한다. 테세우스가 미노타우로스를 죽이고 더 이상의 제물을 희생시키지 않는 아테네 영웅이 되는 데는 미노스의 딸 아리아드네가 결정적 역할을 한다. 그리고 이 아리아드네를 돕는 것이 다름 아닌 다이달로스다. 미궁을 직접 설계하고 괴물을 탄생시킨 장본인의 도움 없이는 불가능하지 않겠는가? 다이달로스는 아리아드네에게 미궁을 빠져나오는 복잡한 방법을 알려준다. 이를 알게 된 왕은 다이달로스와 그의 아들 이카루스를 그 미궁에 가둔다. 이로부터 우리 모두가 잘 아는 대로 이카루스의 날개가 추락하는 사건이 일어난다. 다이달로스는 미궁의 창으로부터 모은 새의 날개와 밀랍으로 날개를 만들어 미궁을 탈출한다. 날개는 인간의 욕망과 상상력이 만들어낸 테크놀로지의 결정판이었다. 날개의 발명이 인간으로서 몸의 한계를 극복하기 위한 도구와 기술 역사의 결정적 첫 장을 연 것이다.

## 나노와 상상

만약 우리가 20세기 중반 냉전이 한창이고 세계 각국이 산업개발에 박차를 가하고 있을 무렵 상상력의 반대말을 물었다면, 그 대답은 무엇이었을까? 아마도 과학이라는 단어가 가장 많았을 것이다. 하지만 21세기에 들어 과학과 상상력은 상반된 것이 아니라 상호보완적인 것이 되고 있다. 나노 분야에서는 상상력 없이는 나노기술이나 과학의 가능성을 개발하기가 힘들다고 한다. 나노라는 극미의 세계는 이제까지 인류가 경험해보지 못한 세계이기 때문이다. 나노과학자들 중에는 과학과 상상이 같은 곳을 바라보는 동질성을 가지고 있음을 강조한다. 인류 역사상 가장 작은 극미세계를 다루는 나노기술이 인류에게 미치는 영향력과 파장은 상상을 뛰어넘을 정도다. 미시세계가 거시세계를 바꾸고 있는 것이다.

나노기술의 아버지라 불리는 에릭 드렉슬러 박사는 나노기술이 정착하기도 전 나노가 구현하는 기술들에 대한 상상의 시나리오를 내놓아 세간의 주목을 끌었다. 그는 《창조의 엔진》에서 '창조하는 기계'의 개념을 설파했다. 이 기계는 물질 단위들을 넣어 마치 오븐에서 음식이 만들어지듯이 원하는 물질을 얻어낼 수 있는 상상적 기계다. 나노과학과 나노기술 분야의 발전 원동력은 상상력이다. 상상의 씨앗이 없으면 개발 열매도 얻지 못한다. 암세포만 죽이는 기능의 로봇, 위험한 돌연변이를 일으킨 잘못된 세포를 끊임없이 찾아내 걸러내는 일, 도시의 공기 속 공해물질을 제거하는 일, 파란 눈을 가진 사람만 죽이는 바이러스, 먼지 크기의 마이크와 카메라를 이용해 그것을 들이마시게 되면 작동하는 무선추적 장치로 감시하는 전자스토킹 등등 나노 분야에서는 정말 상상력을 동원하지 않고서는 이해조차 힘든 일들이 지금 진행 중에 있다.

나노라는 미시세계의 발견과 그 조작 가능성으로 몸은 새로운 상상력의 장이 되고 있다. 몸은 과학기술의 상상력이 가장 필요로 하는 분야가 된 것이다. 인간의 생명과 몸은 미래산업의 최대 블루오션이다. 과학기술은 인류가 이제까지 상상해온 것 이상으로 상상을 뛰어넘는 일들을 펼쳐가고 있다. 여러분들은 어떤 일을 상상할 수 있겠는가? 지금 시도되고 있는 방법 중에는 '랩온어칩(lab-on-a-chip)'이 있다. 이 방법은 환자 몸 안에 실험실을 심는 것으로, 곧 시행될 단계에 이르렀다. 이 바이오칩은 환자 몸 안을 직접 관찰하고 수백만 가지의 실험을 수행하며, 세포 안에 흘러다니는 기관들과 협력한다. 바이오칩은 컴퓨터의 놀라운 계산 능력과 생물학을 결합시킨 것으로, 우리 몸 안의 초미세한 세계에서 일어나는 일을 이해하는 방법이다. 인간 몸의 수많은 생체기능들은 여러 크기 차원의 세포 계층에서 이루어진다. 인간 몸은 나노미터보다 작은 수준의 원자, 수 나노미터 정도의 단백질, DNA 분자, 마이크로 크기의 세포, 세포들 집단과 기관, 밀리미터에서 수 미터에 이르기까지의 기관들 등 아주 다양한 크기의 기관들이 움직이는 우주다. 암을 유발하는 유전자나 여기에 영향받는 단백질은 모두 나노 크기 수준에서 일어나는 일들이다.

　　상상할 수 없을 정도로 정밀한 초소형의 나노로봇들이 이미 수술에 활용되고 있다. 과학자들은 이런 정도의 기술이 아주 낡은 기술로 여겨질 날이 멀지 않았다고 한다. 영화 〈마이크로 결사대〉에 등장하는 잠수함처럼 생긴 나노로봇들이 자율적으로 동맥을 순찰하면서 각종 질병들을 사전에 치료할 것이며, 암으로 진전될 수 있는 결장폴립을 제거하고, 바이러스와

## 호문쿨루스를 제조한 연금술처럼 그레타 가르보를 환생시키는 나노과학의 상상은 실현될 수 있을까?

암세포들을 찾아내고 종양 덩어리들을 스스로 제거할 수도 있을 것이다. 나노기술의 보철술들은 인체에 완전히 적응된 형태와 기능을 가지게 될 것이다. 신화 속에서 보철술을 시행했던 현대판 헤파이스토스들이 바로 나노로봇들이다. 나노 크기의 과학자들이 마이크로 크기의 실험복을 입고 나노미터 크기의 주사기를 휘두르며 세포 안에서 각종 실험들을 수행하고 자신들이 발견한 사실들을 중앙본부에 보고하는 상상이 실현되어가고 있는 중이다. 한편 세포 생물학자들은 원자현미경으로 세포 하나하나를 집어올리고 세포를 조작하는 단계에 이르렀다. 상상해보라! 물질을 이루는 기본 단위를 제어하고 조작한다는 것을! 연금술사들이 원자 배열을 조작해 가치 있는 금을 제조하는 것을 꿈꾸고, 원소들을 조작해 호문쿨루스라는 인조인간을 만드는 실험을 한 것처럼, 아니 그보다 훨씬 더 상상적인 일들이 나노과학에서 일어나고 있다는 것을!

나노과학 분야에서 세계의 주목을 받고 있는 테드 사전트는 나노과학에서 미래의 몸을 어떻게 상상하고 있는지를 보여준다. 그는 자신이 나노과학자가 되겠다고 결심한 계기를 이렇게 설명한다. 청소년 시절 그는 그레타 가르보의 매력에 흠뻑 빠졌었는데, 그녀가 죽은 후 그는 그녀를 다시 환생시킬 수 있는 과학적 기술을 꿈꿨다. 그레타 가르보는 절대로 사라진 것이 아니라 단지 그녀를 구성했던 원자들이 흩어졌을 뿐이라고 그는 생각했다. 따라서 공기 중에 떠돌아다니는 이 원자들을 다시 잘 배합하면 그녀를 몸을 가진 생명으로 환생시킬 수도 있다는 것이다. 미래 과학은 동양의 전통사상이나 불교의 윤회설에서 믿어왔던 환생을 실현시킬 수 있을 것 같다. 과학과 기술 발전에는 언제나 상상력과 욕망이 자리하고 있음을 확인할 수 있다. 상상력은 단순히 허구 속의 힘없는 망상이 아니라 문명을 추진시키는 엔진인 것이다.

후기생물학 시대의 몸은 이제까지의 상상력을 뛰어넘는 몸이 될 것이다. 바이오 테크놀로지와 나노 테크놀로지가 결합해 생명 자체에 대한 정의를 다시 쓰게 될 것이다. 분자생물학에서는 DNA변형 조작을 비롯해 새로운 생명체를 제조할 것이다. 이 생명체는 살아 있는 유기체에서 분자를 제조해 여러 형태로 재조립하거나 해체시킬 수 있다고 한다. 이러한 분자존재는 이제까지의 생명체에 대한 재정의를 요구한다. 존재는 태어나서 죽기까지 고정된 것이 아니며, 살아 있는 몸 밖에서 생명을 이어갈 수 있을지도 모른다. 몸의 구성요소들이 이른바 '탈영토화'될 것이기 때문이다. 미래의 몸은 SF소설처럼 상상적 몸이 될 것이다.

## 트 랜 스 휴 먼

역사적으로 세기가 바뀔 때마다 많은 사람들이 미래를 예측해왔다. 인류 문명사에서 그 어느 때보다 기술 발전이 눈부신 21세기에 미래에 대한 호기심과 상상력은 다른 어느 세기보다 강하다. 인류가 2000년 동안 겪어온 변화에 비해 21세기 한 세기 동안 일어날 변화는 엄청날 것으로 예상된다. 변화 속도가 너무 빨라 역사의 천이 찢어질 정도라고 내다보는 학자들도 있다. 그들은 그것을 '특이점'이라 부른다. 미래학 분야에서는 이러한 엄청난 변화의 물결 속에서 미래에 대한 예측 보고서를 속속 내놓고 있다. 그

# 현대의 몸은 '트랜스' 과정 어디쯤에 놓여 있으며, 그 종착지는 과연 어디일까?

중에서도 인간 진화는 가장 큰 화두가 되고 있다. 미래 과학에서는 현생인류는 호모사피엔스로서의 진화의 끝에 도달했다는 것과 현재 인간 모습이 진화의 끝이 아니라 시작에 불과하다는 것을 강조하며 '트랜스휴먼'을 내세운다. '트랜스'는 말 그대로 과도기를 의미하는데, 트랜스휴먼은 궁극적으로 포스트휴먼 단계에 이르기 위한 과도적인 단계를 말하는 것이다.

트랜스휴머니스트들에 따르면, 모든 종은 완성된 것이 아니라 언제나 과도기적 종이다. 따라서 지금의 호모사피엔스는 과학기술을 통해 더 나은 종으로 진화될 수 있다. 트랜스휴머니스트 닉 보스트롬은 휴머니즘과 트랜스휴머니즘의 차이점에 대해 트랜스휴머니즘은 휴머니즘의 확장인데, 다른 점은 과학기술을 통해 인간의 무한한 가능성을 적극적으로 개발한다는 것이라고 한다. 생물학적인 자연스런 진화에 내맡기지 않고 적극적으로 진화의 물길을 원하는 대로 바꾼다는 것이다. 이렇게 과학적이며 적극적인 방법으로 인간 한계를 넘어 더 나은 인간 조건을 만들어나가는 트랜스휴먼은 짜증도 안 내고, 피곤하지도 않으며, 슈퍼지능을 가지고 문제해결을 하고, 병에 걸리거나 늙지도 않으며, 이른바 '영생'의 꿈을 실현시키는 단계를 모색한다.

'트랜스휴먼'이라는 용어가 처음 사용된 것은 단테의 희곡에서였다. T. S. 엘리엇도 희곡 《칵테일 파티》에서 인간이 트랜스휴먼되는 과정을 언급하기도 했다. 지금 쓰이는 의미에서의 '트랜스휴머니즘'은 미래학자 'FM-2030'에게서 처음 사용되었다. 이 미래학자는 본명이 페레이두안 M. 에스판디어리인데, 2030년에 100세가 되는 것을 기념하기 위해 그리고 인류 문명에서 가장 인습적이고 인종차별적인 이름이라는 제도로부터 벗어나기 위해 이 필명을 사용했다. 유년시절 외교관인 이란의 부모님 덕에 세계를 돌아다니며 폭넓은 경험을 쌓은 그는 1989년 발표된 《당신은 트랜스휴먼입니까?》라는 책으로 트랜스휴머니스트로서 명성을 얻었다. 그는 2030년은 인류 역사상 기념비적인 해가 될 것이라 확신하면서, 2030년에 이르면 인간은 더 이상 늙지 않고 영원히 살게 될 것이라고 믿었다. 하지만 그는 70세를 일기로 2000년 7월 8일 췌장암으로 사망한다. 그의 유언대로 그의 사체는 지금까지 애리조나 주에 있는 알코 생명연장재단에 냉동보관되어 영생을 꿈꾸고 있다.

트랜스휴머니스트들의 가장 중요한 관심사 중 하나는 인간의 미래 몸을 상상하는 것이다. 그 상상들 중에는 과학적이고 합리적인 것도 있지만, 어떤 것들은 신화시대의 상상력보다 더 황당무계한 상상의 시나리오들도 없지 않다. 그러한 상상들 중에 마인드업 또는 다운로딩이라는 것이 있는데, 이것은 뇌 속에 저장된 기억들을 컴퓨터에 저장해놓았다가 사고나 죽음으로 기억을 잃었을 때 컴퓨터로부터 다시 다운받아 기억과 삶을 유지할 수 있다는 것이다. 이것이 가능하게 된다면, 그야말로 불멸의 영생이 가능하게 된다. 인간의 모든 지식과 기억을 '백업'해놓았다가 새로운 몸에 '부팅'하면 영생할 수 있기 때문이다.

그렇다면 여기서 미래 인간을 뇌만 있는 인간으로 상상해볼 수도 있지 않을까? 뇌는 인간의 몸 중 가장 복잡하고 생명력 있는 기관이다. 평균적으로 인간 뇌는 1000억 개의 뉴런(10의 11승)으로 구성되어 있으며 각 뉴런은

만 개의 시냅스($5 \times 10^3$개)로 연결되어 있다. 따라서 뇌 전체의 구성요소는 지구 인구의 1억 5000배 더 있는 셈이다. 뇌에는 특정한 기능들을 전담하는 부위들이 있어서 하나의 거대한 오케스트라처럼 작용한다. 인간으로 하여금 현실을 지각하게 해주는 것은 바로 이러한 뇌 안의 여러 부위들이 상호교류하면서 이루어지는 것이다.

요약해보자면, 뇌는 몸의 가장 중요한 부분으로 존재감을 느끼기 위해서는 필수적인 부분이다. 데카르트의 '나는 생각한다. 고로 존재한다'라는 명제는 바로 생각이 인간을 규정짓는 것으로 본 것이었다. 그런데 그 존재를 느끼고 인지하는 것이 뇌의 작용이라면, 뇌의 작용, 뇌의 기억이 있으면 인간 존재가 가능하다는 상상을 해볼 수 있다는 것이다. 반대로 몸은 있는데 뇌가 없는, 즉 뇌사상태의 몸은 무엇인가? 그것은 존재로서의 인간이 아닌 것일까? 이것을 다른 형태로 상상해볼 수도 있다. 인간 뇌를 가진 미래의 어떤 몸 예를 들어 로봇의 몸에 인간 뇌의 모든 기억을 다운로딩해 이식한 경우 이 로봇을 진정 인간이라고 할 수 있을까? 어쨌든 미래의 몸에서 뇌와 기억은 매우 중요한 요소임에는 틀림없는 것 같다.

뇌만을 보존함으로써 영생할 수 있다는 발상은, 개인의 정체성이 뇌 속에 저장된 기억들로 결정된다는 가정을 함축한다. 인간은 거대한 데이터의 복합체라는 것이다. 아놀드 슈왈츠제네거가 출연한 영화 〈토탈리콜〉(폴 버호벤 연출, 1989)에서는 '리콜'이라는 새로운 개념의 여행사가 등장한다. 이 여행사는 고객을 직접 우주로 보내주는 대신, 싼 값으로 우주 여행을 다녀온 것처럼 뇌 속에 기억을 이식해준다. 미래의 여행사 '리콜'이 고객을 대하는 태도는 현대의 트랜스휴먼주의자들의 인간관과 유사하다. 한마디로 인간의 육체가 경험하는 내용은 개인의 정체성과 전혀 무관하다는 것이다. 그들은 오직 뇌를 통해 감각되고 기억으로 남아 있는 내용들만이 개인의 정체성을 구성한다고 본다. 이러한 트랜스휴먼적 가정에 따라, 인간은 영원히 파괴되지 않는 고용량의 메모리로 자신의 생물학적 뇌를 대신함으로써 영생을 꿈꿀 수 있다.

오시이 마모루 감독의 애니메이션 〈공각기동대〉(1995)는 '인간 = 뇌 + 기억'이라는 도식이 성립하는 미래사회가 어떤 모습일지에 대한 청사진을 제시한다. 〈공각기동대〉에는 두 가지 종류의 '사회적 존재'가 등장한다. 하나는 뇌를 제외한 신체기관을 기계로 대체해 살아가고 있는 미래 인류들이고, 다른 하나는 뇌마저도 기계화한 완전 사이보그들이다. 이러한 사이보그들은 '전뇌'라고 불리는 기계화된 뇌와 축적된 기억을 가지고 있으므로 다른 인간과 동등한 권리로 사회를 살아간다. 더 이상 인간만이 '사회적 존재'가 아닌 것이다. 뿐만 아니라 〈공각기동대〉에 등장하는 인간들은 사이보그에 비해 사회적 능력이 훨씬 떨어지는 것으로 보인다. 전뇌에 접속 케이블을 꽂음으로 언제든지 네트워크 세계로 진입할 수 있는 사이보그들은 인간보다 훨씬 더 자유롭게 다른 존재자들(사이보그와 컴퓨터를 사용하는 인간들)과 상호작용할 수 있기 때문이다. 〈공각기동대〉는 '사회적 존재'라는 정의를 따른다면 생물학적 뇌를 가진 인간은 사이보그에게 인간 지위를 넘겨주어야 할지도 모른다는 포스트휴먼적 전망을 내비친다. 하지만 이 영화는 타인과 나를 구분하는 '뇌'라는 최소한의 경계마저도 네트워크로써 모호해져버리는 미래사회를 인류의 '진보'로 규정할 수 있을지에 대해서는 물음표를 던지고 있다.

영화의 마지막에서 주인공인 쿠사나기 소령(사이보그)은 전뇌를 매개로 네트워크 속으로 빠져들어가 '인형사'라는 바이러스와 결합하게 된다. '인형사'는 네트워크를 통해 다른 사이보그의 전뇌를 침범하고 조종해 주가조작, 정치공작 등의 테러를 일삼는 제3의 존재다. 여전히 육체라는 경계에 머물러 있는 인간과 사이보그와는 달리 '인형사'는 네트워크 속을 흘러다니는 순수한 정보의 집합체다. 쿠사나기는 이제 전뇌마저도 버리고 인형사와 결합함으로써 네트워크의 바다를 흘러다니며 다른 사이보그들 영혼을 흡수해버리는 바이러스가 되는 것이다.

오랜 시간 육체는 인간의 자유로운 영혼을 속박하는 '감옥'으로 인식되어왔다. 하지만 〈공각기동대〉가 보여주는 육체 없는 인간은 더 이상 자유롭지 않다. 자타 경계 없이 끊임없이 유동하고 확장하는 바이러스 같은 존재자에게는 개인으로서의 정체성이 없기 때문이다. 육체를 버리고 정보의 홍수에 융합된 이러한 새로운 존재자들을 자타 경계를 초월한 신인류로 볼 것인가? 육체와 타자성을 통한 자기규정에 실패한 바이러스로 볼 것인가?

이 모든 상상들이 미래에 실제로 실현될 수도 있다. 하지만 모든 상상의 끝을 뒤집어볼 수도 있다. 생각과 상상, 기억, 인식이 일어나고 저장하는 것은 뇌일 수 있다. 하지만 그 인식과 경험이 일어나는 직접적인 장소는 뇌가 아니다. 삶의 모든 일들이 일어나는 곳은 몸의 변방의 작은 부분들,

예를 들어 손, 발, 피부의 말단 신경세포들이다. 인간 존재에게 뇌는 필수적이지만 뇌가 전부는 아니라는 것이다. 컴퓨터 본체의 메모리칩은 그 컴퓨터의 성능과 존재를 대변하는 아주 중요한 요소지만 그것만으로는 부족하다. 거기에 어떤 모니터, 어떤 모양의 마우스, 어떤 보조 프로그램을 넣느냐에 따라 전혀 다른 존재감을 갖는 컴퓨터가 되기 때문이다.

## 몸과 유토피아

인간은 상상하는 존재이며, 그 상상은 언제나 유토피아를 지향해왔다. 좀 더 나은 조건을 향한 몸부림이 오랜 진화 조건이었다. 트랜스휴먼, 포스트휴먼은 몸의 유토피아를 향한 상상이다. 이제 몸 안을 향한 상상의 여정을 몸의 유토피아를 잠시 들여다보는 것으로 마치기로 하자.

많은 SF 소설들과 영화들은 유토피아적 몸을 상상해왔다. 하늘을 마음대로 날아다니고, 어떤 상처라도 금방 회복이 되고, 아무리 높은 건물도 거미처럼 오를 수 있고, 천리안과 먼 거리의 소리를 들을 수 있는 능력을 가지고 있으며, 자유자재로 변신 가능하고, 절대로 죽지 않는 금속로봇이 되기도 하는 등등 일일이 열거하기조차 힘들 정도도. 이 상상의 연장선에서 미국 드라마 〈히어로즈(Heroes)〉는 트랜스휴먼적 상상을 보여준다. 대강의 줄거리를 살펴보자면, 인도의 한 유전학 교수가 특별한 능력을 지닌 사람들이 있다는 것을 알게 된다. 이 사람들은 유전자 변형으로 특별한 능력을 부여받아 슈퍼히어로가 되고, 그들은 곧 다가올 핵폭발을 예지한다. 그 핵폭발을 막기 위한 과정 속에서 벌어지는 사건과 위기를 그려나가는 것이 이 드라마의 기본 줄거리다. 드라마 주인공들의 능력은 다음과 같다.

> 피터 페트렐리 – 타인의 능력을 모방해 자신이 만난 능력자들의 능력을 모두 자
> 기 것으로 가질 수 있다.
>
> 네이슨 페트렐리 – 허공을 자유자재로 날아다닌다.
>
> 히로 나카무라  – 시간과 공간을 자유롭게 넘나든다.
>
> 클레어 베넷 – 세포가 급속 재생, 무한정 재생한다. 따라서 절대 다치지 않는다.
>
> 사일러 – 상대방 뇌를 읽어내 그 능력을 이해하고 자신의 것처럼 사용할 수 있다.
>
> 아이삭 멘데스 – 그림으로 미래에 일어날 일을 그려낸다.
>
> 니키 샌더스 – 엄청난 괴력을 가진 이중인격자로서 평상시 얌전하다가 흥분하
> 면 과격하게 변한다.
>
> 마이카 – 기계와 대화해 원하는 정보를 얻어낸다.
>
> 맷 파크먼 – 사람의 생각을 소리로 들을 수 있다.
>
> 몰리 – 능력자들 위치를 찾아낼 수 있다.
>
> 호킨스 – 자신의 몸을 비물질화해 모든 것을 통과시킬 수 있다.
>
> 해이션 – 상대방 능력을 억누르고 기억을 지울 수 있다.
>
> 안젤라 페트렐리 – 꿈을 통해 일어날 일을 암시적으로 볼 수 있다.
>
> 헤이든 – 상대에게 자신의 말을 무조건 설득시킬 수 있다.
>
> 테드 – 몸에서 위험한 수준의 방사능을 내뿜을 수 있다.

정말 상상하기조차 힘든 능력들이다. 이 드라마가 시즌 3을 넘어서 시

즌 4에 이르기까지 인기리에 방영되는 이유는 무엇일까? 이런 유토피아적 몸에 대한 상상들이 아주 황당무계한 망상이 아니라, 머지않은 미래에 어쩌면 실현될 수 있을지도 모른다는 가능성과 인간 몸에 대한 유토피아적 욕망 때문은 아닐까?

그러면 이쯤에서 시간을 거꾸로 돌려 동양으로 가보자. 중국인들은 신비의 땅 '곤륜'을 상상했다. 이 곤륜산은 천제가 만든 지상의 도시로서 곤륜의 높은 산들은 신과 신선들이 사는 천계와 연결되어 있다. 중국인들이 이 곤륜산을 상상하고 동경한 것은 이 땅이 불로불사의 공간이기 때문이었다. 《회남자》에서는 곤륜을 허상이 아닌 현실로 상세하게 묘사하고 있다. 곤륜에는 아홉 개의 성이 솟아 있는데, 이 성벽 주위에는 아홉 개의 샘이 있고 죽지 않는 약을 만드는 옥그릇이 놓여 있다. 그리고 곤륜 안에 있는 세 개 산에는 단수가 있어, 이 물을 마시면 죽지 않는다고 상상했다.

청나라 말의 강유위는 《대동서》에서 미래 유토피아 사회를 그리고 있다. 그 유토피아는 모든 것이 대등한 사회로 그려진다. 그곳에는 빈부 격차를 가장 극명하게 대변하는 개인의 집 대신 공공의 집과 여관만이 있고, 음식 구별, 의복 구별, 남녀 구별, 귀하고 천한 것에 대한 구별이 없다. 그 이상적 사회에서 몸 역시 유토피아로 상상된다. 몸은 태어나지도 죽지도 않는 절대적 몸이고, "빛과 전기를 타고 기를 조절해서 지구를 벗어나 다른 별로" 갈 수 있는 전지전능한 소통능력도 가지고 있다.

또한 《산해경》 《회남자》에서는 몸에 대한 그야말로 기이한 상상력들을 만날 수 있다. 중국인들은 중국 밖에 36개 나라들이 있고, 그 나라들에 각

## 인간의 몸은 언제까지나 영혼을 구속하는
## 불편한 재산으로 남아 있을까?

양각색의 사람들이 살고 있다고 상상했다. 무계국에는 장딴지가 없는 사람들, 일목국에는 얼굴 한가운데 눈이 하나만 있는 사람들, 유리국에는 손과 다리가 하나인 사람들, 심목국에는 손과 눈이 하나이고 생선을 잡아먹고 사는 사람들, 무장국에는 등이 높고 장이 없는 사람들이 산다고 상상했다. 그리고 동방 나라들 중에는 모두 큰 몸집을 가지고 있어 임신부터 출생까지 36년이 걸리는 사람들이 사는 대인국, 가슴에 구멍이 뚫린 사람들이 사는 관흉국, 피부색이 검고 늙지도 죽지도 않는 사람들이 사는 불사국, 몸통 하나에 세 개 머리를 가진 사람들이 사는 삼두국 등이 있다고 했다. 그 외에도 머리 하나에 세 개 몸을 가진 사람들이 사는 삼신국, 여자들만 있는 여자국, 팔·눈·코·다리 모두 하나만 있는 사람들이 사는 일비국, 팔이 하나에 세 개 눈을 가진 사람들이 사는 기고국, 다리가 매우 긴 사람들이 사는 장고국, 팔이 매우 긴 사람들이 사는 수비국도 있다. 또 중국 남방에는 낙두민이라는 종족이 살고 있는데, 그곳에서는 머리가 몸체에서 떨어져나와 여기저기 날아다니다가 다시 돌아와 붙는다고 상상했다.

　이 상상력 속에서는 몸의 특성이 곧 나라 이름을 결정짓는 요소가 된다. 왜 중국인들은 몸에 대해 이렇듯 황당한 상상들을 한 것일까? 상상에 특별한 논리나 근거가 없고 또 필요한 것 같지도 않다. 그저 상상 그 자체를 상상하는 상상력이다. 그 기이한 상상력들에서 우리는 상상하는 대로의 몸을 본다. 몸은 상상을 실현시키기 위해 존재하는 장소였다. 어쩌면 머나먼 신화 속의 몸이 몇 백만 년 후 인류가 진화할 미래의 몸일 수도 있지 않겠는가.

# 2부.
# 또 다른 '나'
# 몸 밖을 상상하다

몸에 대한 상상력은 몸을 벗어나고자 하는 인간의 욕망과 떨어질 수 없다. 자신의 몸을 떠나 다른 몸을 상상하는 것, 이러한 인간 욕망은 분신이나 유체이탈, 도플갱어 같은 상상력을 낳았다. 초상화나 가면, 인형 역시 인간 분신에 대한 상상에서 출현했다. 그들은 오늘날의 로봇이나 아바타의 전신들이다. 이들 모두는 시대와 형태는 다를지언정 그 상상력의 뿌리는 한결같다. 그것은 바로 인간의 원초적 욕망이다.

상상과 현실,
그 사이를 흐르는 몸

아래 그림은 초현실주의 작가 레메디오스 바로의 작품이다. 중세의 연금
술사처럼 보이는 여인이 판도라의 상자를 열자 그 속에서 자신과 똑같은
모습의 분신이 나타난다. 이것은 인간에 내재된 본질적 욕망, 자신의 분신
에 대한 상상력을 보여준다. 몸에 대한 상상력은 몸을 벗어나고자 하는 인
간의 끊임없는 욕망과 떨어질 수 없다. 자신의 몸을 떠나 다른 몸을 상상
하는 것, 이것이 몸을 상상하게 만드는 원동력이다.

　1부에서 몸 안으로의 상상여행을 떠나보았다면 이제 2부에서는 몸 밖
으로의 상상여행이다. 과연 인간이 몸 안을 상상하는 것으로부터 몸 밖을
상상하는 것 사이에는 어떤 상상의 미로들이 있을까? 우리는 그 상상의
미로들을 역사의 시간 속에서 찾을 수 있다. 그 미로는 여러 방향에서 들
어갈 수 있겠지만 우선 거울의 방으로 상상해보기로 하겠다. 문명사에서
거울이 발명되지 않았다면 인류 역사는 어떤 방향으로 진행되었을까? 몸
안을 향한 상상과 몸 밖을 향한 상상 사이에 거울이 있다는 가정으로 시

그림 16 레메디오스 바로, **마주침**, 1959,
판도라의 상자를 열고 있는 연금술사.

작해보자. 인간이 거울 속에서 자신의 모습
을 볼 수 없었다면 몸 밖을 향한 상상은 불가
능했을 것이기 때문이다. 오늘날 디지털 첨
단기술은 우리를 거울 속에서 살아가게 하
고 있다. 컴퓨터 모니터, CCTV, TV, 영화
스크린 등은 우리 자신의 모습을 반사시키
는 거울 너머 우리 자신을 거울 속에서 살아
가게 하는 매체들이다. 신화 속에서 나르시

## 몸 안으로부터 몸 밖을 향한 상상의
## 미로들에서 거울은 어떤 역할을 했을까?

스가 연못이라는 거울 표면에 비친 자신의 모습에 매료되었다면 현대의 나르시스들은 거울 속에서 수많은 모습들로 변신을 거듭하며 살아가고 있다.

현대판 거울 앞에서 우리는 이런 질문을 던져볼 수 있다. 왜 그토록 수많은 사람들이 가수, 탤런트, 배우와 같은 인기 연예인들에게 열광하는가를. 우리는 심심치 않게 언론매체들에서 열광적인 팬들이 자신이 좋아하는 연예인 때문에 암을 극복한 사례들도 볼 수 있다. 생명까지도 건지는 그 힘은 어디서 나오는 것일까? 모니터와 스크린은 몸의 안과 밖을 연결시키는 신비로운 상상의 막이다. 그 상상의 막을 통해서 우리는 우리 자신이 가지고 싶은 이상적인 몸을 투영시킬 수 있기 때문에 스타들에게 열광할 수 있는 것이다. 우리가 빠져드는 것은 욘사마의 실제 몸이 아니라 상상의 막에 비친 욘사마의 이미지다. 그 이미지는 실제처럼 변덕스럽지도 않고 변하지도 않는 이상적인 이미지다. 나르시스가 연못 속으로 뛰어든 것은 지극히 당연한 일이었고, 오늘날 벌어지는 이미지의 향연을 미리 예고한 행위였다. 스크린이라는 얇은 막은 실제와 상상이 얼마나 구분하기 힘든 가변적이고 모호한 경계선인지를 잘 보여준다. 우디 앨런의 〈카이로의 장미〉는 이 모호한 경계를 주제로 한 영화다. 이 영화에서는 여주인공이 스크린 밖으로 나오면 현실이고, 스크린 안으로 들어가면 그 현실이 곧바로 영화 속 이미지로 전환되며 현실과 상상 사이를 끊임없이 오간다.

우리는 매일 거울에 비친 자신의 모습을 확인하며 살아간다. 그런데 나르시스처럼 매일 거울을 바라보며 자신의 모습에 취해 살아가다 어느 날 그 거울 속으로 들어가는 상상을 해보면 어떨까? 자신의 몸을 떠나 거울 속 이미지의 세계로 들어가는 상상을. 디지털 시대의 우리는 물리적 몸의 시간과 공간 제약을 벗어나 자유롭게 가상공간을 떠돌아다니며 소통하고 있다. 아바타와 세컨드 라이프, 온라인 게임 속의 캐릭터들로 우리는 이미 우리 자신의 몸을 벗어나 다른 몸으로 살아가고 있다. SF영화들은 먼 미래에 우리가 몸을 벗어나 어떤 몸으로 살아갈 것인지를 상상하고 있다.

하지만 자신의 몸을 벗어나 다른 몸을 상상한 예들은 이미 오래전 인류 문명의 뿌리에서부터 있었다. 분신과 관련된 신화와 전설, 소설, 유체이탈과 관련된 상상들, 도플갱어 스토리들은 현실의 몸을 떠나 또 다른 몸을 향한 상상력의 형태들이다. 몸을 벗어나고자 하는 욕망이 분신이나 유체이탈과 같은 상상력을 낳았다. 초상화나 가면, 인형 역시 인간 분신에 대한 상상에서 출현했다. 그들은 오늘날의 로봇이나 아바타의 전신들이다. 시대와 형태는 다르지만 그 상상력의 뿌리는 같다. 현대 과학기술의 산물인 스크린은 이런 상상력을 실현시키는 마법의 거울이다. 시간여행을 통해 우리는 그것을 확인할 것이다.

## 거울, 이미지와 상상에 빠진 몸

거울을 보지 않고 일상을 살아갈 수 있을까? 문명인은 거울 속에 자신의 모습을 비추지 않고는 살아갈 수 없다. 거울은 자신의 정체성을 확인시키고 자신의 모습에 대한 환상과 상상을 투영하는 일상의 필수적 도구다. 한때 거울은 문명사에서 가장 화려하고 귀한 물품이었다. 루이 14세 시대의 가장 상징적인 건축물 베르사유 궁전의 백미는 '거울의 방'이었다. '거울의 방'은 17개의 아치 각각에 21개의 거울이 장식되어 그야말로 거울로 뒤덮인 방이다. 태양의 왕이라 불릴 만큼 절대적 군주권을 가졌던 루이 14세가 자신의 왕권을 상징하는 건축물 베르사유 궁전을 짓는 데 가장 주력한 것이 거울장식이었다. 당시 거울 생산과 판권을 쥐고 있던 베네치아 공화국의 거울 장인들을 협박하고 뇌물로 매수해 거울의 방을 장식하도록 했을 정도였는데, 그만큼 거울은 왕의 모든 것을 화려하게 비춰주는 도구였던 것이다.

거울과 몸은 아주 기묘한 관계를 가진다. 인류가 거울을 발명하지 않고 거울 없이 살아왔다면 인류 문명사는 지금과는 아주 다르게 진행되었을 것이다. 거울은 겉모습을 비춰주는 역할도 하지만 자신이 상상한 이미지를 투영하게 만든다. 프랑스의 심리학자 자크 라캉은 인간이 태어나 자아를 형성하는 중요한 단계 중의 하나를 거울단계로 설명한다. 갓난아이는 처음 자아를 인식하지 못하는데, 거울 속에 비춰진 모습을 보며 자신을 점차 인식해간다는 것이다. 실제로 처음 거울 속 모습을 본 어린아이는 어리둥절해하고 두려움에 울기까지 한다. 거울 속에 비친 이미지가 자신임을 깨닫지 못하는 것이다. 그러다 점차 그 이미지가 자신임을 깨달아가면서 자아 정체성을 확립하게 된다.

그런데 잠시 생각해보자, 과연 우리는 매일 아침 일어나 거울 속에서 무엇을 보는가? 정말 거울에 비친 실제 모습 그 자체를 보는 것일까? 우리는 자신의 있는 모습 그대로를 본다고 믿지만 그 본다는 행위에는 언제나 자신에 대한 습관적인 환영과 상상이 개입한다. 만약 그대로의 모습을 정확하게 본다면 우리는 우리 세포가 매일 늙어가는 변화를 읽을 수 있어야 한다. 혹 자신의 습관적 환영이 개입할 여지 없이 비디오카메라나 스냅사진으로 찍힌 모습을 보며, "와! 이 사진 너무 이상하게 나왔다"라고 느낀 적이 없는가? 이미지는 늘 우리를 현혹시킨다.

만약 우리가 한평생 자신의 모습은 한 번도 보지 못한 채 다른 사람들 모습만을 본다면 어떨까? 거울에 너무나 익숙해진 우리에게는 상상하기조차 힘든 일이다. 우리 몸은 이미지가 만들어내는 상상력과 밀접하게 붙어 있다. 몸에 대한 이미지가 없다면, 인간의 수많은 욕망과 상상은 존재하지 않았을지 모른다. 몸―이미지―상상력은 분명 존재의 중요한 한 부분이다.

그리스 신화에 거울에 관한 상상력의 예가 있다. 나르시스는 어느 날 물 위에 비친 이미지를 본다. 그 이미지는 난생 처음 보는 것이었다. 인류 최초의 거울은 수면에 모습을 비춰볼 수 있는 물웅덩이 같은 것이었다고 하니, 나르시스 신화는 분명 거울 발명과 관련된 이야기일 것이다. 중국에서 최초로 발명된 거울 역시 청동단지로, 단지 안에 물을 담아 비춰보는 방식이었다고 한다. 아무튼 나르시스는 수면에 비친 자신의 모습이 너무 아름다워 매일 연못을 찾는다. 그리하여 결국에는 그 이미지에 매혹당하고 만다. 그는 거울에 비친 이미지가 자신이라는 것을 깨닫지 못하고 그것이 타인의 모습이라고 상상했던 것이다. 급기야 나르시스는 연못 속의 이미지가 현혹시키는 상상력에 중독된다. 상상력은 현실 제약이 없기 때문에 더욱

# 낭만적 상상력은 어떻게
# 카오스에서 질서를 창조하는가?

강하고 자유롭게 우리를 현혹한다. 나르시스가 자신의 이미지에 현혹되어 죽음에 이르는 것은 상상력의 중독성을 가장 강렬하게 드러내는 예다.

독일 동화 〈백설공주〉에서도 거울은 몸에 대한 욕망과 상상력을 이야기한다. 선(백설공주)과 악(왕비) 사이에 미가 개입한다. 여기서 계략과 죽음이 등장하는 계기가 바로 거울로서, 아름다움을 증명해줄 수 있는 거울이 필수적인 모티브다. 왕비가 공주를 죽여야겠다는 결심을 하게 되는 것은 거울에게 "거울아, 거울아, 이 세상에서 누가 가장 아름답지?"라는 질문을 던지고, 이 질문에 거울이 대답하는 순간이다. "보석이 깔린 언덕을 일곱 개 넘어 일곱 폭포를 지나 일곱 난쟁이들이 사는 오두막집에 백설공주가 살고 있으니 이 세상에서 가장 아름다운 이는 바로 백설공주!"라는 거울의 대답. 이미지는 정직하고 겁도 없다. 문제는 그 이미지에 대한 주관적인 환상과 상상이다. 왕비는 어쩌면 상상의 이야기 속에서 가장 처음 이미지와 대화한 인물인지 모른다. 미는 타고난 것이며, 권력의 반대편에 있다는 것으로 이야기는 매듭지어진다.

거울은 욕망과 상상력의 좋은 파트너다. 로마시대에 '천장의 거울'은 섹스에 필수적인 욕망과 상상을 자극하기 위해 활용되었다고 한다. 로마의 호스티우스 콰드라라는 사람은 금속으로 만들어진 거대한 오목거울을 천장에 설치해 난교의 향연을 극대화시켰다. 거울을 통한 이미지는 상상을 통해 욕망을 충족시킨다. 신화는 나르시스처럼 아름다운 현혹만 상상하지는 않는다. 그리스의 영웅 페르세우스는 아주 현명한 상상력을 동원한 인물이다. 천하무적의 괴물 메두사는 너무나 무시무시해서 자신을 쳐

다보기만 해도 즉시 돌로 변해버리게 하는 괴력을 가지고 있다. 거울도 없던 시절 페르세우스는 방패를 거울로 이용한다. 페르세우스는 방패를 이용해 메두사가 자신의 이미지에 현혹되도록 해 무찌른다는 창의적인 상상을 한다. 페르세우스는 메두사의 실제 모습이 아니라 실제를 비춘 이미지를 이용해 메두사의 머리를 벤다. 페르세우스는 거울을 단순히 이미지를 반사시키는 용도로서가 아닌, 보이지 않는 것을 비추는 용도로 활용한 상상적 아이디어의 창시자다. 자동차 백미러나 사각지대에 설치된 볼록 거울이 치명적 사고를 막을 수 있는 용도를 갖는 것을 상상할 수 있는 아이디어를 처음 고안해냈던 것이다. 얼굴과 머리는 인간이 거울을 통해 이미지로만 볼 수 있는 부위다. 손과 발, 배, 가슴처럼 우리 몸의 앞부분은 직접 볼 수 있다. 하지만 그 모든 것을 보고 상상하고 생각하는 눈이 있는 얼굴은 오직 비춰진 이미지로밖에는 볼 수가 없다. 자신의 몸 밖을 빠져나가야만 가능한 일이다. 존재와 이미지는 어쩌면 붙어 있는 동전의 양면과 같은 것이 아닐까? 이미지에 대한 상상이 그치는 순간, 우리는 존재하기를 멈춘다. 인간은 자신의 몸의 이미지를 통해 상상하는 존재다. 이제 상상을 유혹하는 이미지의 세계로 들어가보자.

## 2009 디지털 나르시스

2009년 9월 나르시스 신화의 한 버전을 소개하겠다. 미디어아트 분야에서 전 세계적으로 가장 유명한 전시 중의 하나가 아르스 엘렉트로니카(Ars Electronica)다. 아르스 엘렉트로니카는 오스트리아의 작은 도시 린츠에서 매

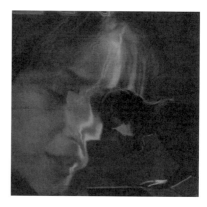

그림 17 모니카 플레쉬만 & 울프강 스트라우스, **리퀴드 뷰즈**, 2009, 얼굴이 비친 수면을 모니터로 옮겨놓은 작품.

년 9월에 열리는 행사인데, 2009년 전시에 나르시스 신화를 바탕으로 모니카 플레쉬만과 울프강 스트라우스가 〈리퀴드 뷰즈(Liquid Views)〉라는 작품을 선보였다. 주인공이 터치스크린을 손가락으로 건드리면 마치 수면에 손을 대는 것과 같이 주인공 얼굴의 이미지가 변화한다. 컴퓨터 스크린은 나르시스가 얼굴을 비춰본 연못이다. 연못에 물결이 일듯 이미지는 주인공 손가락에 반응한다. 나르시스 시대와 다른 점이 있다면, 가상 스크린 연못을 들여다보고 있는 주인공을 맞은편 거울 스크린이 다시 비춰준다는 것이다. 신화 속 나르시스는 자신의 모습밖에 볼 수 없었지만 2009년의 나르시스는 자신의 얼굴을 스크린으로 보고, 관객들은 스크린 속 자신의 이미지를 보고 있는 나르시스 모습을 바라본다.

오비드의 나르시스와 플레쉬만과 스트라우스의 나르시스의 차이는 무엇인가? 신화 속 나르시스는 자신이 바라보는 이미지가 자신인지 몰랐다. 그런데 2009년 나르시스는 자신이 바라보는 이미지를 가지고 유희를 할 수 있고, 그 유희하는 모습을 다른 사람이 감상할 수도 있다. 너무나 아름다운 자신의 모습 때문에 죽음을 택할 수밖에 없었던 신화 속 나르시스와 2009년 나르시스 사이에는 시간의 차이만큼 정말 엄청난 차이가 있는 것일까?

세컨드 라이프는 말 그대로 가상공간에서의 제2의 삶이다. 가상공간에서는 아바타라는 가상의 몸으로 살아간다. 그 아바타는 거울 속에만 존재하는 이미지다. 그런데 아바타가 다시 스크린 안에서 자신의 모습을 거울에 비춰보는 것을 상상해볼 수 있다. 중국의 미디어 아티스트 카오 페이는 세컨드 라이프에서 자신의 분신 아바타 차이나 트레이시로 활동한다. 그가 2007년 베니스 비엔날레 중국관에서 상영한 〈i.Mirror〉는 다시 한 번 우리에게 모니터 속 디지털 나르시스의 정체성에 대해 생각하게 한다. 이 작품에서 차이나 트레이시는 거울을 보며 거울에 비친 모습이 아바타인지 아니면 실제 자신인지에 대해 질문을 던진다. 그는 세컨드 라이프의 가상공간에 직접 출연해 아바타와 대화하며, 세컨드 라이프와 현실 간의 괴리에 대해 토론을 벌인다. 마치 거울 속에 들어가 직접 자신의 이미지와 이야기하듯. 차이나 트레이시는 세컨드 라이프와 현실 사이에 경계를 두지 않는다. 그의 작품들은 현실에서 소비향락문화가 판을 치는 것처럼 세컨드 라이프에서 역시 아바타들이 소비향락문화를 즐기고 기업들은 이러한 아바타들의 소비를 부추기기 위해 그곳을 점령해가고 있는 현실을 비판한다. 〈i.Mirror〉는 디지털 인터넷 거울이 무엇인지에 대한 성찰을 담고 있다.

## 호접지몽, 꿈인가 현실인가?

디지털 기술이 실현시키는 가상현실은 상상과 현실 사이의 경계를 없앤다. 그것은 현실의 가상이 아니라 가상이 현실이 되는 세계, 상상적인 것과 현실적인 것의 경계가 없어지는 세계다. 이제 우리는 우리가 살고 있는 이 현실세계가 과연 정말 유일한 절대적 현실인지, 아니면 매트릭스의 세

# 현대판 나르시스들은 어떤 모습으로 살아가고 있을까?

계인지 점점 그 경계가 모호해지는 시대에 살고 있다. 많은 사람들이 과학기술의 발전으로 미래에는 더욱 그러할 것으로 예측하고 있다.

《장자》의 〈제물편〉은 꿈과 현실 사이의 경계를 논한다. 중국 전국시대 사상가로 전쟁이 끊이지 않는 불안한 시대를 살았던 장자는 인간의 참 자유가 무엇인지를 사유하며 자유를 추구하는 일에 평생을 바쳤다. 그의 사유의 주요 쟁점은 모든 대립되는 가치관들, 예를 들어 대소(大小), 미추(美醜), 선악(善惡), 시비(是非) 같은 대립들에서 하나를 선택적으로 옳다거나 나쁘다고 하는 것은 도를 인식하지 못하는 데서 생기는 편견일 뿐, 실제에서는 무차별적이라는 것이다. "꿈속에서 술을 마시며 즐기던 사람이 아침에는 슬픈 일이 생겨 통곡하는 수가 있다. 또 꿈속에서 통곡하던 사람이 아침에는 사냥을 하면서 즐길 수도 있다. 그런데 꿈을 꾸고 있는 동안에는 그것이 꿈임을 의식하지 못해 꿈속에서 꿈의 길흉을 점치기도 하나 깨어서야 그것이 꿈이었음을 알게 된다."

꿈이 현실이 아니고 현실이 꿈이 아니라는 보장이 없으며, 꿈과 현실 사이의 차이 역시 깨달음의 경지에서 보면 모두 같은 것이라는 말이다. 호접지몽이라는 고사는 상상과 현실의 경계를 비유적으로 잘 나타내고 있다. "예전에 나는 나비가 된 꿈을 꾼 적이 있다. 그때 나는 기꺼이 날아다니는 나비였다. 아주 즐거울 뿐이었다. 그리고 자기가 장주(장자)임을 조금도 지각하지 못했다. 그런데 갑자기 꿈에서 깬 순간 분명히 나는 장주가 되었다. 대체 장주가 나비 된 꿈을 꾸었던 것일까. 아니면 나비가 장주 된 꿈을 꾸고 있는 것일까. 장주와 나비는 별개의 것이건만 그 구별이 애매함은 무엇 때문일까."

나비와 장주는 디지털 세컨드 라이프의 아바타와 현실의 몸의 관계다. 분명 나비와 장주는 전혀 다른 별개의 개체가 아니다. 그렇다고 나비가 장주이거나 장주가 나비인 것도 아니다. 아바타를 통해 내가 살아가는 것은 나이기도 하고 내가 아니기도 하다. 장주와 나비, 아바타와 나의 구별을 애매하게 하는 것, 그것이 바로 상상력이다. 우리의 몸은 고정불변의 것이 아니다. 우리의 몸을 지탱시키는 것은 상상력이다. 우리는 매 순간 다른 몸을 상상한다. 그 상상의 힘이 없다면 우리는 우리 자신을 지탱시킬 수 없다.

인생 일장춘몽이라는 말이 있다. 우리가 살고 있는 이 현실세계가 한낱 꿈에 불과하다는 말이다. 설화나 영화에서 이런 상상력을 테마로 하는 예들은 많다. 장주가 꿈에서 나비가 되어 훨훨 날아다녔던 것처럼, 갖가지 희로애락들이 사실은 꿈이었다는 상상력은 소설의 매혹적인 소재거리다. 널리 알려진 일장춘몽의 예로 《삼국유사》의 조신설화를 들 수 있다. 신라 때 조신이라는 승려가 절에 불공을 드리러 온 태수 김흔의 딸 김랑에게 한 눈에 반해 일장춘몽 경험을 한다는 이야기다. 조신은 다른 사람에게 출가한 김랑을 잊지 못하며 지내던 어느 날 깜박 낮잠이 든다. 꿈속에 김랑이 나타나 "부모의 말을 거역하지 못해 결혼은 했으나, 당신을 사랑해 이렇게 돌아왔노라"고 한다. 이후 조신은 그녀와 더불어 40여 년을 살고, 다섯 명의 자녀도 둔다. 하지만 살림이 너무 가난해 나물죽조차 먹지 못하고 입을 옷조차 없는 지경이었다. 다섯 아이들 중 하나는 죽고 남은 자식 넷을 둘씩 나누어 막 헤어지려는 찰나에 꿈에서 깨어난다. 날이 저물어 밤이 깊어가고 있었다. 조신이 김랑과 함께한 파란만장한 40여 년의 세월은 결국 한나절 동안의 꿈이었던 것이다.

현실이라고 믿고 살았던 삶이 실은 꿈이라는 것, 우리가 살고 있는 이 현실이 어쩌면 가짜일 수 있다는 것, 이 현실 뒤에 은폐된 거대한 진실이 있을 수 있다는 상상은 우리를 현기증 나게 만든다. 현실계와 매트릭스 세계가 동떨어진 별개의 것이 아니라 동전의 양면처럼 붙어 있는 하나의 공간일 수 있다는 상상은 이제 떨칠 수 없는 유혹이 되어버렸다.

## 목 왕 과  주 술 사

《노자》《장자》와 함께 도가의 3대 경전으로 손꼽는 《열자》에 목왕의 상상적 체험 이야기가 등장한다. 주나라의 목왕에게 어느 날 한 주술사가 방문한다. 주술사는 탁월한 능력으로 목왕을 매료시켰고, 이에 목왕은 주술사에게 궁궐을 새로 지어 각종 화려하고 새로운 시설을 해주는가 하면, 여자와 시종들도 붙여주며 가능한 모든 배려를 해준다. 하지만 주술사는 목왕에게 새로 지은 궁궐이 마음에 들지 않으니 다른 곳에 궁궐을 지어달라고 부탁한다. 하지만 주술사의 마음에 쏙 드는 궁궐을 짓는 것이 여의치 않게 되자 그는 자신이 살고 있는 서쪽 나라로 함께 갈 것을 제안한다. 목왕에게 옷소매 꽉 잡으라 하고 눈 깜짝할 사이 주술사는 서쪽 나라로 목왕을 데리고 간다. 주술사의 나라는 목왕이 지상에서 가장 사치스럽게 지은 궁궐은 비할 수도 없을 정도로 화려하게 꾸며져 있었다. 모든 것이 금·은·진

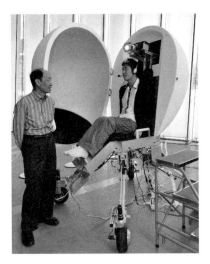

그림 18 히루 이외디, **미디어 차량**, 2009, 현대판 목왕의 상상여행.

주·옥으로 장식되었고, 구름이 발 아래 널려 있었다. 그곳에서 목왕은 이제까지 경험해보지 못한 황홀한 경험을 했다. 그러던 중 목왕은 가슴 벅찬 경험을 견딜 수 없어 주술사에게 다시 자신의 나라로 데려가달라고 부탁한다. "그러자 주술사가 목왕을 살짝 밀었다. 그 순간 목왕은 자기가 앉아 있던 자리로 돌아왔다. 눈을 뜨고 보니 왕은 자기가 앉아 있던 자리에 그대로 앉아 있었다. 곁에서 시중들던 시녀들도 그대로 있었고 술을 따라놓은 술잔도 채 비우지 않은 상태 그대로였고, 안주도 식지 않고 그대로였다."

이것이 우리가 모니터 앞에 앉아서 온라인 게임 속의 신비롭고 마술 같은 세계 속에서 경험하는 것과 무엇이 다르겠는가. 상상이란 이처럼 시공을 초월해 무한을 여행하는 것이다. 스크린을 사이에 둔 현실과 가상공간의 경계는 현실과 아주 흡사할 수도 있고 아주 다를 수도 있다. 목왕이 자신이 경험한 것에 충격을 받아 주술사에게 무슨 일이 일어났는지 묻자 주술사가 대답했다. "폐하는 지금 앉아 계신 바로 그 자리에 앉으신 채로 다른 세상을 구경하신 것입니다. 어떻습니까? 방금 구경하고 오신 다른 세상과 지금 이 궁궐이 다른 것인가요? 폐하께서 충격을 받으신 이유는 지금 눈에 보이는 것만을 실체라고 생각했기 때문입니다. 마음의 장난 때문에 무엇이 실체라고 생각되는 것입니다."

주술사가 목왕에게 행했던 마술을 오늘날에는 첨단기술이 대신하고 있

## 상상과 현실을 구별할 수 있는 기준은 무엇일까? 이 두 가지는 구별할 수 있는 것일까?

다. 2009년 아르스 엘렉트로니카에 선보인 히루 이와타의 〈미디어 차량〉이라는 작품은 목왕의 상상여행을 체험하게 해주는 현대판 마술차량이다. 앉은 자리에서 목왕이 상상여행을 한 것처럼, 관람객은 캡슐 모양의 차량에 들어가 운전석에 앉는다. 이 운전석에서 관람객은 실제 공간과 가상 공간을 오가며, 비디오 영상을 통해 실제로 움직이며 공간을 여행하는 체험을 한다. 이것은 차량 밖에 있는 사람(목왕을 안내한 주술사)이 카메라를 조정함으로써 이루어진다. 조정되는 카메라의 이미지는 차량 안에 있는 관람객에게 전달되어 실제로 움직이는 느낌을 받게 된다. 앉은 자리에서 공간이동과 상상적 체험이 가능하게 된 것이다. 작가 히루 이와타는 영화 〈공각기동대〉에서 사람을 사이버스페이스로 데려가는 후치코마라는 자동차에서 상상력의 단서를 찾았다고 한다.

목왕의 주술사는 바로 오늘날 디지털 테크놀로지의 전도사다. 디지털 테크놀로지와 컴퓨터 모니터는 마법의 문이라고 할 수 있다. 제약이 많은 무거운 몸을 떠나 마법 이미지로만 상상하는 것을 가능하게 해주는 것이 디지털 테크놀로지다. 이런 마법적 이미지의 힘을 파악하고 분석한 프랑스의 사회학자가 《시뮬라시옹》의 저자 장 보드리야르다. 보드리야르는 인류 문명의 역사가 아주 무거운 실체로부터 아주 가벼운 상상의 이미지로 오는 과정을 네 단계로 분류하는데, 흥미롭게도 보르헤스 우화를 예로 들어 오늘날 이미지로만 상상하고 체험하는 디지털 세계를 설명한다. 우화는 이렇다. 옛날 중국에 아주 막강한 제국이 있었다. 그 제국의 왕은 자신의 제국의 막강한 힘을 과시하기 위해 신하들에게 제국의 실제 크기와 똑같은 지도를 제작할 것을 명한다. 신하들은 그 명에 따라 제국의 크기와 똑같은 크기의 지도를 제작한다. 그런데 제국의 기운이 쇠해 점차 멸망해 감에 따라 제국의 지도 또한 줄어들게 되고 급기야는 제국의 멸망과 함께 지도는 지구상 어딘가에 종이 부스러기로 나뒹굴게 된다.

이제 더 이상 실측 크기의 지도보다는 모니터 속의 구글어스가 보여주는 이미지가 훨씬 유용한 시대가 되었다. 오늘날의 지도는 아주 다양하다. 전통적으로 지도는 실물 크기를 축소해 제작하는 것이다. 그런데 현대에는 디지털 기술이 발달하면서 실물이 없는 무형의 정보를 나타내는 각양각색의 다양한 지도들이 제작되어 활용되고 있다. 어느새 우리에겐 실물 지도보다는 세계의 인터넷망이나 부의 흐름, 게놈 지도, 세포 지도, 나노 차원의 지도 등 눈에 보이지 않는 즉 실물 없는 지도들이 훨씬 더 많이 쓰이고 있다.

몸이라는 장소에는 이제 더 이상 실제 크기의 지도가 적용되지 않는다. 아바타는 결국 몸이라는 장소를 떠나 상상의 공간 속으로 몸을 위치시키는 것이다. 그렇게 본다면 아바타는 몸을 탈영토화하는 셈이다. 아바타는 실제 몸이 아니라 상상적인 이미지로서의 몸이다. 모니터 속에서 시공을 초월해 전 세계와 소통할 수 있고, 원한다면 자신이 원하는 아바타라는 이미지로 살아가는 시대가 된 것이다. 어쩌면 인간은 모든 현실적 제약과 한계를 가진 몸을 떠나 끊임없이 유토피아를 꿈꾸는 존재일지도 모른다. 현실적 몸으로부터 유토피아적 몸으로 향하는 욕망, 그것이 과학기술 문명의 역사의 여정을 가로지르는 GPS다. 마차·자동차·기차·비행기·선박·

우주항공기 등의 교통수단은 몸을 이동시키는 유토피아의 실현이고, 전화·전보·모바일·인공위성·우주로켓 등은 인간의 소통, 청취능력을 극대화시키기 위한 유토피아의 실현이며, 안경·현미경·망원경과 같은 각종 시각기계는 천리안을 실현시키는 기술이다.

## 매트릭스, 2199년의 몸

〈매트릭스〉는 2199년 기계가 인간을 지배하는 지구의 가상현실을 상상하며, 현실과 그 현실을 지배하는 매트릭스 세계를 다룬 영화다. 주인공 토머스 앤더슨은 컴퓨터 프로그래머이자 네오라는 닉네임으로 활동하는 해커다. 평범한 그의 삶은 수술대 위에서 기계도 인간도 아닌 새로운 '몸'을 얻으면서 변화하기 시작한다. 네오의 새로운 몸은 테크놀로지가 구현하는 미래의 몸으로서 현실계와 매트릭스를 오가는 몸이다. 마치 지금의 테크놀로지가 구현하는 세컨드 라이프 속의 아바타와 같지만 〈매트릭스〉에서는 아바타로서가 아니라 생물학적 몸으로 다른 차원을 오갈 수 있다. 이미지로서만 존재하는 아바타 세계로 들어가기 위해서는 컴퓨터와 접속하기만 하면 된다. 하지만 100년 후 미래에는 같은 몸으로 현실계와 똑같은 매트릭스 세계로 들어갈 수 있을지 모른다. 이미지로서가 아니라 실제 몸으로 매트릭스 세계로 진입하기 위해서는 컴퓨터 통신 장비와 연결된 의자에 몸을 눕히고 몸에 플러그를 삽입시켜야 가능하다. 그리고 여기에는 컴퓨터를 조작해 몸을 제어해줄 기술자가 필요하다.

〈매트릭스〉의 몸은 우리에게 미래의 몸에 대한 상상력을 제시한다. 기술 발전과 함께 우리 몸이 점차 기계화될 것이라는 건 이미 많은 사람들이 예측하는 바다. 이런 상상을 해볼 수 있다. 컴퓨터나 첨단 기술이 우리의 감각기관을 제어할 수 있게 된다면 주인공 네오처럼 같은 몸으로 현실계와는 다른 세계를 살게 될 수도 있다는 상상 말이다. 매트릭스 세계는 미래 테크놀로지가 구현할 가상현실에 대한 상상의 청사진이다. 우리 몸의 모든 감각기관이 테크놀로지의 도움으로 마치 그 세계에 살아 움직이는 것처럼 느끼게 해줄 가상현실에 대한 상상인 것이다.

　장자의 호접지몽처럼 〈매트릭스〉는 꿈과 실재의 구분에 대해 근본적인 의문을 제기한다. 처음 가상현실 프로그램을 경험한 후 네오가 모피어스에게 묻는다. "이건 현실이 아닌가요?" 그러자 모피어스는 "현실이 뭐지? 현실을 어떻게 정의내리나? 만일 느끼고, 맛보고, 냄새 맡고, 보는 그런 것들을 현실이라고 하는 거라면, 현실은 그저 뇌에서 해석해 받아들인 전기 신호에 불과해"라고 대답한다. 그리고 모피어스는 매트릭스의 가상세계가 "컴퓨터 프로그래밍으로 생성된 꿈의 세계"라고 설명한다. 꿈과 현실, 매트릭스 세계와 현실을 구분하는 잣대는 무엇인가? 장자와 나비 중 어느 것이 현실인가? 장자의 몸이 진짜이고, 나비의 몸이 가짜인지를 정확하게 감지하는 것은 무엇인가?

　영화 〈매트릭스〉에서 긴장감을 주는 액션 모티브는 언제나 현실계로 돌아오는 것이다. 주인공 네오가 목숨을 걸고 매트릭스 세계 요원들과 갖가지 액션과 모험을 벌이는 것은 바로 현실계로 돌아오기 위한 목적과 현실계로의 귀환을 방해하는 제압 사이의 갈등 때문이다. 〈매트릭스〉에서 현실계로 돌아오지 못한다는 것은 곧 죽음을 의미한다. 이때 죽음은 육체의 죽음이 아니라 정신적인 죽음이다. 몸은 그대로 살아 있다. 문제는 현실의 기억이 삭제되고 의식이 기계에 통제된다는, 다시 말해 살아도 사는 것이 아니게 된다는 것이다. 〈매트릭스〉에서 몸은 부수적이고, 의식이 우선이다. 미래에 기계가 모든 것을 지배하는 고도의 테크놀로지 사회에서 가장 중요한 것은 의식이다. 기억과 의식이 없으면 기계나 다름없는 삶이다. 그런데 몸이 부수적이라는 것은 역설적으로 현실 속의 몸이 그만큼 중요하다는 것을 의미하는 것이기도 하다. 현실계로 돌아온다는 것은 무엇을 의미하는가? 그것은 컴퓨터 밖으로, 거울 밖으로 걸어나온다는 것을 의미한다. 컴퓨터 속의 가상현실에 갇혀 사는 삶은 의식이 없는, 육체만 있는 기계적 삶이다. 언제나 돌아와야 할 현실의 출구를 찾는 것은 그래서 매우 중요하다. 온라인 게임에 몰입하는 사람들의 경우, 그들은 컴퓨터 게임의 가상현실 속에 갇혀 현실의 몸을 잊은 채 살아간다.

호접지몽과 〈매트릭스〉를 동시에 상상해보자. 〈매트릭스〉는 끊임없이 현실계와 매트릭스를 반복적인 갈등구조로 그려낸다. 조지 오웰이 《1984년》에서 빅브라더가 통제하는 미래 사회를 부정적으로 상상했던 것처럼, 〈매트릭스〉는 2199년의 지구를 기술 유토피아로 상상하지 않는다. 영화의 시작 부분에서 모피어스는 네오에게 두 가지 알약을 준다. 파란색은 현실계에서 지금까지 살아왔던 것처럼 살 수 있게 하는 약이고, 다른 빨간색 알약은 현실계의 미몽에서 깨어나 매트릭스 세계를 알 수 있게 하는 약이다. 네오는 빨간색 약을 선택한다. 워쇼스키 형제는 우리에게 첨단 기술을 자랑하는 영화에서 아주 동화적인 상상력을 제공한다. 빨간색과 파란색 알약 사이의 선택은 아주 유머러스하면서도 순진한 흥미를 불러일으킨다. 하지만 우리를 매혹시키는 것은 〈매트릭스〉와 호접지몽의 상상력의 뿌리가 근본적으로 차이점을 가지고 있다는 것이다.

장주와 나비는 전혀 갈등 관계가 아니다. 나비가 된 장주는 아주 즐거울 뿐이었다고 회상한다. 동양의 신선설화에서는 공간이동이 매우 자유롭다. 목왕과 주술사의 에피소드에서도 본 것처럼 현실계와 신선계는 순간적으로 이동이 가능하다. 특별한 장치가 필요없다. 그리고 두 세계를 넘나드는 것 역시 자유롭다. 목왕이 신선계를 경험한 것은 찰나 순간이었다.

---

**플라톤의 동굴 속 상상**

눈에 보이는 현실이 진짜 현실이 아니며, 그 현실 너머에 또 다른 현실이 존재한다는 상상은 플라톤의 《국가》에 나오는 동굴의 알레고리에서도 찾아볼 수 있다. 소크라테스와 글라우콘은 우리에게 익숙한 것, 눈에 보이는 것에 길들여진 것이 진실인지를 논하기 위해 지하동굴에 거주하는 무리의 사람들을 상상한다. 대화는 이렇게 시작한다. "지하 동굴 모양을 한 거처에 있는 사람들을 상상해보게. 그 동굴은 불빛 쪽으로 향해서 길게 난 입구를 가지고 있는데 그것은 동굴의 너비만큼이나 넓다네. 이 거처에 있는 사람들은 어릴 적부터 사지와 목을 결박당한 상태로 있다네. 그래서 이들은 동일한 장소에 머물러 있으면서 앞만 보노록 되어 있고 포박 때문에 머리를 돌릴 수도 없다네. 이들 뒤쪽에서는 위쪽으로 멀리에서 불빛이 타오르고 있네. 또한 이 불과 죄수들 사이에는 위쪽으로 길이 하나 나 있는데 이 길을 따라서 담이 세워져 있는 것을 상상해보게."

이 대화가 상정하는 상상에 따르면 한 무리의 사람들이 앞만 보도록 결박되어 동굴 속에 갇혀 살고 있다. 이 동굴은 한쪽으로만 뻗어 있고 불빛이 뒤에서 비치기 때문에 사람들은 오직 불빛이 비치는 벽의 그림자만이 진실이라고 믿는다. 매트릭스 안에 갇혀 사는 사람들이 조작된 세계를 진실이라고 믿는 것과 같은 현상이다. 소크라테스는 이미 2000년 전 서구의 물질문명 사회를 기막히게 상상했던 것이다. 컴퓨터 모니터 속에 갇혀 조작된 이미지 속에서 살아가는 인류의 미래를. 그리고 이렇게 동굴의 비유를 맺는다. "그러니까 이런 사람들이 인공적인 제작물들의 그림자 이외의 다른 것을 진짜라고 생각하는 일은 전혀 없을 걸세."

돌아와보니 아직도 안주가 식지도 않은 상태로 묘사되어 있지 않았던가. 반면 〈매트릭스〉에서는 현실계와 매트릭스 사이의 출입이 상당히 기술적으로 묘사된다. 주인공 네오는 매트릭스 세계로부터 현실세계를 구출하기 위해 사투를 벌인다.

동양 사상에서는 도의 세계, 신선의 세계, 현실계를 반드시 이분법적으로 구분하지 않는다. 현실계를 부정적인 것으로, 도의 세계를 이상적인 것으로 구분짓지 않는 것이다. 현실계와 도의 차이가 중요한 것이 아니라, 도를 깨우치는 것만이 중요한 것이다. 현실계와 도의 세계는 동일한 것인데, 도를 깨우친 상태에서 바라보는 것과 미몽의 상태에서 바라보는 것이 대조적일 뿐이다. 반면 〈매트릭스〉에서는 파란색과 빨간색 알약으로 두 세계를 대립 세계로 구분짓고 있다. 하지만 궁극적으로는 호접지몽과 〈매트릭스〉가 만나는 지점이 있다. 둘 다 인간 자신의 내면의 문제, 즉 인간의 몸과 그 몸 안에 갇혀 있는 매트릭스와의 관계를 성찰케 하는 것이다. 나와 내 몸의 매트릭스와의 관계, 그것은 최첨단 기술과 수천 년 전부터의 이야기들에 공통적으로 내재된 상상력이다.

# 무한한 몸의 탄생,
# 더욱 무한한 몸의 확장

## 가상현실 속의 몸, 아바타

인류의 모든 기술과 테크놀로지는 욕망으로부터 출발해 상상력과 깊은 관련성을 가지며 발달했다. 그런데 그 모든 테크놀로지 중에서도 컴퓨터는 특히 인간 상상력과 깊은 관련을 가진다. 상상으로만 그려왔던 것들을 실제로 구현하기 때문이다. 컴퓨터는 신화시대로부터의 모든 상상들을 현실화시켜주고 있다. 이제껏 시간과 공간의 물질적 제약 때문에 실현되지 못했던 상상을 자유롭게 하고 있다. 그 결과 몸은 더욱 자유롭게 상상과 현실 사이를 오가고 있다. 아바타는 인간이 꿈꿔온 상상 속 분신들이 활보하도록 한다.

이제 공간이면서도 공간이 아니며, 물질적이면서도 비물질적이고, 현실적이면서도 비현실적인 사이버 공간 속에서 마음대로 변신이 가능한 시대가 되었다. 바야흐로 변신은 신화 속 먼 상상이나 카프카 소설처럼 문학 속에서의 허구적 상상이 아니라 일상 속에서 사회 구성원들과 함께 수행할 수 있는 집단적 문화현상이 되어버렸다. 우리는 이제 단 하나의 자아만이 아니라 원하는 만큼의 자아, 복수의 자아를 가지고 살아간다. 영국의 로이 에스콧은 21세기 인간은 변형가능한 '멀티적 자아(multiple selves)'를 가지고 살아간다는 점을 강조한다.

산스크리트어로서 분신이나 화신을 뜻하는 아바타는 사이버 공간에서 자신을 대신하는 이미지로서의 존재다. 이 이미지는 자신이 원하는 형상을 자신이라고 믿는 상상력을 근거로 한다. 자신에 대한 상상 자체가 자신의 존재가 되는 것이다. 자신에 대한 상상으로서의 이미지는 현실과 상상

# 탈영토화된 몸, 이미지로만 존재하는
# 몸을 상상할 수 있는가?

의 경계 사이를 교묘하게 오가는 일종의 환상놀이다. 사이버 공간 속 가상
생명체인 아바타는 몸이 없는 존재다. 가상의 공간 속에 단지 이미지로서
만 상상되는 아바타는 현실 속의 물리적 몸이 없다. 그러나 아바타의 속성
을 들여다보면 오히려 몸이 전부인 존재이기도 하다. 자신의 현실적 몸보
다 더욱 강력한 욕망과 상상력이 투입된 몸이기 때문이다. 물리적 몸이 신
이나 조상들로부터 물려받은 몸이라면, 아바타는 자신이 신의 입장에서
다시 창조시킨 몸이다. 따라서 그러한 몸에 대한 몰입도가 큰 것은 어쩌면
당연한 귀결일지도 모른다. 자신의 의지가 개입되지 않은 물리적 몸보다
자유롭게 재창조된 상상의 몸이 훨씬 더 매혹적이다. 아바타족들은 자신
이 상상하는 옷과 장신구, 캐릭터의 구현을 위해 현실에서보다 훨씬 더 비
싼 값을 치른다. 심지어 현실에서는 구차하게 자존심조차 내던진 채 상상
속 자신을 위해 돈을 벌고 이것을 사이버 공간 속에서 구현한다. 한때 아
바타로만 몇 백억의 이익을 올린 사이버 업체들이 적지 않았다. 그리고 사
이버 공간을 활보하며 그곳에서 대부분의 시간을 보내는 상상 속의 가상
적 존재들이 천만 명을 넘어서기도 했다. 아바타 사용자들은 현실 속 자아
와 가상공간 속 자아를 혼동하며 살아가는 경우가 많다. 심한 경우 이들은
다중자아의 심리현상을 겪기도 한다.

　그렇다면 모니터 속에 투영된 자아에 대한 상상의 출발점은 어디일까?
신화는 언제나 인간의 근원적 욕망을 반영한다. 아바타라는 용어가 고대
인도의 힌두교에서 유래했다는 것은 분신 또는 몸을 대신하는 또 다른 몸
에 대한 욕망이 인간의 오랜 본성과 맞닿아 있다는 것을 말해준다. 많은

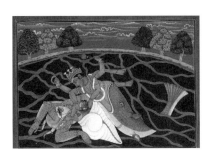
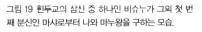
그림 19 힌두교의 삼신 중 하나인 비슈누가 그의 첫 번째 분신인 마샤로부터 나와 마누왕을 구하는 모습.

신화들에서 자유로운 변신의 예들을 찾아볼 수 있다. 인류는 몸을 아주 자유롭게 상상해오고 있다. 시대적 특성은 있어도 역사상 그 어느 순간에도 몸에 대한 상상의 맥은 끊이지 않았다.

각국 신화들 중에서도 특히 힌두교 신화는 분신에 대한 상상력을 풍부하게 제공한다. 힌두교의 신들은 수천 가지 모습으로 변신한다. 힌두교 삼신(브라마, 비슈누, 시바) 중 하나인 비슈누는 수많은 분신을 가지는데, 그중 대표적으로 마샤·쿠르마·브라하·나라심하 등 열 개 분신을 가진다. 이 열 개 분신을 가리켜 '다샤바타라'라고 이름한다. 각각의 분신들은 각기 다른 상황에서 각기 다른 기능과 역할을 하는데, 주된 역할은 악마와 맞서 싸워 정의를 구현하는 것이다. 바다에 사는 악마를 물리치기 위해서는 물고기로 분신하고, 또 때로는 반인반수 형태나 동물로 분신하기도 한다. 이러한 분신들은 시간도 초월해 아직 나타나지도 않은 미래 분신을 설정해놓기도 한다. 열 번째 분신 칼리키는 미래 분신으로서 악한 무리를 벌하기 위해 도래하도록 되어 있다.

힌두교 신화에서 사티 역시 수많은 분신을 보여준 신으로 손꼽힌다. 사티는 힌두교 삼신 중 하나인 시바의 아내다. 사티는 평소에는 얌전한 아내였는데, 어느 날 남편 시바신이 친정아버지 연회에 참석하는 것을 허락하지 않자 이에 화가 나서 수천 가지 극적 변신을 보여줌으로써 남편 시바신의 항복을 받아낸다. 이외에도 사티는 상황에 따라 카멜레온처럼 원하는 대로 변신을 거듭한다. 아름다운 처녀 칸야쿠마리, 전염병을 옮기는 여신

시탈라, 땅의 어머니 가우리, 파괴의 신 칼리 등 수천 가지 모습으로 자유자재 변신한다. 사티의 남편 시바는 분노를 참지 못해 죽은 아내 사티(사티는 아버지 다크샤가 시바와의 결혼을 반대해 모든 신들을 초대하는 연회에 남편 시바만을 제외시키자 이에 분노를 느끼는데 그 분노가 너무나 극심해 몸속에 불이 일어나고 이로 인해 몸이 타들어 죽게 된다)를 잃은 상실감을 견디지 못해 샤크티(여성성의 원형이며, 힌두 삼신들의 아내는 모두 이 샤크티의 분신들이다)로 하여금 파르바티로 분신토록 해 부인으로 삼는다. 모든 여성성의 근원이 하나라는 상상, 힌두 신들의 아내를 모두 하나의 신의 분신으로 상상한 것은 참으로 놀랍다. 하나의 몸이 개별적이면서도 전체와 연결되어 있고 하나의 형상이 언제나 다른 형상으로 바뀔 수 있다는 상상, 힌두교의 상상력은 몸이 언제나 경계를 넘어설 수 있다는 것과 한 몸은 언제나 다른 몸으로 연결되어 있다는 것을 보여준다.

동양과 서양을 막론하고, 신화 속의 분신, 변신을 둘러싼 상상력들은 인간의 원초적 욕망을 드러낸다. 전지전능한 신들의 분신과 변신의 배경을 살펴보면 분노와 사랑, 복수, 정의 등 인간사에서 일어날 수 있는 일들을 압축해놓은 것을 느낄 수 있다. 마치 컴퓨터 온라인 게임에서 벌어지는 드라마틱한 스토리를 보는 듯하다. 신들이 보여주는 것은 인간의 마음과 정신에서 일어나는 일들이 상상할 수 있는 일들이고, 또 어쩌면 실현될 수 있는 일들이라는 것이다. 디지털 기술이 실현시켜나가는 일들은 그 중간 과정일지도 모른다. 영화 〈아바타〉처럼 아바타를 통해 분신들을 조정하고 행동하는 일들이 실현된다면, 우리는 신화 속 신들이 벌였던 분신, 변신을 할 수 있을지도 모른다.

## 세컨드 라이프와 세컨드 바디

우리는 흔히 "만약 내가 다음 생에 태어난다면……" "새로운 인생을 살 수 있다면……" 등등의 말을 하며 현생에서 해보지 못한, 그리고 현생에서 이루지 못한 사랑이나 야망을 이루려는 현실 일탈적 상상을 한다. 연인을 옆에 앉히고 최고급 오픈 스포츠카를 몰며 화려한 휴양지 해변도로를 달리는 상상, 최고급 주택에 집사·요리사·비서를 두고 왕처럼 사는 상상, 원없이 쇼핑하는 상상, 언제나 늙지 않고 아름다운 미모에 에스라인 몸매로 화려한 파티를 즐기는 상상……. 인터넷 기반의 디지털 기술은 이러한 상상들을 실현시켜주고 있다.

2003년 린덴 랩(Linden Lab Inc)은 온라인상의 가상현실 프로그램 세컨드 라이프를 개발했다. 세컨드 라이프는 무한한 욕망과 상상력을 실현시키는 공간이다. 그곳은 상상하는 현실의 세계다. '현실 못지않은' 가상의 현실인 것이다. 한국에서는 활성화되지 못했지만 영미권에서는 세컨드 라이프가 거의 일상화되어 있다. 이 가상세계를 가능하게 하는 것은 아바타다. 분신 아바타가 실제 몸을 대신해 상상력을 가동시키기 때문이다. 아바타는 상상력을 작동시키는 동력이다. 세컨드 라이프는 말 그대로 제2의 삶을 살게 해주는 가상공간이고, 아바타는 '세컨드 라이프'를 가능하게 하는 '세컨드 바디'다.

무한 욕망을 향한 상상력은 우리를 아바타에 도취하게 만든다. 세컨드 라이프 속 아바타들은 바로 거울—연못 속에 빠진 상상의 이미지들이다. 우리는 자신의 인격을 그대로 담은 세컨드 라이프의 분신들을 통해 나르시스적 상상 속으로 빠져든다. 스크린이라는 마법의 거울이 바로 우리의 분신을 만드는 매개체이며, 이 분신을 통해 우리는 자신의 몸을 벗어나는 유체이탈 경험까지도 하게 된다.

세컨드 라이프는 기존의 가상현실게임이나 SNS(Social Network Service) 프로그램과는 다르다. 현실에 존재하는 인물들이 리얼 타임으로 세컨드 라이프 안의 가상현실 속에서 여행하고, 직업을 갖고 돈을 벌며, 취미 생활을 하고, 비즈니스 미팅까지 열 수 있다. 멀리 떨어진 동창들과 동창회를 하거나 마음에 드는 사람에게 말을 걸어 멋있는 레스토랑이나 칵테일 바에도 갈 수 있다. 뿐만 아니라 원하는 곳에 집이나 섬을 만들어 날씨, 지형 등 자연적 현상까지도 마음대로 조종할 수 있다. 공간 제약이 없기 때문에 집을 짓느라 이웃과 싸울 일도 없으며 부동산과 씨름할 일도 없다. 비용 때문에 엄두를 못 냈던 취미생활이나 현실적으로 갖기 어려웠던 직업도 세컨드 라이프에서는 모두 가능하다. 현실에서는 외모 때문에 모델이 되기 어려웠던 여성이 세컨드 라이프에서 톱모델이 되기도 한다. 이탈리아의 프란즈 세라미는 세계 최초의 컴퓨터 그래픽 에이전시를 기획해, 가장 아름다운 아바타를 선발하는 미인대회를 조직하기도 했다. 이 에이전시는 아바타 미녀들을 관리하고 사진을 찍어 달력이나 비디오 게임, 광고, 영화 등에 출연시키는 것도 생각하고 있다. 이 아바타 모델들은 현실 모델보다 많은 장점을 가지고 있다. 그들은 나이가 들지도 않고, 개런티도 높지 않으며, 또한 세계 어디에서든 동시에 활동할 수 있다. 말 그대로 세컨드 라이프는 유토피아를 실현시키는 공간이며, 이 공간에서 사용자는 자신의 세계를 창조하는 조물주다. 그런 의미에서 세컨드 라이프 속 아바타들은 현대의 신들인 셈이다.

세컨드 라이프는 비단 개인적인 상상의 공간만은 아니다. 현실의 공간적, 시간적 제약을 보완하고 비용을 절감시킨다는 장점 때문에 비즈니스, 교육 등 다양한 영역에서도 활용되고 있다. 다양한 기업들이 세컨드 라이프를 통해 컨퍼런스, 광고 등 비즈니스 활동을 펼치고 있다. NBC 방송국에서부터 세계적 기업 코카콜라, 미국 대기업들과 디자인 회사들이 세컨드 라이프에 참여하고 있으며, 사업적 가능성을 찾기 위해 가상세계에 투자하는 회사들이 지속적으로 늘어가고 있다. IBM사의 '기술 아카데미(Academy of Technology)'는 2008년 10월 최초로 시도된 세컨드 라이프를 통한 가상현실 컨퍼런스를 개최했는데, 이로 인해 비용을 5분의 1로 절약할 수 있었고, 훨씬 효율성이 있으면서 상호소통이 원활한 컨퍼런스를 할 수 있었다고 한다. 기술 아카데미 멤버들은 웹캐스트(webcast)나 화상전화 회의보다 훨씬 현실감 있는 회의를 할 수 있었으며, 참가자들이 컨퍼런스가 끝나고 나서도 세컨드 라이프 안에 남아 의사소통을 하는 등 가상현실 컨퍼런스에 만족하는 모습을 보였다고 밝혔다.

교육 분야에서도 가상공간은 중요한 기능을 하고 있어 세컨드 라이프에 교육공간을 가지고 있는 대학들이 적지 않다. 더 뉴미디어 컨소시엄(The New Media Consortium)이 CEO 래리 존슨은 "이제 거의 모든 대학들이 세컨드 라이프에 프로젝트를 갖고 있다고 말해도 무방할 것 같다"고 말할 정도로 세컨드 라이프의 영향력은 확대되고 있다. 세컨드 라이프가 이렇게 활성화될 수 있는 것은 비록 컴퓨터 안의 3D 이미지에 불과할지라도 현실의 몸을 대신하는 아바타라는 제2의 몸이 있기 때문이다. 구태여 몸이 실제 공간에 있지 않아도 아바타가 대신해 모든 의사소통을 하며 욕망을 충족시켜주기 때문이다.

린덴 랩의 최고경영자 로즈데일은 "나는 게임을 만드는 것이 아니라 새로운 나라를 건설하고 있다"고 말한다. 세컨드 라이프는 단순히 인터넷 기반의 가상공간이 아닌 현실과 똑같이 기능하는 별개 세계다. 그것은 현실세계와 같이 주민, 화폐, 직장, 주택, 영토를 가진 국가다. 2007년 통계에 따르면, 세컨드 라이프의 주민 수는 약 500만 명에 달하고, GDP는 5억~6억 달러, 회원들 국가 수만 해도 100여 개국 이상이라고 한다. 이곳에서는 가상화폐 린덴 달러(1달러는 265린덴 달러라고 한다)를 사용하는데, 이 린덴 달러는 실제 화폐로 교환할 수도 있다. 세컨드 라이프에서는 실제 점포에서 사용할 수 있는 할인쿠폰을 발행하기도 한다. 세컨드 라이프의 땅 크기는 미국 맨해튼의 4.5배 크기인 6만 5536스퀘어에 달하며, 세컨드 라이프에서 생성하는 경제활동은 웬만한 국가경제와 맞먹을 정도로 어마어마하다. 이처럼 세컨드 라이프에서는 실제 생활과 가상현실이 분리되지 않고, 가상과 현실이 서로 뒤섞여 서로를 연계시킨다. 마치 영화 〈아바타〉에서 실제 인물이 가상의 아바타와 혼융일체가 되어 조정하는 것처럼, 현실과 연계된 공간으로서 현실을 지배하는 공간이 되어가고 있다. 웹 브라우저 전문가들이 10년 안에 가상세계가 현실을 대체할 것이라고 전망하는 이유가 여기에 있다.

그림 20 조지프 델라프, **온라인 소금 사티야그라하**, 2008, 1930년대 간디의 평화 행진을 재현한 작품.

세컨드 라이프는 미디어 아티스트를 비롯해 예술가들이 활발하게 활동하는 공간이기도 하다. 가상공간이 가지는 특성은 기존 예술과는 다른 색다른 콘셉트와 상상력을 보여주는 작품들을 탄생시키고 있다. 가상공간에서 아바타로 활동할 수 있다는 특성은 예술가들에게 새로운 상상력을 제공한다. 과거 역사 속 인물이 되어 그 인물의 행적을 체험하기도 하고, 또 때로는 유명한 예술가를 색다르게 환생시키기도 한다.

조지프 델라프는 간디로 분신하는 작품을 제작했다. 〈온라인 소금 사티야그라하〉라는 이 작품은 1930년 간디가 영국의 소금 세금 정책에 맞서 단디까지 240마일을 평화 행진한 '소금 사티야그라하(Salt Satyagraha)'를 재현한 것이다. 세컨드 라이프에 간디 아바타를 만들고 델라프 자신이 트레드밀(발로 밟아 돌리는 바퀴)을 직접 돌려서 간디 아바타를 움직인다. 이렇게 델라프는 간디 아바타로 단디까지 240마일의 행군을 마치는 데 성공했다. 작가에 따르면, 자신의 몸을 실제로 움직여 가상공간의 아바타와 교감하는 체험은 실제 공간과 가상공간 사이의 경계를 없애고 아바타 몸과 일체가 되는 느낌을 주었다고 한다. 이러한 체험은 앞으로 많은 분야에 적용될 수 있다.

미디어아트 분야의 선구적 역할을 한 제프리 쇼는 1970년대에 〈Lisible City〉라는 작품을 내놓았다. 이 작품은 커다란 대형 모니터 앞의 관람객이 특수 안경을 끼고 자전거 페달을 밟으며 모니터 속 도시 곳곳을 돌아다니며 구경하도록 한다. 최근 그의 다른 작품에는 이와 비슷하게 인도 함피의 문화유적을 디지털화해 관람객이 실제 유적지를 돌아보는 것처럼 가상공간 안에서 유적지를 관람하는 작품이 있다. 그 외에도 그는 가상현실 기술을 이용해 산업에 적용되는 프로그램을 제작하기도 한다. 이 프로그램은 위험한 현장 특성 때문에 실제로 할 수 없는 안전교육을 대신하는 프로그램이다. 예를 들어 탄광에 대한 안전교육을 할 경우, 이 프로그램을 사용하면 경비를 절감하는 것은 물론이고 효과적으로 안전교육을 할 수 있다.

이러한 가상현실 프로그램들은 더 많은 분야에 더욱 더 많이 적용될 것이다. 우주를 여행하는 프로그램이나 아주 깊은 해저를 여행하는 프로그램, 또 어쩌면 우리 자신의 몸 안을 여행해보는 프로그램 등 다양한 프로그램으로 우리는 실제를 가상으로 경험하게 될 것이다. 이 경우 우리 몸은

**앤디 워홀의 탄생**

패트릭 리치는 세컨드 라이프에서 〈앤디 렘브란트 생 프로젝트〉(2006)로 앤디 워홀을 환생시켰다. 앤디 렘브란트는 앤디 워홀의 분신이자 패트릭 리치의 아바타다. 앤디 렘브란트는 앤디 워홀이 살았던 모습을 세컨드 라이프에서 그대로 재현한다. 그는 앤디 워홀이 자기 주변 사람을 아무나 발탁해 스타가 될 수 있다며 영화를 찍었던 것처럼 주위 아바타들을 스타가 될 가능성이 있다며 캐스팅하고 촬영한다. 그리고 앤디 워홀이 했던 것처럼 세컨드 라이프 안에 공장도 만들고 친구들을 끌어모아 예술 활동을 펼친다. 이제 가상현실 공간은 죽은 사람을 환생시키기도 한다. 미래에는 이처럼 몸이 죽어도 생전 이미지들을 합성해 가상공간에서 환생시킬 수 있을지도 모를 일이다. 생전의 모든 정보들, 예를 들어 목소리, 얼굴 모습, 걸음걸이, 습관 등을 입력해 그 사람과 똑같은 아바타를 만들어 가상공간에서 영원히 살게 하는 것이다. 그럴 경우 또 다른 상상이 꼬리를 문다. 사랑하는 사람을 잃고 상심하는 사람들이 줄어들 수 있을지 또는 그 상실감을 주제로 하는 소설이 계속 쓰여질 수 있을지……. 미래학 분야에서는 이러한 상상이 실제로 실현될 수 있다고 내다보는 연구들이 나오고 있다. DNA 등 그 사람의 모든 생물학적 정보를 다른 곳에 이식해 영원히 살 수 있게 하는 방법들도 나올 수 있다는 것이다.

어떤 위상 또는 어떤 의미를 가질 수 있을까? 가상현실이 더욱 증가하고, 몸을 대신하는 기술들이 더욱 발달하면 몸은 그 기능과 의미를 잃어버리게 될까? 아니면 더욱 중요한 의미를 가진 필수불가결한 도구로 기능하게 될까? 수많은 물음표에도 불구하고 몸은 없어서는 안 될 가장 중요한 마지막 보루가 될 것이다. 몸은 존재의 뿌리이기 때문이다.

## 몸 에  관 한  무 한  상 상

호주의 국립초상화미술관은 초상화 전용 미술관이다. 이 미술관에서는 가상현실 전시 일환으로 '도플갱어'전을 기획했다. 그리고 이를 위해 세컨드 라이프 안에 특별한 전시공간을 제작했다. 이 전시공간은 딱딱하고 무미건조한 기존 미술관 형식을 탈피하기 위해 자연 공간이면서도 독립적인 섬의 형태인 '초상화 섬(Portrait Island)'으로 디자인되었다.

가지라 바벨리는 이 '초상화 섬'에 〈iGods〉라는 작품을 만들었다. 제목이 시사하듯 디지털 신의 입장에서 아바타들을 창조한다는 발상을 담고 있다. 가상공간에서는 이미지가 이미지를 낳고 그 이미지가 반복적으로 복제된다. 〈iGods〉는 가상현실 아바타들이 서로의 이미지에 동화되어 변신하는 모습을 보여준다. 바벨리는 '초상화 섬'에 그리스 신화 속의 신전을 짓는다. 그 신전에 바벨리의 아바타가 들어가면 아바타 모습이 복제되어 7개의 조각들로 석대 위에 나란히 진열된다. 이때 다른 아바타가 복제된 바벨리의 조각들에게 다가가면 다가온 아바타의 형상으로 변한다. 바벨리는 우리에게 세컨드 라이프와 같은 가상공간에서의 아이덴티

그림 21 가지라 바벨리, **iGods**, 2009, 아바타들이 신전으로 들어오면 주변의 조각들이 앞에 있는 아바타 모습으로 점차 변해간다.

티는 얼마든지 복제되고 양도될 수 있다는 것을 말한다. 우리는 가상공간에서 매일 우리 자신의 도플갱어로 살아가는지 모른다. 그리고 또 다른 도플갱어들과 만나며 서로가 서로의 도플갱어로 되어가고 있는지도.

영화 〈아바타〉(2009)는 아바타에 관한 새로운 상상력을 보여준다. 이 영화는 컴퓨터 속 이미지로만 존재하는 아바타를 모니터 밖으로 끌어내어 현실 속에서 활동시킨다. 카메론 감독은 모니터 속의 아바타로부터 현실에서 활동하는 아바타로 전환하는 데 지구인과 외계인 사이의 갈등을 설정하고, 이 두 생명체를 융합시킴으로써 아바타에 대한 새로운 상상력을 탄생시킨다. 이 새로운 아바타는 자원이 고갈된 먼 미래의 지구를 구하기 위해 인간 몸으로는 생존할 수 없는 판도라라는 행성에서 원격으로 조정되는 생명체 아닌 생명체다. 유전자 조작을 통해 판도라의 토착민 '나비' 종족과 외형이 동일한 몸을 만들고, 이 몸에 인간 의식을 이식해 새로운 형태의 아바타를 탄생시킨다. 이 아바타는 인간 의식이 이식되었기 때문에 원격으로 조정이 가능하다. 주인공 '제이크(하반신이 마비된 전직 해병대원)'는 자신의 아바타를 통해 인간으로서는 생존이 불가능한 판도라 행성에서 자유롭게 걸어다니며 프로젝트를 수행할 수 있다. 주인공의 몸이 아닌 의식이 아바타를 통해 우주를 여행하고, 프로젝트를 수행한다는 것이다. 아바타는 생명체와 기계, 지구인과 외계인, 몸과 의식 사이에서 태어난 제3의

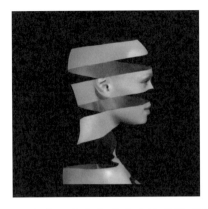

그림 22 앤드류 니콜의 영화 〈시몬〉(2002)에서 가상의
배우 시몬이 컴퓨터로 만들어지는 과정.

생명체에 대한 상상력이다. 카메론
의 새로운 상상력은 융합과 컨버전
스라는 키워드에 바탕을 둔 것이다.

카메론 감독의 아바타에 대한 상상력은 미래의 인간 몸에 대한 가능성
을 던져준다. 내가 나 자신의 몸이 아닌 아바타를 통해 존재하며 원격 조
정당한다는 상상력은 미래 인간에 대한 하나의 대안일 수 있다. 서기
3000년경 무렵이면 어쩌면 인간이 의식만으로 모든 것을 조정하고 활동
하는 것이 가능할지도 모른다. 인간 몸은 컴퓨터 프로그램의 압축파일처
럼 압축되고, 뇌만 있는 인간! 상상할 수 있는 일이다.

## '시몬'의 유혹

디지털 시대에는 모니터 안에서 이미지로만 존재하는 몸이 실제를 대신해
사람들을 현혹시킬 수 있다. 할리우드는 실제 배우 대신 컴퓨터로 합성시
킨 디지털 영화배우를 만들어냈다. 2002년 앤드류 니콜 감독의 〈시몬〉은
디지털 배우를 주제로 한 영화다. 〈시몬〉은 더 이상 제작자를 구할 수도 없
고 잘나가는 영화배우도 섭외할 수 없게 된 왕년의 명감독 터랜스키가 컴
퓨터로 이미지를 합성해 배우를 창작해내는 상상으로부터 시작한다.

이 영화는 M. W. 셸리의 소설 《프랑켄슈타인》의 21세기 버전으로 볼 수
있다. 프랑켄슈타인 박사와 자신이 만들어낸 인조인간의 관계는 감독 터랜
스키와 자신의 창작물 '시몬'의 관계로 대체되고 있다. 두 작품은 19세기와
21세기 기술의 버전 차이다.

## 몸과 의식은 분리될 수 있는 것일까?
## 그렇다면 몸을 벗어나는 상상은 어디까지 가능할까?

배우 '시몬'은 컴퓨터 시뮬레이션으로부터 창조된 'Sim(ulation)one'이다. 시몬의 탄생은 0과 1의 비트로 이루어진 디지털 이미지 합성의 결정판이다. 시몬은 소피아 로렌, 그레이스 켈리, 오드리 햅번 등 유명 여배우들의 이미지를 합성해 만들어진다. 그런 시몬은 완벽한 미와 연기로 대중들의 인기를 한몸에 받게 되고, 실제 배우보다 훨씬 더 강하고 빠른 속도로 사람들을 매료시킨다. 컴퓨터로 합성된 이미지 시몬은 홀로그램을 이용해 전 세계 관중들을 대상으로 한 초대형 위성 중계 쇼에까지 출연한다. 실체 없는 가상배우가 세계적으로 영향을 미치기에 이른 것이다. 이 영화에서 흥미로운 점은, 시몬이 컴퓨터로 조작된 이미지에 불과하다는 사실을 알리려는 감독의 노력에도 불구하고, 대중들은 그녀의 실존에 어떠한 의문도 제기하지 않는다는 점이다. 시몬과의 인터뷰에서 컴퓨터 이상으로 그녀의 영상이 깨질 때조차도 사람들은 그녀가 허구일 것이라는 생각을 전혀 갖지 못한다, 아니 가지기를 거부한다. 그들은 깨진 영상을 단지 위성중계방송 사고로 받아들일 뿐이다. 어쩌면 대중의 이러한 반응은, 육체적인 접촉보다는 영상매체를 통한 교감을 더 선호하는 현대 커뮤니케이션 양상에서 보자면 당연한 것일지도 모르겠다. 우리는 이미 컴퓨터 화면에 나타나는 내 친구의 모습이 네트워크가 아닌 물리적 공간 속에 실재하고 있는지의 여부를 확신할 수 없는 시대에 살고 있는 것이다.

시몬은 존재의 근거가 없다. 따라서 그녀의 이미지가 사라진다고 해서 그녀의 존재가 사라지는 것은 아니다. 자신이 창조해낸 이미지의 악몽에 시달리던 터랜스키는 영화 후반부에서 컴퓨터에 바이러스를 침투시켜 시몬을 제거하려 하지만 그의 시도는 수포로 돌아가고 만다. 우연히도 터랜스키가 어떻게 시몬을 창조했는지를 발견해낸 그의 딸이 바이러스로 손상된 프로그램을 복원시킴으로써 시몬을 다시 살려내기 때문이다. 터랜스키는 아무리 발버둥쳐봐도 시몬에게서 벗어날 수 없다. 자신의 창조물은 이미 자신의 통제범위를 벗어난 지 오래다. 결국 그는 자신이 이미지와 공존할 수밖에 없는 운명임을 깨닫는다. 여기서 이 영화는 다시 《프랑켄슈타인》의 결말과 겹쳐진다.

소설 속 프랑켄슈타인 박사는 자신의 피조물을 제거하는 데 성공하지만, 대중의 기억 속에 '프랑켄슈타인'이라는 이름은 박사 이름이 아닌 괴물 이름으로 기억될 뿐이다. 박사와 괴물은 이제 한몸이 되어버린 것이다. 터랜스키가 시몬과 자신 사이에 아이를 만들어냄으로써 이미지들과의 평화로운 공존을 모색하는 듯한 〈시몬〉의 결말은 《프랑켄슈타인》의 어두운 결말의 풍자적 버전으로 보인다. 영화는 자신과 시몬의 이미지를 합성시키기 위해 블루 스크린 앞에 혼자 앉아 있는 터랜스키의 모습을 마지막으로 끝을 맺는다. 영화감독이 자신이 만들어낸 이미지와 한몸이 된다는 것의 실상이 무엇인지를 보여주는 결정적 장면이다. 이것이 바로 오늘날 실재가 없는 이미지의 본색이다.

## 피그말리온, 상상이 현실이 되다

우리는 지금 강남의 한 유명 백화점 의류코너에 있다. 선탠이 기막히게 된 구릿빛 피부, 군살 하나 없는 팔등신 몸매, CD 한 장 크기에 들어갈 만한 작은 얼굴, 흔들림 없이 무표정하고 세련된 포즈, 그녀가 입고 있는 옷, 액세서리, 헤어스타일, 구두, 핸드백! 마네킹이 입고 있는 옷은 내가 꿈꾸는 세련되고 멋스런 몸매와 스타일에 곧바로 투영된다. 터무니없는 가격, 그건 마네킹이 유혹하는 상상의 세계에서는 다른 척도로 계산된다. 현실적이고 이성적인 계산은 통하지 않는다. 마네킹 제작기법은 날로 발달해 실제 인체와 똑같은 모형을 만들어낼 수 있게 되었다. 1970년대에는 인체 모형을 그대로 떠서 만드는 'FCR기법'이 개발되었다. 석고제작 원리를 이용해 모델이 통 속에 들어가면 그 위에 액체를 붓는데, 이 액체는 체온에 굳는 성질이 있어 약 5분 만에 틀을 만들 수 있다. 이 방법은 모델 근육이나 미세한 심줄까지도 재현해낼 수 있어 살아 있는 모델의 생생한 모습을 그대로 본뜰 수 있다.

마네킹은 실제와 인형 사이의 간극을 점점 무의미하게 만들어가고 있다. 또한 소비의 욕망과 비현실적 가격 사이의 상상적 거래에 없어서는 안 될 몸이 되었다. 몸은 몸이되 인공적인 몸, 영혼 없이 이미지만 있는 몸. 마네킹은 형체만 있고 영혼이 없는 인간이다. 살아 있지 않고 영혼이 없기 때문에 우리는 우리 상상대로 우리의 욕망을 투사시킬 수 있다. 애완동물이 인간처럼 감정을 표현하고 자신의 개성을 뚜렷하게 나타낸다면, 그들에게 그렇게 맹목적인 사랑을 쏟아부을 수 있을까?

상상의 세계에서 마네킹과 같은 인형은 어떤 힘을 발휘할까? 아니면 역으로 몸의 모형은 상상력을 어떻게 작동시킬까? 인공의 몸은 실제처럼 욕망을 일으키고 사랑도 가능하게 할 수 있을까? 신화는 그 한 예를 준다.

그림 23 장 레온 제롬, **피그말리온과 갈라테이아**, 피그
말리온의 키스로 조각상이 살아나고 있다.

여기는 어디일까? 방안 여기저
기 자리하고 있는 여러 종류의 받
침대들, 뒤 벽면 쪽의 선반 위에 있
는 여러 조각상들이 눈길을 끈다.
흉상의 조각상, 구부린 몸 조각의
일부, 천을 든 여인의 나상, 해골을
연상케 하는 두상들, 의자, 소품들, 뒤 벽면에 걸린 그림, 왼쪽 의자에 앉
아 있는 검은 고양이 등으로 보아 이곳은 화가 또는 조각가의 작업실인 것
같다. 이런 배경 속에 중앙에 위치한 두 남녀가 이 그림의 주요 모티브다.
짙은 청색 옷을 걸친 남자와 눈부신 우윳빛 여인이 서로를 껴안으며 키스
를 하고 있다. 이 그림에서 가장 강하게 눈에 띄는 부분이 바로 받침대 위
여인의 몸이다. 백옥 같은 그녀의 눈부신 몸은 나신이다. 반면 남자는 옷
을 걸치고 있으며, 그녀와 키스하기 위해 받침대 위에 올라 뒤꿈치를 들어
여인의 높이에 맞추기 위한 동작을 하고 있다. 청색의 남자 옷감의 율동감
은 실오라기 하나 걸치지 않은 여인의 나신과 극적 대조를 이룬다. 이 옷
의 율동감이 조각가와 조각상의 운명을 결정짓는 단서이자 우리의 상상
력을 발동시키는 동인이다. 다리의 근육과 살, 구릿빛 피부를 가진 조각가
의 사랑의 행위가 바로 상아로 된 조각상에 생명을 불어넣어 소생시키고
있는 것이다.

이것은 그리스 신화의 피그말리온과 조각상 갈라테이아의 사랑을 재현
한 그림이다. 고대 그리스의 키프로스에 피그말리온이라는 조각가가 있

었다. 그는 여자를 싫어해 결혼을 하지 않겠다는 결심을 했다. 조각에 뛰어난 솜씨를 가지고 있었던 그는 현실의 여자를 뛰어넘는 이 세상에서 가장 아름다운 여인상을 조각하겠다는 꿈을 가졌다. 그리고 온 정성을 다해 대리석으로 조각을 완성하기에 이른다. 그런데 그 조각이 너무 아름다워 그에 반하고 만다. 피그말리온은 이 조각상에 갈라테이아라는 이름을 붙여주었다. 갈라테이아를 향한 피그말리온의 사랑은 너무나 애틋하고 진실해, 이 조각상이 실제 사람이 되길 간절히 염원했다. 그리하여 아프로디테 축제일에 이 조각상을 아내로 맞이하게 해달라는 기원을 한다. 이에 감동한 아프로디테는 조각상에 생명을 불어넣는다. 피그말리온은 인간이 된 갈라테이아와 결혼해 딸까지 낳았다고 한다. 이 신화는 상상력이 얼마나 큰 힘을 발휘할 수 있는지를 보여준다. 자신이 사랑할 수 있는 조각상을 창조했고, 그렇게 창조된 비생명체에 간절한 소망과 열정을 바친 결과 상상을 현실로 옮긴 전례를 남긴 것이다.

## 대리몸, 써로게이트

인간은 분신, 도플갱어, 유체이탈, 아바타 등의 형태로 자신의 또 다른 몸을 상상해왔다. 그 상상의 동기는 여러 가지였다. 유한하고 약한 몸을 대신하거나, 도덕적 이유로 할 수 없는 일들을 전가시키기 위해서 그리고 그 밖의 이유 등으로 인간은 물리적 몸을 대신하는 몸을 상상해오고 있다. 인터넷의 전 세계적 보급은 인류의 이러한 오랜 상상의 여정 끝에서 인간의 탈육체화를 가져오고 있다. 세컨드 라이프와 같은 가상현실에서 더 이상 인간의 물리적 몸은 개인의 정체성을 결정짓는 요소가 아니다. 이제 인터넷 유저들은 가상공간에서 자신의 구미에 맞게 새로운 몸을 창조해 소통한다.

그런데 이런 상상의 끝은 어디일까? 그 끝은 아마도 생물학적 몸은 다른 곳에 두고 자신이 원하는 몸으로 가상공간이 아닌 실제 현실 속에서 살아가는 것이 아닐까? 마치 물건을 사듯 원하는 몸을 구입해 그 몸으로 살아가는 것이다. 이런 대리몸에 대한 미래 상상을 보여주는 영화가 바로 조나단 모스토우 감독의 2009년작 〈써로게이트〉다. 〈써로게이트〉는 미래 사회에서 실현될지도 모를 인간의 탈육체화를 상상하며 과연 그것이 진정 유토피아적 약속인지에 대해 조심스럽게 질문을 던진다.

'써로게이트(surrogate)'는 '대리, 대행자' 등의 사전적 의미를 가진다. 하지만 영화 〈써로게이트〉에서 이 단어는 현실세계에서도 인간 몸을 완벽하게 대신하게 될 일종의 '로봇형 아바타'를 지칭한다. 〈써로게이트〉는 자신과 똑같이 생긴 대리몸을 통해 100퍼센트 안전한 삶을 영위하는 가까운 미래를 배경으로 한다. 이 영화는 마치 옷과 같이 간편한 로봇이 인간의 존엄성을 무한히 신장하는 데 사용될 수 있다는 낙관론을 펼치는 어느 과학자의 선전으로 시작한다. 그의 말에 따르면 이제 인간은 몸이 가져오는 불편함과 고통에서 해방된 것처럼 보인다. 하지만 무표정하고 생기 없어 보이는 써로게이트들 모습은 화려한 테크놀로지 이면의 어두운 그림자를 암시한다.

영화의 도입부가 그리는 미래사회의 평화로운 표면은 써로게이트가 공

# 또 다른 몸에 대한 상상의 끝은 어디일까?

격당해 그 사용자가 죽임을 당하는 전대미문의 살인 사건을 통해 급변한다. 미궁에 빠진 살인 사건을 조사하던 주인공 그리어는 피해자가 다름 아닌 써로게이트를 발명한 과학자의 아들임을 알게 되고, 써로게이트를 통해 전 인류를 전멸의 상태로 빠뜨릴 치명적 무기가 존재함을 깨닫는다. 영화 〈써로게이트〉는 로봇이 인간의 몸을 대신해주는 미래사회를 보여준다. '써로게이트'는 단순히 인간이 조종하는 로봇이 아니다. 그것은 인간의 뇌신경과 연결되어 인간의 몸을 완전히 대체한다. 영화 속 미래사회에서는 모든 사람들이 로봇 몸을 가지고 보고 듣고 생활한다. 그들에게 오래된 몸은 단지 '써로게이트'에 접속하기 위한 매개체 정도밖에 되지 않는다. 인간의 몸은 집안에 꽁꽁 숨겨두어야 할 수치스러운 잔재로 묘사된다. 〈써로게이트〉가 그리고 있는 미래사회에서 인간의 몸은 연약하고 유한한, 하지만 버릴 수는 없는 필요악이다. 따라서 몸은 미래인의 콤플렉스다. 영화 속 사람들은 늙고 병들어가며 못생긴 육체 대신, 젊고 잘생긴 자신의 '써로게이트'에 접속해 집 밖의 삶을 영위한다.

〈써로게이트〉에서 부모로부터 물려받은 몸이 자신의 의지로 구입한 대리몸에 비해 열등한 것으로 취급되는 이유는 그것이 생로병사의 고통을 수반하기 때문이다. 반면 '써로게이트'는 그것에 가해진 충격을 의식에 전달하지 않는다. 인간은 더 이상 자신의 몸이 내던져진 세계로부터 고통받지 않아도 되는 것이다. 하지만 이는 대리몸으로서의 '써로게이트'가 뼈와 살로 만들어진 생물학적 몸과 같은 중요성을 가지고 있지 않음을 의미하기도 한다. 돈만 있으면 마음대로 바꿀 수 있고 고통이나 쾌락과는 무관한 몸은 우리가 입는 조금 색다른 옷과 별반 다를 것이 없기 때문이다. 옷은 인간의 정체성을 결정하는 요소일 수 없다. 그것은 단지 우리를 장식하는 것일 뿐이다. 〈써로게이트〉는 의학과 과학의 발달로 인간 몸이 취향에 따라 선택하는 기성품이 될 가능성이 있다는 상상을 내놓는다.

기성품이 된 몸은 인간의 존엄성을 표현하는 매체가 될 수 없다. 우리는 오직 몸을 통해서만 타인의 실존을 경험할 수 있다. 하지만 순도 100퍼센트의 상품이 되어버린 몸은 타인의 실존에 대한 우리의 감각을 무뎌지게 만든다. 〈써로게이트〉는 이러한 우려를 '써로게이트'들이 대신 수행하는 전쟁장면을 통해 보여준다. 이 장면에서 군용 '써로게이트'에 접속한 군인들은 마치 게임을 하듯이 전투에 참여한다. 영화 속 미래 전쟁은 순수한 시뮬레이션이다. '써로게이트'는 의식의 명령에 절대적인 복종을 하는 반면, 대리몸은 의식에 어떠한 영향도 미치지 않는다. 육체들끼리의 싸움인 전쟁에서 소모품으로서의 몸은 파괴되지만, 인간 의식은 더 이상 아무런 감정도 느끼지 않는다. 이는 게임중독에 빠진 청소년들이 게임과 현실을 구분하지 못할 때 발생하는 문제와 유사한 현상이다.

인간 의식이 몸으로부터 벗어나는 순간 인간은 현실을 게임처럼 가벼운 것으로 여기게 된다. 주인공이 자신의 집에서 파티를 즐기고 있는 한 사람을 폭행하는 장면은 육체성이 사라진 현실이 과연 어떤 무게감을 가질 수 있을지 의문을 던진다. 이 장면에서 파티를 즐기던 사람들은 주인공의 폭력과 자신의 '써로게이트'가 파괴되는 것을 마치 코미디의 한 장면인 양 보면서 웃고 즐긴다. 육체의 물리적 속성에서 자유로워진 의식은 끊임없이 유희하려고만 하는 듯 보인다. 하지만 이는 역설적으로 우리 현실이 확실히 우리 몸에 근거하고 있음을 증명하는 것이기도 하다. 왜냐하면 의식만이 지배하는 대리몸은 더 이상 현실에서 그 어떤 의미도 가질 수 없기 때문이다.

　이렇듯 몸과 분리된 의식에게 허용되는 무한한 자유는 현실의 비인간화를 수반한다. 〈써로게이트〉는 '써로게이트'를 통해 접속해 있는 사람의 의식마저도 파괴할 수 있는 무기를 등장시킴으로써 이러한 의식의 절대적인 자유에 물음표를 던진다. 동시에 원격조종을 통해 개인의 '써로게이트'에 침입할 수 있는 정부기관의 존재는 더 큰 감시와 통제로써 의식이 또다시 속박될 수 있음을 보여준다. 무엇보다, 용변을 보기 위해서는 잠시 '써로게이트'의 접속을 해지해야만 하는 인간 운명은 과학기술의 발전에도 불구하고 끈덕지게 남아 있는 인간의 원초적 육체성을 보여준다. 인간은 이 육체성, 밥 먹고 용변 보기를 무한 반복할 수밖에 없는 저주받은 육체성 때문에 삶의 무게로부터 자유로울 수 없어 보인다. 하지만 우리의 현실이 가치를 가질 수 있는 것은 바로 그러한 육체의 불편함과 무게감 때문일 것이다.

# 영혼, 몸을 떠난
## 것들의 움직임을 보다

### 유 체 이 탈 ,　몸　밖 으 로 의　여 행

유체이탈은 의식이 몸으로부터 분리되어 몸 밖에서 자신을 느끼며 비물질적인 형태로 여행하는 경험을 말한다. 100명 중 적게는 5명, 많게는 35명 정도가 자신의 삶에서 한 번쯤은 유체이탈을 경험한다고 한다. 한 연구결과는 이러한 유체이탈 경험이 정상적인 두뇌과정에서 발생하는 자연적 현상이라는 것을 밝히고 있다. 이 경험은 체험자가 의식을 유지하는 상태에서 몸의 감각기관이 외부정보를 상실할 때 시작한다고 한다. 우리가 수면 중 꾸는 꿈도 일종의 유체이탈이라고 할 수 있다. 꿈속에서 우리는 아주 멀리 떨어진 장소를 경험하며 현실과는 다른 사건들을 겪는다. 하지만 꿈과는 달리 유체이탈 경험에서는 자신의 몸과 몸으로부터 분리된 또 다른 몸을 동시에 자각한다.

인류 문명의 중요한 전환점을 가져온 발견 중의 하나가 바로 무의식의 발견이다. 현실을 인식하는 의식 너머에 무의식이 활동하고 있다는 것, 나아가 무의식이나 잠재의식이 현실을 지배한다는 것, 꿈이 현실을 반영하고 때론 현실을 예견한다는 것은 우리 존재가 많은 부분 상상력으로 이루어졌음을 말해주는 것이다. 불교 이론에 따르면 무의식, 잠재의식 아래 더 많은 층의 의식들이 존재하며, 이 의식들은 현재의 생뿐 아니라 더 머나먼 전생에까지 맞닿아 있다고 한다. 의식과 관련해볼 때, 몸은 아직도 풀리지 않은 신비로운 수수께끼다.

어떤 면에서 유체이탈은 인간의 비이성적 상상력 혹은 사이비 의술이나 주술의 일종이라고 생각되어왔다. 하지만 이런 유체이탈은 첨단과학

# 영혼의 그릇은 단지 몸에 국한되는 것일까?

을 만나면서 현실 가능한 상상력이 되고 있다. 스위스의 한 연구소(EPFL)의 아스펠과 렌겐하거 등은 특수 카메라와 HMD(Head Mounted Device) 같은 가상 현실 기술을 이용해 유체이탈 경험을 유도하는 실험을 했다. 이 실험은 유체이탈이 일종의 자기인식 장애라는 점에 착안했다. 감각을 복합적으로 충돌시켜 이를 유도한다는 것이다. 이런 방법 중에는 RHI(Rubber hand illusion)라는 방법이 있다. 피실험자의 한 손을 때리면서 그 손은 못 보게 하고 가짜 손만 보게 한다. 그리고 피실험자의 진짜 손과 가짜 손을 동시에 때린다. 연속적으로 때리는 동작의 동시성이 일치할수록 피실험자는 가짜 손을 자기 손으로 인식하기 시작한다.

이 실험은 몸에 대한 자기 인식을 왜곡하는 것을 목표로 한다. 피실험자의 등을 비춰 가상의 몸을 보게 하고 자극을 아래와 위에 동시에 주면서 피실험자에게 최대한 빨리 자극이 위에서 느껴지는지 아래에서 느껴지는지를 구분해 버튼을 누르게 한다. 이때 실제 등의 자극과 가상의 몸에 가해지는 자극을 일치시키기도 하고 불일치시키기도 한다. 그리고 감각을 교란시키기 위해 빛을 계속적으로 반사한다. 실험에 참가한 사람들은 화면에 비친 가상현실 속의 분신과 같은 감각을 느끼게 됨으로써 자신의 몸을 벗어나는 유체이탈을 경험했다고 한다. 실험 결과 피실험자들은 "가상의 신체가 내 몸인 것 같았다" "내가 두 장소에 동시적으로 있는 것처럼 느껴졌다" "내 몸이 한 개가 아닌 것 같았다" 등의 반응을 보였다. 즉 피실험자는 아바타와 동일한 감각을 느끼며 인식하게 되는 것이다. 이러한 유체이탈을 실험하게 된 동기는 몰입감을 증폭시키기 위한 것이었다. 컴퓨터 게임 전문가들의 가장 큰 난제는 가상현실 속 게임에서 게이머들이 어떻게 아바타 체험을 실제처럼 느끼게 할 수 있는가였다. 뿐만 아니라 유체이탈 기술은 마비증상 환자의 물리치료 등에도 폭넓게 이용될 수 있다. 경계를 넘어선, 원초적이고 주술적인 상상력이 기술적 상상력의 모태가 되는 것이다.

## 영혼의 흔적, 토리노 수의

몸과 영혼의 관계는 어떤 것일까? 토템신앙은 어떤 물건이나 대상에 영혼이 깃들어 있다는 상상에 기반한다. 굳이 토템신앙이 아니더라도 몸 밖의 다른 장소나 물건에 영혼이나 의식이 깃들어 있다는 믿음과 상상은 동서고금을 막론해 존재해왔다. 민간 토속신앙에서 행해지는 무속의 경우, 무당은 신들과의 접속을 통해 다른 사람의 영혼을 자신의 몸에 받아들인다는 이른바 빙의 현상을 심심치 않게 보인다. 빙의의 경우 몸은 시간과 공간의 제약을 떠난

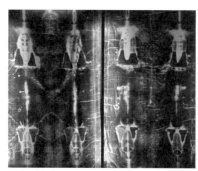

토리노의 수의, 1898, 수의를 찍은 사진에 예수 형상이 남아 있다.

다. 과거 죽은 사람과 교감하고 공간적으로도 제약을 받지 않는다. 그렇다면 우리 몸은 오늘날 과학이 믿고 있는 것보다 훨씬 더 많은 상상이 작용하는 장일 수 있다. 예수의 형상을 담고 있는 토리노 수의에 대한 논란은 이 점에서 흥미로운 상상력의 장을 연다. 1898년 이탈리아 사진사 세콘도 피아가 왕의 허락을 받고 수의 사진을 촬영하면서 토리노 수의 논란은 시작된다. 수의를 사진으로 찍자 그 사진에는 예수의 형상이 드러났다. 그 형상은 예수가 죽을 당시의 묘사와 대부분 일치했다. 예수가 가시 면류관을 쓰고 채찍으로 얻어맞고, 십자가를 메고 갔으며, 십자가에 손목이 못 박혔던 상황과 일치한다. 그 형상이 정말 신비로운 힘에 의해 나타난 예수 형상이라고 믿는 측과 이 형상은 사람이 그린 조작된 것이라고 주장하는 측의 논란은 오늘날까지도 이어지고 있다. 이 형상이 누군가 그린 것이라는 주장에 대해, 다른 측에서는 VP-8 화상분석기 분석 결과 토리노 성의는 사람이 그린 것이 아닌 3차원의 얼굴과 몸이 찍힌 3차원 영상임을 주장한다. 사람이 그린 그림은 2차원의 평면으로 분석되기 때문이다. 논란의 진위를 떠나 흥미로운 점은 바로 몸이 여전히 신비로운 상상력의 영역에 속한다는 것이다.

## 나 를  보 는  또  다 른  나

몸 밖으로의 상상에는 도플갱어도 있다. 도플갱어는 독일어로 '이중으로 돌아다니는 자'라는 뜻이다. 간단하게는 더블(Double : 분신 복제)이라고도 하는데 같은 공간, 같은 시간에서 자신이 자신을 보고 있는 것을 느끼는 현상을 말한다. 거의 모든 문화권에서 거울 속이 아닌 현실 속에서 자신의 또 다른 모습을 보는 현상을 말한다. 스코틀랜드에서는 죽음이 임박했을 때 보이는 자신의 환영을 가리켜서 '레이드' 혹은 '페치'라고 부르고, 일본어에는 '타닌노소라니(他人の空似)'라고 해서 '혈연관계가 전혀 없음에도 불구하고 닮은 사람'이라는 뜻의 단어가 있다. 도플갱어는 정확히 일치하는 외모를 가지고 있으나 당사자가 아니면 알아볼 수 없으며, 이를 만나는 사람은 곧 죽는다고 상상되었다. 예로부터 분신·환영과 관련된 상상적 이야기는 독일뿐 아니라 세계 곳곳에서 전해져오는데, 지역에 따라서 상징이나 의미가 조금씩 다르기는 하지만 죽음과 관련된 것이 많다. 분신이나 자기 환영이라는 현상은 이름은 달라도 거울 속 몸이 거울 밖으로 나오는 상상력의 형태들이다. 현실 속 몸의 장소를 떠나 자유롭게 돌아다니는 노마드적 몸이다.

이는 현대 정신의학 용어로는 '오토스카피(자기상 환시)'라고 하며, 정신적으로 큰 충격을 받거나 자신을 제대로 제어하지 못할 경우에 생기는 일종의 정신질환으로 보고 있다. 심적으로 굉장히 큰 타격을 받았거나 정신적 형평성이 부족할 경우 자신과 같은 모습의 환영을 본다고 한다. 환영은 자신의 실제 성격과 반대 모습으로 나타나기도 하고, 평소 자신이 바라던 이

상형의 모습으로 나타나기도 한다. 정상적인 사람도 지나치게 자아도취가 심할 경우 스스로 그러한 환영을 만들어내기도 하는데, 무협소설을 자주 읽는 사람이 날아다니면서 검을 휘두르는 자신의 모습을 보기도 한다. 돈키호테는 전형적으로 이 경우에 속하는 인물이다.

이러한 도플갱어는 문학작품이나 영화의 중요한 단골 소재다. R.L.B. 스티븐슨의 소설 《지킬박사와 하이드씨》도 도플갱어 이야기를 변형시킨 작품이고, 똑같지만 다른 두 여인을 통해 이데올로기로 나뉜 두 개 유럽을 그린 폴란드 감독 키에슬로프스키의 정치영화 〈베로니카의 이중생활〉(1991)도 도플갱어를 소재로 한 작품이다. 그중에서도 2003년 부산국제영화제 개막작으로 상영된 일본의 구로사와 기요시 감독의 〈도플갱어〉는 도플갱어 자체를 소재로 한 영화다.

〈도플갱어〉와 《지킬박사와 하이드씨》 두 작품 모두 시대를 앞선 과학기술을 다루고 있다는 점에서 흥미롭다. 시대적 차이는 있지만, 두 작품은 각각 과학기술 전환기에서 기계와 기술이 인간 운명을 어떻게 결정지을 것인가에 대한 상상을 보여준다. 《지킬박사와 하이드씨》에서 지킬은 사람을 양분할 수 없을까라는 실험에 착수해 선한 면은 더욱 선하게 하고 악한 면을 더 악하게 만드는 약물을 개발하고, 〈도플갱어〉의 주인공 하야사키 미치오는 첨단의료부품 회사의 인공지능 프로젝트를 수행한다. 두 주인공 모두 과학자로서, 몸에 대한 미래적 상상력의 주역들이다. 스토리는 몸에 대한 미래적 과학실험에서 발생하는 사건들로서, 첨단과학기술이 초래하는 폐단을 다룬다. 지킬은 분신인 하이드가 되는 것에 중독되어 약물을 남용하다가 결국에는 지킬로 돌아갈 수 없는 상태가 되고, 이에 비관해 스스로 목숨을 끊는 것으로 결말이 난다.

여기서 우리의 상상력을 자극하는 것은 거울의 모티브다. 지킬은 거울에서 하이드로 변한 모습을 보며 흥분한다. 그리고 변한 모습을 매번 확인하기 위해 실험실에 거울을 가져다놓기까지 한다. 지킬박사와 하이드는 거울을 통해 연결되면서 선과 악이라는 정반대의 캐릭터에 길들여진다. 거울은 이질적인 두 몸을 낳기도 하고 연결시키기도 하는 상상력의 매개체다. 지킬박사 최후의 진술 부분은 자신의 약물개발이 나약한 현실적인 몸을 벗어나 또 다른 몸을 가지고자 함이었음을 입증한다. "결국 나는 우리가 걸치고 다니는 이 육체는 언뜻 견고해 보이지만 실은 실체도 없고 안개처럼 덧없는 것이라는 인식에 그 어느 때보다도 깊이 도달했네. 내가 발견한 약재에는 마치 바람이 천막을 홱 뒤집어놓듯 육체라는 껍질을 흔들어대며 채가는 힘이 있었지."

하야사키 역시 인공인체를 만드는 과학자로서 연구에 어려움을 겪고 있을 때, 자신과 똑같이 닮은 도플갱어가 나타나 유혹의 손을 내민다. 도플갱어는 하야사키와는 정반대 성격을 가지고 있어 그가 도덕심 때문에 하지 못했던 일들, 예를 들어 연구비 조달을 위한 도둑질이나 살인을 대신해준다. 인공인체가 완성되면서 하야사키는 자신의 도플갱어를 죽이는데, 이것은 그의 도덕적 양심을 복원시키기 위한 당연한 귀결이다. 다른 몸에 대한 상상은 이처럼 자신이 하지 못했던 것을 대신하는 욕망을 배경으로 한다.

지킬박사와 과학자 하야사키의 차이점은, 지킬박사는 철저히 양분된 몸과 의식을 가진 개체였던 반면, 하야사키는 분신을 죽인 후 자신 안에 내재한 악한 성격을 새롭게 발견하고 이에 동화된다는 것이다. 하야사키의 살인은 자신의 분신을 죽이는 것에서 끝나지 않고 불신감을 갖고 있었던 조수를 죽이는 것으로까지 이어진다. 지킬박사가 자신의 전 재산을 하이드에게 양도한다는 유언을 하고 죽음을 택한 반면, 〈도플갱어〉에서는 하야사키의 죽음 대신 인공인체가 스스로 의지를 가지고 절벽에서 뛰어내려 자살한다는 반전을 보여준다. 과학기술의 양면성을 다루는 구로사와 기요시 상상력의 새로운 점은 바로 인간 안에 있는 양면성이라는 낡은 주제를 넘어 인공지능이라는 제3의 개체를 개입시킨 것이다.

도플갱어는 디지털 가상공간에서도 인기 있는 소재다. 한 온라인 게임 업체에서는 게임 몰입감을 높이기 위해 도플갱어를 이용한 게임 상품을 내놓았다. 이 게임 프로그램은 라이브 비전 카메라를 이용해 캐릭터 이미지를 게이머의 도플갱어로 만들었다. 게임은 사실 자신과 게임 캐릭터와의 동일화가 없다면 불가능한 것이다. 그런데 그 게임 캐릭터가 자신의 도플갱어라면 몰입감은 훨씬 증가할 것이다. 라이브 비전 카메라를 통해 게이머들은 자신의 도플갱어 캐릭터와 완전히 동일시되면서 스크린과 현실의 경계를 허물어버린다. 이러한 몰입감은 실제 자신의 몸을 벗어나는 유체이탈까지도 경험하게 한다고 한다.

## 신 묘 한  능 력 ,  분 신 술

다른 몸을 상상하기의 관점에서 《지킬박사와 하이드씨》와 〈도플갱어〉는 다분히 이성중심적이고 합리주의적 특성을 보여주는 상상력의 예들이다. 인간 본성을 선과 악의 이분법에 근거해 나누고, 이 두 특성들 중 어느 것이 옳고 그른지를 판단해야 하고, 반드시 어느 한 편의 손을 들어주어야 하기 때문이다. 하나의 몸과 그와는 정반대의 다른 몸, 그런데 하나의 몸에 반드시 제2의 몸만을 상상할 수 있을까? 동양의 상상력에서는 그 다른 몸이 복수다. 적어도 둘 이상의 다른 몸들을 상상했고, 그 역할 역시 반드시 선과 악이라는 이분법에 얽매이지 않는다. 동양의 분신은 도술의 일종이다. 그것은 어느 날 우연히 나타나는 것이 아니라 오랜 수련 과정을 거쳐 아주 어렵게 얻어지는 신묘하고 특별한 능력이다.

《서유기》《수호지》《삼국지》 또는 《홍길동전》이나 《전우치전》 같은 고소설에서는 도술이나 분신술이 소설적 상상력의 중심이 된다. 손오공, 저팔계, 사오정이 불성을 깨닫게 되는 여행과정을 그린 《서유기》는 몸의 도술적 상상력의 예들을 풍부하게 제공한다. 당삼장을 따라 서천으로 가는 여행길에서 주인공들이 겪는 모험과 요괴들과의 싸움에서 갖가지 도술이 등장한다. 손오공이 요괴들과 싸우다 머리카락을 후 불어 분신들을 만들어 내 싸우게 하는 에피소드는 널리 알려진 것이다. 손오공과 해우대사 대화에서 우리는 동양의 분신술이 어떠한 특성을 가진 것인지 확인하게 된다.

"분신술을 아느냐?" "알고 있다."

"바르게 알고 있느냐?" "잘 알고 있다."

"옳게 알고 있느냐?" "옳게 알고 있다."

"바르게 행하고 있느냐?" "덕을 쌓아 수행 중이다."

"그래서 무엇을 하려는가?" "좋은 세상을 만들려 한다."

"그것으로 무엇을 하는가?" "파사현정하여 마왕을 퇴치하고 자비를 베풀고 중생을 구한다."

《전우치전》은 선조 때 실재 인물인 전우치를 주인공으로 한 도술소설이다. 전우치는 도사를 만나 선도(仙道)를 배워 탐관오리들을 괴롭히고 백성들의 억울함을 풀어주는 데 신통력을 발휘한다. 전우치의 도술은 판타지와 상상력으로 가득하다. 전우치는 위기 상황에서 그림 속의 말을 타고 도망가거나 그림 속에 숨기도 하는 등 그림을 이용한 다양한 도술을 사용한다. 그림이라는 가상세계와 현실 사이의 경계를 넘나드는 상상력이 그 시대에 있었다는 것은 상당히 놀랍다.

고소설 속 주인공들의 특징은 상상적인 몸, 초인적인 몸을 근간으로 한다. 도술이자 기술로 발동되는 그들 분신들은 인간 한계를 넘어서는 상상의 몸이다. 그들은 음식을 먹지 않아도 배가 고프지 않고, 옷을 입지 않아도 추위를 느끼지 않으며, 몸이 가벼워 구름을 타고 날아다니거나 산꼭대기들을 건너뛰어 다닐 수도 있고, 여러 개의 몸으로 분신하거나 때로는 몸을 변형시키기도 한다. 자유로운 몸을 가진 전우치는 그야말로 상상하는 대로 사물을 변하게 하며, 소설적 상상력과 실제 사이를 종횡무진으로 오간다. 우치가 진언을 염하면 금사망이 절로 벗겨지고, 민씨가 대망으로 변신하기도 하고, 칼이 변해 큰 범이 되는가 하면, 머리에 쓴 관이 쇠머리로

화하기도 한다.

《홍길동전》의 홍길동 또한 조선 팔도에 몸을 나누어 한날한시에 도둑질을 한다. 《장생전》에서 장생은 자신의 가짜 몸은 잠을 자게 꾸며놓고, 진짜 몸은 여종 차환의 머리꽂이를 찾아주느라 하늘을 날아다닌다. 고소설 속 영웅들의 도술은 가난한 자를 돕고 지배계급이나 관료층을 골탕먹임으로써 부조리한 사회제도와 현실을 개조하는 데 결정적 역할을 했다.

동양 고소설 속의 몸은 상상 그 자체다. 너무 상상적이어서 오히려 자연스러울 정도다. 상상과 현실의 경계 역시 어떠한 논리도 따르지 않기 때문에 상상과 현실 사이의 갈등도 없다. 어느 것이 옳고 그른지를 꼭 밝혀야 할 필요도 없다. 너무나 상상적인 고소설 속의 몸은 여러 몸들과 소통하기도 쉽다. 고소설 속의 자유로운 몸은 현실에 얽매여 있는 가난하고 핍박받는 민중들의 카타르시스가 된다. 그 상상의 몸은 민중들이 강하게 믿고 싶은 희망과 꿈의 몸이기 때문이다.

도가사상에서는 금강불괴의 몸을 상상했다. 금강석과 같이 변하지 않는 불멸영생의 몸을 도를 통해 얻는 것이 가능하다는 상상이었다. 도를 닦고 도를 얻는 것은 완전한 몸을 통해 완성한다는 것이다. 몸은 도를 얻는 수단이자 목적이었고, 상상력의 열쇠였다. 금강불괴의 몸은 유한한 인간의 육체를 극복하기 위한 신비주의적 인조인간의 상상력을 보여주는 예다. 도교의 몸수련은 신체 내부에 완전한 개체를 탄생시키는 수련이다. 호흡이나 명상을 통해, 마치 어머니의 몸 안에 태아가 형성되어 자라는 것처럼, 자신의 몸 안에 새로운 개체를 형성하고 이를 잘 길러서 자신의 몸 크

그림 24 여동빈이 지은 《태을금화종지》속 〈단공명심도〉 중에 머리 위로 분신이 올라오는 모습.

기만큼 키운다. 이렇게 해서 몸속에 완전한 몸 즉 '원신'을 이룬다. 이 '원신'은 시간과 공간을 초월하는 불사신이다.

수련이 이 '원신'의 완성단계에 이르면 몸은 명상 중에 분신이 되어 몸 밖으로 다니기도 하고, 허물을 벗듯 몸을 벗어버리고 영생의 길에 들어선다. 위의 그림은 당대의 전설적인 도인 여동빈이 지은 《태을금화종지》에 나오는 〈단공명심도〉 중에 수련을 하는 도인의 정수리에서 완전한 개체인 원신이 출현하는 것을 보여주고 있다. 어쩌면 도가의 이러한 상상력이 오늘날 DNA 복제인간의 전형일 수 있지 않을까? 수련을 통해 원신을 만들어내고 이것을 불사신으로 살게 한다는 몸에 대한 상상력은 미래 기술이 실현시키고자 하는 몸이다. 포스트휴먼 단계에서는 DNA를 복제해 영원히 살 수 있는 몸을 상상하기 때문이다.

## 로봇 분신, 제미노이드

첨단기술과 컴퓨터는 분신을 만들어 자신을 대신하도록 하는 상상력을 실현시키기도 한다. 로봇은 바로 인간이 자신의 분신을 만들려는 상상력의 산물이다. 로봇 제작의 관건은 최대한 인간답게, 인간을 닮게 만드는 것이다. 로봇에서 도플갱어 혹은 분신의 상상 개념을 담은 예를 보자. 일본 오사카 대학의 교수 히로시 이시구로는 분신으로서의 로봇을 주요 콘셉트로 내세우는 로봇 전문가다. 이시구로 교수는 자신의 분신인 로봇을 개발해 쌍둥이라는 뜻의 라틴어 'Geminus'에서 따온 'Geminoid'라는 이름을 붙였다.

2009년 아르스 엘렉트로니카 전시장에 들어섰을 때 관객들은 회의용 책상에 마주 앉은 제미노이드와 이시구로 교수를 만났다. 그런데 관객들은 제미노이드와 제미노이드를 만든 이시구로 교수를 구분하는 데 한참이 걸렸다. 그 둘은 완전히 똑같은 도플갱어였다. 현대의 첨단 기술은 신화 속에서만 존재하거나 정신병의 일종이라고 생각했던 도플갱어를 로봇으로 등장시키고 있었다. 이시구로 교수는 이 제미노이드 로봇을 샌프란시스코나 도쿄의 한 공간에 두고 원격으로 다른 사람들과 소통하고 있었다. 그는 원격으로 자신의 학생들과 토론을 하기도 하고 컨설팅을 하기도 한다. 상상력이 구현한 놀라운 기술이었다. 어쩌면 머지않은 장래에 우리는 현실 속에서 제미노이드 로봇 또는 아바타를 통해서 원격으로 소통하게 될 것이다. 이미 많은 SF소설과 SF영화들은 이러한 아바타를 통한 삶의 이야기들을 들려주고 있다.

# '인간 제조'를 향한 발칙한 상상들

## 불멸의 욕망, 초상화

몸 가운데서도 얼굴은 독특한 위상을 가진다. 몸 전체를 대변하며 그 사람의 정체성을 가장 집약적으로 나타내기 때문이다. 몸 밖으로의 상상여행에서 얼굴은 그 여행에 주도적인 역할을 한다. 초상화와 가면은 그 상상여행에서 만날 수 있는 낯익은 소재들이다.

질 들뢰즈는 인간 얼굴을 '바탕'과 '기관'으로 분석했다. 우리는 얼굴을 눈·코·입 등의 개별적 기관들의 집합으로 생각해볼 수 있는 동시에, 그러한 개체들이 나타나는 바탕으로도 생각해볼 수 있다. 들뢰즈는 바탕에서부터, 구체적인 개체들이 조화롭게 발생하는 얼굴로부터 인간의 잠재적 힘과 특질들을 발견한 듯하다. 얼굴은 그렇듯 잠재적 힘과 감정이 그 바탕으로부터 유기적인 기관들을 통해 드러나는 장소다. 우리는 인간이 초상화에서 특히 얼굴을 주목해왔던 이유를 이러한 얼굴 특징에서 발견할 수 있다. '얼'의 '굴(=통로)'이라는 뜻을 가지는 우리말 '얼굴'은 이 모든 특징들을 가장 잘 표현하는 말이다.

인간은 자신이 언젠가는 죽을 것이라는 사실을 인식하는 유일한 동물이라 한다. 그 때문에 인간은 자신의 유한한 삶을 초월해 영원불멸하는 그무엇을 상상하며 살아간다. 그 상상으로부터 영혼은 몸이 소멸해도 불멸할 것이며, 분신은 유한한 몸을 대신해 영혼의 그릇이 되어줄 것이라는 믿음이 생겨난다. 고대 이집트의 미라는 영혼 불멸을 위해 몸이라는 그릇을 영구적으로 보존해야 한다는 인류의 오래된 상상을 잘 보여준다. 프랑스의 저명한 영화 이론가 앙드레 바쟁은 서양 조형예술의 기원을 '미라 콤플렉스'로 설명한다. 그는 최초의 회화작품은 인간의 영원한 삶에 대한 욕망의 투사물이라고 했다.

'초상화'는 그러한 욕망을 바탕으로 하며, 그 사람을 대신하는 것, 즉 영혼까지도 담는 것으로 상상된다. 불멸의 영혼이라는 신비주의적 상상이 아니더라도, 초상화는 자신이 후세의 기억 속에서 영원히 존재하고픈 인간 욕망을 대변한다. 한편 초상화에 관해 철학자들은 상반된 견해를 보이기도 한다. 하나는 초상화가 그 사람의 정체성을 대변하는 인덱스의 역할을 한다는 견해이고, 다른 하나는 얼굴 자체가 허상이기 때문에 초상화 역시 의미를 가지지 못한다는 것이다. 후자의 경우로는 신플라톤 학파였던 철학자 플로티누스를 들 수 있다. 플로티누스는 자신의 초상화를 그려주겠다는 제안에 대해 다음과 같이 답했다고 한다. "내 얼굴은 나의 것이 아니야. 그저 빈껍데기일 뿐이지. 초상화는 이런 빈껍데기를 그린 것이니 허황된 것이 두 번이나 겹치는 것 아니겠는가?"

한편 프랑스의 인류학자 레비스트로스는 초상화가 그 사람의 정체성을 나타내주는 지도와 같은 것이라고 본다. 몸이 사라졌을 때, 우리는 사진으로 그 몸을 대체시킨다. 장례식에 영정사진을 놓고 그 사람을 기리는 것은 사진을 그 사람의 더블이라고 상상하기 때문이다. 초상화와 사진은 자신의 더블이자 아바타다. 화폭이나 필름 속에 있을 경우에는 초상화와 사진이 되고, 모니터 속에서 움직이는 경우, 그것은 아바타다.

주세페 아르침볼도의 초상화들은 인간 분신으로서 얼굴이 갖는 특징을 잘 보여준다. 1500년대 이탈리아 궁정화가였던 그는 음식이나 식물과 같

은 정물들을 가지고
인간 초상화를 그렸던
독특한 화가다. 그의 그림은 얼굴을 구성하는 눈, 코, 입, 귀, 머리카락 등
의 기관들을 나뭇가지, 포도, 사과, 낙엽 등의 사물들로 바꿔놓고 있다. 그
런데 신기한 것은 얼굴과 전혀 무관한 사물들의 집합 속에서 우리는 초상
화가 담고 있는 인물의 성격을 감지하게 된다는 것이다. 그의 작품 〈겨울〉
을 살펴보자. 나무뿌리로 된 코와 피부는 황량한 느낌을 주지만, 굳게 다
문 열매 입과 푸른 담쟁이 넝쿨은 겨울의 황량함 속에 숨어 있는 생명력을
드러내고 있다. 나뭇가지로 왕관을 쓴 그림 속의 인물은 아마 의지가 굳은
영혼을 가지고 있었을 것이다.

반면 호박을 모자로 쓰고 있는 〈가을〉 속의 인물은 그의 얼굴을 구성하
고 있는 포도, 사과, 감자처럼 너그러운 인품의 사람이었을 것 같다. 이렇
듯 아르침볼도의 초상화에서 얼굴을 구성하는 정물들은 단순히 사물이
아닌 기관들로서, 바탕으로서의 얼굴에 잠재되어 있는 인물의 성격들을
구체화하고 있다. 분신으로서의 아르침볼도 초상화는 인물의 영혼을 눈,
코, 입이 아닌 과일이나 나무와 같은 자연 사물들로 교체시키고 있는 것이
다. 그는 영혼을 담는 그릇으로서의 몸을 상상력을 동원해 무한히 변형시
킨 화가였다.

주세페 아르침볼도의 초상화 속 얼굴은 일본 에도시대 말기의 판화가
우타가와 쿠니요시 작품에서 변형된 형태로 재등장한다. 아르침볼도의
그림이 자연 속에서 새로운 얼굴을 발견한 것이었다면, 쿠니요시는 맨몸

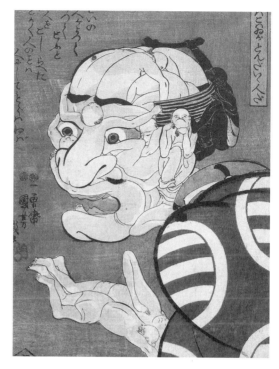

그림 27 우타가와 쿠니요시, **흘끗 보면 무섭지만 실은 좋은 사람이다**, 1847, 여러 몸들이 모여 얼굴을 이룬다.

들의 집합 속에 수많은 인격을 숨기고 있는 것처럼 보인다. 그의 얼굴에는 갖가지 형태, 갖가지 인격의 몸들이 관계를 맺고 있다. 몸과 몸들의 관계, 그 관계들을 담고 있는 쿠니요시의 얼굴은 사회적이다. 얼굴 속에 몸이 표현되고, 몸이 얼굴의 부분이 되는 쿠니요시의 초상화는 우리말 '얼굴'의 어원과도 일맥상통한다. 원래 우리말에서 얼굴은 몸 전체나 형상, 형체 등의 의미를 지녔다. 15세기에 쓰인 '몸얼굴(體格)' '밑얼굴(原形)' 등의 합성어는 '얼굴'이 몸 전체를 가리키는 단어였음을 말해준다. 얼굴이 몸 전체에서 몸의 일부로 의미 범위가 축소한 것은 17세기에 이르러서였다.

폴란드의 일러스트레이터 스타시스 에이드리게비시우스는 다른 무엇보다 얼굴이 가장 강력한 상상력을 동원할 수 있다는 점을 최대한 활용하는 예술가다. 이 현대 디자이너의 작품 속에 등장하는 망치와 콘크리트 덩어리 속에서 우리는 얼굴이 발생하는 것을 목격하고 욕망한다. 때로 그 욕망은 그 어떠한 정치적 구호보다 강력하게 작용한다. 얼굴은 곧 나와 너의 생각과 주장을 대변한다. 이렇듯 자신의 유한한 몸을 대신할 새로운 몸을

그림 28 스타시스 에이드리게비시우스, **자신의 정책을 가져라**, 무색물로 만든 얼굴.

찾고자 하는 '미라 콤플렉스'는 모든 사물로부터 인간의 얼굴을 탄생시키며, 얼굴의 무한 상상력을 열어준다.

## 상 상 의   현 실 적   힘

《도리언 그레이의 초상화》가 보여준 상상력과 유사한 형태의 상상적 이야기들은 적지 않다. 영화 〈잉크하트〉에서는 종이에 인쇄된 잉크의 인물들이 책 밖으로 나와 살아 있는 인물들로 등장한다. 작가의 상상력 속에서만 존재했던 인물들이 종이를 경계에 두고 상상과 현실의 벽을 넘나드는 갖가지 모험들, 그리고 영화 〈박물관이 살아 있다〉에서 박제된 모형들이 살아 움직이는 생명체로 트랜스포머되며 벌이는 판타지적 모험들은 오늘날 디지털 기술이 실현시키는 가상현실 세계와 너무나 흡사하다. 러시아 작가 고골의 《초상화》에서도 초상화는 단순한 그림을 넘어 살아 움직이는 몸으로 상상된다. 소설은 재능은 있지만 가난에 시달리는 젊은 화가 차르뜨꼬프가 그림 가게에서 한 노인의 초상화를 사는 것으로 시작된다.

어느 날 밤 달빛이 초상화 위로 비춰지며 이상한 생기를 불어넣으면서 상상의 세계가 시작된다. 액자 속의 노인은 꼼지락하더니 갑자기 액자 밖으로 걸어나와 커다란 눈을 굴리며 화가에게 다가간다. 그리고 그 노인의 옷 주름 밑에서 돈뭉치가 떨어진다. 화가는 노인 몰래 돈꾸러미를 움켜쥐고, 그 사이 노인은 자신이 풀던 꾸러미를 챙긴 후 다시 액자 속으로 걸어들어간다. 화가는 이 모든 장면들이 꿈속에서 일어난 환상이라고 치부한

## 도리언 그레이의 초상화

오스카 와일드의 소설 《도리언 그레이의 초상화》는 원본인 실제 인물과 복사본으로서의 초상화의 관계를 역전시키는 상상력을 주요 모티브로 한다. 주인공 도리언 그레이는 사교계의 떠오르는 별로서 젊고 아름다운 외모를 가진 청년이다. 그에게는 바람둥이 귀족과 화가인 두 명의 친구가 있다. 귀족 헨리 워튼 경은 사교계의 중심적 인물로서 바람둥이이고 도리언을 타락시키는 주역이다. 바질 홀워드는 얼굴은 추하지만 유능한 화가이다. 어느 날 화가 바질은 도리안 그레이의 초상화를 그려주고, 도리언 그레이는 그 초상화에 반하게 된다. 도리언과 초상화의 상상적 이야기는 이렇게 출발한다.

"바질. 이 작품은 나의 더블이에요. 나는 그걸 느낄 수 있어요."

"그런가. 그러면 자네의 더블이 마르면 바로 니스를 칠하고 액자에 넣어 집으로 보내겠네. 자네의 더블과 무얼 하든지 그건 자네 마음대로일세."

《도리언 그레이의 초상》에서 도리언의 몸은 늙지 않는 반면 다락에 놓인 초상화가 그를 대신해 늙어가고 타락과 방탕의 흔적을 축적해나간다. 도리언의 행동에 따라 초상화의 표정과 얼굴의 외양이 변해가는 것이다. 그것은 바로 늙음과 추함을 두려워한 도리언이 갈망했던 것이다. 도리언은 자신이 강하게 원했던 것처럼 늙지 않는다. 원본은 그대로이고, 복사본이 현실의 영향을 받으며 그 현실을 고스란히 반영한다. 초상화는 단순히 그림이 아니라 실제를 대체하는 몸이다. 실제 인물은 마치 생명이 없는 초상화처럼 현실의 영향을 전혀 받지 않고, 더블로서의 초상화의 몸이 현실을 살아간다. 도리언은 시간이 흘러도 그리고 아무리 나쁜 행동을 해도 외양의 변화가 없는 데 반해, 초상화는 도리언의 추악하고 방탕한 모습을 그대로 반영하며 추하게 변해

간다. 도리언은 자신의 악행을 그대로 초상화에 떠넘기는 악의 실체다.

수십 년이 흐른 뒤에도 여전히 젊은 시절의 미모를 유지하며 계속 타락의 길을 가고 있던 도리언은 어느 날 예전의 친구 바질을 다시 만나게 된다. 바질은 도리언에게 진심어린 충고를 해주지만, 오히려 그 충고를 견디지 못하고 도리언은 바질을 죽여버린다. 초상화의 존재를 잠시 잊고 있던 어느 날 도리언 그레이는 다락방에서 다시 자신의 초상화를 바라보게 된다. 거기에는 자신의 온갖 추악한 악행들이 고스란히 남아 있다. 추하게 늙지 않으려는 도리언의 환경과 환상, 상상이 실현되어 눈앞의 현실로 나타나자 그는 주체할 수 없는 두려움에 사로잡힌다. 더 이상 초상화라는 현실을 견딜 수 없자 도리언은 그 초상화를 칼로 찢는다. 그런데 그가 초상화를 찢는 순간 소설의 서술은 중단되고, 도리언 그레이는 다락방에서 갑자기 20년은 늙어 보이는 모습으로 스스로 목숨을 끊은 채 발견된다. 소설의 상상여행은 그렇게 끝난다.

초상화가 도리언의 더블로 행세할 수 있었던 것은 무엇 때문일까? 그것은 무엇보다 도리언의 강력한 상상력, 믿음 때문이었다. 도리언의 믿음과 상상이 인터넷 속에서 실현된 것이 바로 아바타다. 도리언의 삶이 초상화를 통해 나타났던 것처럼, 유저들은 아바타를 통해 제2의 삶을 살고 있는 것이다. 인터넷 유저들이 자신의 몸 대신 아바타를 선택하는 이유는 현실에서 이룰 수 없는 모든 상상력을 실현시킬 수 있기 때문이다. 아바타를 통해 상상을 실현시키는 것처럼 도리언은 자신의 모든 상상을 초상화에 투영시켰던 것이다. 도리언이 초상화를 찢고 상상을 멈추는 순간, 소설의 서술이 중단되는 것은 당연하다.

다. 하지만 집주인과 경찰서장이 밀린 돈을 독촉하러 온 상황에서 돈꾸러미가 실제로 발견되면서 화가는 그것이 현실에서 실제로 일어난 일임을 알게 된다. 모니터의 화면을 중심으로 현실과 가상의 세계가 나뉘듯, 액자를 중심으로 죽은 이미지의 세계와 살아 있는 몸이 경계를 오가며 상상의 몸과 현실의 몸이 혼동된다. 소설의 플롯은 우리의 상상을 뛰어넘지는 않는다. 화가는 돈에 눈을 뜨고 전혀 다른 삶을 살아가게 되고, 그러던 어느날 젊은 시절에 샀던 초상화를 다시 발견한다. 그는 초상화를 사기 전 젊고 재능 있으며 돈 때문에 타락하지 않은 그 모습으로 되돌아갈 수 없다는 사실에 절망한다. 그리고 그 절망은 회복할 수 없는 치명적 병으로 이어져 결국 생을 마감한다. 그런데 그의 모습은 초상화의 섬뜩한 노인의 모습과 너무나 흡사하게 닮아 있었다. 이 부분이 고골적 상상력의 매력을 담고 있다. 초상화는 바로 주인공 차르뜨꼬프의 강한 상상력의 거울이었던 것이다. 그림을 둘러싼 소설의 이야기는 마치 화가 주인공과 그림이 경험하는 일장춘몽과도 같다.

이렇듯 그림이나 조각상이 단순히 이미지를 재현해놓은 것이 아니라, 살아 있는 생명이 될 수 있다는 모티브는 왜 문학작품이나 신화, 영화 등에서 끊임없이 상상되는 것일까? 무엇보다 그러한 상상력 속에는 상상이 단순히 허황된 것이 아니라 강력한 현실적인 힘을 가지고 있다는 믿음이 들어 있을 것이다. 21세기 과학기술의 큰 방향 중 하나는 이제까지 합리적인 사고체계로 밀어냈던 정신세계의 미스터리에 관심을 가지는 것이다. 예술가, 작가들의 상상력이 과학을 예견한 예들이 속속 밝혀지고 있다. 흔히 문학은 허구적 사실을 다루고 과학은 엄밀한 사실을 밝힌다고 생각된다. 그런데 예술가들의 상상력이 과학적 발견보다 앞선다는 사실은 놀랍다. 《프루스트는 신경과학자였다》는 이러한 점에 착안해 소설, 음악, 시, 그림과 같은 예술 분야 여덟 명의 예술가를 소개하면서, 그들의 작품이 과학적 발견과 동떨어진 허구가 아니라 오히려 과학보다 앞서 인간 두뇌의 비밀을 밝혀낸 것이었음을 말한다. 신경과학 실험실에서 일하던 저자 조나 레러는 프루스트와 신경과학은 표현 방식은 달랐지만 같은 내용을 말하고 있다는 것을 강조한다. 그는 실험실에서 심심풀이로 읽던 프루스트의 작품이 실험결과와 너무도 일치한다는 사실을 발견하고는 이 책을 집필했다고 한다. 프루스트는 《잃어버린 시간을 찾아서》에서 마들렌 과자를 먹으면서 과거의 기억을 되살리는 과정을 상세하게 묘사하는데, 이것은 신경과학이 풀어내는 기억의 메커니즘을 예견했다는 것이다.

인류 문명의 시작과 함께 인간은 예술을 창조해왔다. 상상력은 인류문명을 지탱시켜온 커다란 에너지다. 생각해보면 예술적 상상력은 과학의 합리적 경험과 맞물리는 부분이 많다. 과학이 경험과 사실을 바탕으로 하는 것처럼, 예술 역시 개인이기는 하지만 시대적 감수성과 경험에 바탕을 두고 있기 때문이다. 예술가들은 자신의 작품에 모든 에너지, 감수성, 심지어 영혼까지도 쏟아넣는다. 그렇다면 그런 예술작품, 특히 그림이 어떤 생명력을 가질 수 있다는 상상은 자연스럽다. 최근 TV 프로그램 등에서 보여준 달마대사 그림이 모종의 에너지를 방출한다는 실험은 이런 측면에서 생각해볼 수 있다. 레비스트로스는 그림을 단순한 모방이 아닌 화가의 세계가 표현된 것으로 보았는데, 그러한 표현을 통해 자신의 독특한 방법으로 세계를 인식하는 것이라고 한다. 예술적 상상력과 감수성은 허황된 환상이나 환영이 아니라, 경험에 바탕을 둔 또 다른 방식의 인식론인 것이다.

## 가 면 , 그  원 초 적  상 상

인류는 생물학적인 자신의 몸 이외의 다른 몸을 상상해왔다. 몸을 다른 몸으로 상상하는 데 있어 가면은 가장 오래되고 원초적인 예일 수 있다. 카니발, 사육제, 축제, 연극 등에서 가면은 아주 중요한 역할을 한다. 가면은 언제 그리고 왜 상상되었을까?

오르페우스 신화에서 오르페우스는 사랑하는 연인 에우리디케에게 절대 자신의 모습을 보아서는 안 된다는 것을 다짐하지만 에우리디케는 사랑하는 사람의 모습을 너무나 보고 싶은 나머지 잠든 오르페우스 침실로 몰래 들어와 그의 얼굴을 보고야 만다. 그리고 연인을 잃게 된다. 또한 메두사는 그를 바라보는 모든 사람을 돌로 만들어버린다. 이 신화들은 인간의 원초적 욕망 '봄'을 둘러싼 상상들이다. '봄'은 인간의 가장 강한 욕망 중의 하나지만, 그것은 대가를 치러야 하는 금기사항으로 생각되었다. 왜일까? 여러 요인들 중 '봄'은 가장 강력한 진실이자 증거이기 때문이다. 가면을 이런 맥락에서 생각해보자. 가면은 '봄'으로부터 몸을 보호하기 위해 상상되고 창조된 도구다. 가면은 말하자면 다른 몸으로 변신하기 위한 수단이자 도구인 것이다. 몸을 변신시키는 초보적인 트랜스포머 기술인 셈이다. 〈배트맨〉이나 〈스파이더맨〉을 비롯한 SF영화들에서 나약한 인간에서 초인의 몸으로 변신하는 데 결정적 역할을 하는 도구가 바로 가면이다. 가면은 같은 몸을 다른 몸으로 상상시키는 강력한 무기다.

언제부터 가면을 쓰기 시작했는지는 분명치 않다. 변장을 하거나 몸을 보호하기 위해 처음 사용되었을 것으로 추정된다. 우리가 가면을 쓰는 순간 우리는 이미 본래 자신이 아니다. 자신이 원하는 상상계로 들어서는 것이다. 그것은 예나 지금이나 마찬가지다. 원시시대에는 신이나 악마 또는 강력한 동물 형태 가면을 써서 초인적 존재로 변신했다. 사자나 호랑이, 신화에 나오는 강인한 동물 모양 가면이 초인적인 힘을 부여한다고 상상했던 것이다. 또 원시종교에서는 주술사가 가면을 쓰고 병을 고치거나 악마를 쫓기도 했다. 그런데 일부 문화권의 가면에서는 가면 대신 분장을 하는 경우가 있다. 피부에 밀가루나 안료를 발라서 전혀 다른 얼굴로 분장하는 것이다. 여성들의 화장이 바로 이런 가면이 아닐까? 그렇다면 여성들은 매일 자신이 상상하는 모습의 가면을 쓰고 있는 셈이다.

인간이 가면을 창조해낸 동기에는 분명 가면이 인간의 영혼을 담을 수 있다는 상상이 크게 작용했다. 말라위의 니아우에서는 영혼은 죽지 않아서 죽은 사람을 잘 보호하면 다시 살아날 수도 있다고 믿었다. 그리고 가면이 바로 죽은 사람의 영혼을 대신할 수 있다고 상상했다. 이곳에서는 묘지 나무들에 가면을 걸어두는데, 그것은 죽은 영혼들이 신들의 나라에 가기 전까지 매달려 있도록 하기 위해서였다. 가면은 영혼의 피난처인 셈이다. 마치 달마대사가 유체이탈을 한 후 부득이하게 자신의 몸 대신 다른 사람의 몸에 영혼을 넣은 것처럼, 가면은 몸이 소멸한 후 영혼을 담을 수 있는 또 다른 몸인 것이다.

가면을 만든 가장 중요한 동기 중에 욕망의 분출을 간과할 수 없다. 동서양을 막론하고 인류사회는 기존질서를 파괴하고 일탈하고자 하는 욕망을 가진다. 세계의 카니발 축제들은 이런 욕망의 배출구이자 발전적이고 생산적인 욕망의 재편성 통로였다. 사육제와 카니발은 기독교 문화에서 부활절 40일간의 단식을 시작하기 전 먹고 즐기는 행사다. 이 기간 동안 사람들은 밖으로 나가 자신이 경험해보지 못한 것을 경험하고 가보지 못한 곳을 찾아다닌다. 일상에서는 하지 못했던 외설스럽고 음탕한 화제를 스스럼없이 나누기도 한다. 이렇게 사육제 기간 동안 분출한 에너지를 다시 일상으로 가져간다. 이러한 사육제와 카니발에서 결정적인 역할을 하는 것이 가면이다. 가면은 자신의 몸을 벗어나 다른 몸이 되어 일탈하고자 하는 욕망의 표출 도구다. 가면을 쓰는 순간 우리는 자신을 변장시키고 다른 몸으로 위장한다. 다른 몸이 되어 우리는 일상으로부터 벗어나 익명성을 띤다.

대한민국을 뜨겁게 달궜던 2002년 월드컵 기간 동안의 붉은 악마 분장, 히딩크 가면, 태극기 페인팅을 기억하는가? 태극문양과 붉은 악마의 분장이나 가면, 소품들은 평소 대한민국 국민들에게 내재되어 있던 욕망이 폭발적으로 분출하는 데 결정적 역할을 했다. 영국의 훌리건들이 축구경기 때 과격한 집단적 히스테리 현상을 일으키는 것에는 몸의 갖가지 분장과 가면이 분명 큰 작용을 한다. 이런 측면에서 가면은 단순하지만 어쩌면 정

### 나를 은폐시키는 것이 아니라
### 오히려 드러내는 가면을 상상할 수 있지 않을까?

신적 몰입과 집단적 상상력을 가장 강력하게 유발하는 테크놀로지라고 할 수 있다.

가면을 경계로 현실과 상상이 상호교차되는 것처럼, 컴퓨터 모니터를 경계로 인터넷 유저들은 익명의 가면으로 살아간다. 인터넷유저의 ID는 익명성으로 살아가게 해주는 인터넷 가면이다. 한때 인터넷 공익광고협회에서 사이버 테러를 막기 위한 광고에 인터넷 유저가 가면을 쓰고 활동하는 장면을 내보냈는데, 이것은 가면의 속성을 매우 잘 간파한 것이었다. 가면은 바로 현실의 몸과 상상의 몸을 이어주는 하이픈이다.

가면을 역발상적으로 상상해보자. 가면은 본래 모습을 숨기고 다른 몸이나 다른 힘을 빌리기 위한 수단이었다. 그런데 그 가면을 자신을 은폐시키는 것이 아니라 오히려 자신의 내면을 드러나게 하는 것으로 상상할 수 있지 않을까? 영화 〈미러 마스크〉가 그 예다. 〈미러 마스크〉는 가면 자체를 주 모티브로 삼은 영화다. 주인공 헬레나는 현실 세계에서 부모님과 갈등을 겪는 사춘기 소녀다. 그녀는 갈등을 겪는 현실로부터 꿈의 세계로 도피한다. 영화의 대부분은 환상적인 꿈의 세계를 다룬다. 평범한 줄거리임에도 불구하고 이 영화가 매력적으로 다가오는 것은 바로 환상적이고 몽환적인 장면들 때문인데, 현실과 가상의 세계를 오가는 헬레나의 환상여행에서 주도적 역할을 하는 것이 바로 가면이다. 꿈속에서는 모든 인물이 가면을 쓰는데, 현실세계로 돌아오기 위해서는 '미러 마스크'가 필수적이다. 현실세계로 돌아오는 열쇠인 미러 마스크는 일반 가면과는 달리 가면을 바라보는 자의 얼굴이 그대로 비치는 거울로 된 마스크다.

영화는 가면의 겉을 현실 자아로 그리고 가면의 안을 꿈속 자아로 설정한다. 이와 함께 가면의 겉과 안을 각각 거짓된 자아, 진실된 자아로 대비시키고 가면의 안과 밖을 오간다. 이때 가면은 자신을 숨기는 것이 아니라 내면의 진정한 자아를 끄집어내어 표현하는 여정의 길잡이 역할을 한다. 이 지점이 바로 가면에 대한 역발상적 상상력을 엿볼 수 있는 부분이다. 꿈속에서 만나는 모든 사람들은 하나같이 가면을 쓰고서 헬레나에게 말한다. "가면을 쓰지 않고 어떻게 내 기분을 표현할 수 있겠니? 가면을 써야 표현이 되지." 가면의 표정은 늘 한결같은데 가면을 써야 기분이 표현된다는 것이다. 익숙한 습관을 뒤집는 상상이 흥미롭다.

요즘 TV를 비롯한 각종 매체들에서는 여장남자 또는 남장여자들을 심심찮게 본다. 쇼 프로그램이나 개그 프로그램에서 트랜스젠더는 시청자들의 인기를 모으는 좋은 소재다. 영화에서도 트랜스젠더나 여장남자는 흥행의 중요한 요소가 된다. 화장과 여장을 즐기는 씨름신동 동구가 나오는 〈천하장사 마돈나〉를 비롯해 〈다세포소녀〉의 성전환 수술비를 마련하기 위해 저금하는 두눈박이는 영화에 독특한 캐릭터를 부여하는 인물이다. 그리고 홍석천과 하리수를 떠올려볼 수 있다. 홍석천의 커밍아웃과 하리수의 성전환 수술 사이에는 시간차와 그에 따른 사회적 관념의 차를 볼 수 있다. 하나의 사실이 시간적 차이와 사회제도적 관점의 차이로 다르게 받아들여질 수 있다는 것은 무엇을 의미할까?

성과 젠더의 문제를 가면과 관련해 상상한 예를 보자. 미국 캘리포니아 버클리 대학 교수로 재직하고 있는 주디스 버틀러는 그의 저서 《젠더 트러

블》)로 전 세계적인 관심과 논쟁을 불러일으켰다. 버틀러는 젠더가 가장무도회에서 가면을 바꿔 쓰는 것처럼 자유롭게 선택할 수 있는 것임을 강조한다. 그녀 자신이 레즈비언이자 페미니스트인 버틀러에 따르면, 젠더는 가장무도회에서처럼 화장이나 분장이나 복장에 따라 역할을 수행함으로써 변하는 것이지 본래 정해진 고정된 것이 아니라고 한다. 레즈비언 커플이 성립하기 위해서는 남성적 역할을 하는 부치가 남자처럼 입고 화장해야 하며, 여성 역할을 하는 팸므는 여성성을 과장해 강조하는 화장이라는 가면을 써야만 한다. 젠더는 타고난 섹스를 어떻게 외관 변화를 통해 수행하는가에 달렸다는 것이다. 역할 수행에 따라 남성이 여성으로 통할 수 있고 여성이 남성으로 통할 수도 있다. 버틀러는 이런 젠더 개념을 '퀴어이론'으로 정립한다. '퀴어'는 원래 동성애자를 경멸적으로 일컫는 호칭이다. 버틀러는 '퀴어이론'을 통해 섹스나 젠더가 가지는 통념들을 전복시킨다.

　성을 표현하는 데는 몇 가지 용어를 구분해 쓰고 있다. 선천적으로 타고난 성을 섹스로 칭하고, 사회문화적으로 교육받은 성을 젠더로 칭한다. 그리고 섹슈얼리티는 이 두 용어 모두에 해당하는 인간의 근원적이고 본능적인 욕망을 일컫는다. 버틀러의 젠더 이론에는 생물학적 몸이나 사회문화적 정체성에 갇히지 않은 몸의 자유가 중요하게 부각된다. 젠더와 성에 관한 이론가들은 많다. 하지만 그중에서도 버틀러가 전 세계적 반향을 불러일으키며 인터넷에 '주디'라는 이름의 팬진(fanzine)까지 탄생시킨 것은 무엇 때문일까? 그 요인들 중에는 그녀가 우리 몸을 고정적인 것으로 보지 않고 많은 가능성의 장으로 본 점과 우리 몸이 가면과 맺고 있는 상상적 관계, 즉 몸을 트랜스포머시키는 가면의 기능을 매우 잘 간파해 설득력 있게 이론화시킨 점 때문일 것이다.

## 상 상 의  몸 ,  인 형

인간은 왜 자신을 닮은 인형이나 로봇을 상상하고 창조해왔을까? 신화와 고대문명에서 우리는 인형에 대한 많은 흔적들을 쉽게 찾을 수 있다. 고대 그리스문명에서도 이미 인형이나 자동로봇의 전신들을 발견할 수 있고, 고대 고분들에서 죽은 자를 대동하기 위해 수많은 인형들이 제작되어 함께 매장된 예들을 볼 수 있다. 자신을 닮은 몸을 상상하는 것은 인간의 원초적 본능에 속한다.

고대설화나 미신에서는 인형에 영혼이 깃들어 있다고 상상되기도 했다. 저주술에서 흔히 인형이 저주 대상을 대신해 쓰였던 것은 인형이 사람의 영혼을 담는다는 상상에서 비롯된 것이다. 중국 청나라의 유명한 학자 기윤은 그의 《열미초당필기》에서 어린 시절 인형에 얽힌 체험담을 들려준다. 아주 어렸을 때, 형제가 없는 그에게 매일 오색 옷을 입고 금팔찌를 찬 아이들이 찾아와 함께 놀아주었다. 그가 성장하면서 아이들은 찾아오지 않게 되었다. 어느 날 기윤은 이러한 사실을 그의 부친에게 말하게 되고, 그로부터 자신에게 놀러왔던 아이들의 정체를 알게 된다. 그 오색 옷의 아이들은 모친이 아이가 생기지 않는 것을 고심해 만든 진흙인형이었다. 그들은 기윤의 모친이 자신들을 오색 옷과 과자, 음식 등으로 극진하게 대접

한 것에 감동해 매일 그에게 찾아와 놀이상대가 되어주었던 것이다.

생명이 없는 인형이 실제 살아 있는 생명체를 대신할 수 있다는 상상은 오늘날 디지털 기술이 만들어내는 가상현실 캐릭터들과 유사한 점이 많다. 인형이 몸을 대신하는 것이나 아바타가 실제 인물의 분신으로 작용할 수 있는 것은 모두 영혼이 반드시 몸 안에만 존재하는 것이 아니라, 몸의 대체물에도 깃들 수 있다는 상상력에서 나온다.

인형의 존재이유가 상상력을 바탕으로 한 것이라면, 어쩌면 컴퓨터의 가상공간은 인형에게 가장 잘 어울리는 공간일지 모른다. 그런 의미에서 인형은 아바타의 전신이다. 류세미는 현재 미국에서 활동 중인 미디어 아티스트다. 그녀 작품세계의 주된 상상력은 한국의 전통적 꼭두각시 인형극에 뿌리를 두고 있다. 가상인형극 〈코푸펫(Copuppet)〉은 인터넷 네트워크를 통해 여러 사람이 로그인해 꼭두각시 인형을 조정하는 프로그램이다. 유저들의 참여와 상상력을 쉽게 유도해 몰입 정도가 높다는 가상공간의 장점 때문에 좋은 반응을 얻고 있다. 참여하는 유저들은 각자의 역할을 정한다. 목소리를 담당하는 유저가 마이크로 이야기를 하면 꼭두각시 인형의 입과 표정이 실시간으로 반영된다. 또 어떤 사람은 웹캠을 통해 인형 각 부분의 동작을 조종하기도 한다. 그 밖에 다른 사람들도 인형의 몸동작을 조정하거나 스토리텔링에도 개입할 수 있다. 이렇게 모든 사람의 협동을 통해 하나의 꼭두각시 인형극이 탄생한다. 이 합동 인형극에 참여한 사람들은 모두 자신과 인형 사이에 차이점을 느끼지 못한다. 오히려 현실의 몸으로 표현하거나 느낄 수 없는 것을 인형을 통해 느낀다고 한다.

류세미의 다른 작품으로는 인터넷 가상공간에서 실제 무당과 꼭두각시 인형이 함께하는 영신굿 퍼포먼스가 있다. 한국 꼭두각시 인형의 모습을 한 가상 무당이 화면에 있고 직접 굿을 연기할 사람이 가상 꼭두각시 인형을 마주본다. 관객은 그 가운데 위치한다. 실제 무당이 스토리텔링을 시작하면 화면의 꼭두각시 인형이 움직이고 말을 하며 반응한다. 무당이 말을 하면 화면의 꼭두각시가 무당의 말을 따라서 한다. 한편 무당 역시 인형이 하는 말을 따라 하기도 하면서 화면 안의 가상 무당과 실제 무당이 서로 혼연일체가 된다. 무당은 굿이 진행됨에 따라 화면을 통해 교감하는 인형의 몸과 자신의 몸의 경계를 더 이상 느끼지 못하는 것이다.

인터넷은 모든 사람의 상상력이 자유롭게 교감할 수 있는 공간이다. 인형을 매개로 한 교감은 몸의 한계를 극복시키는 중요한 수단이 된다. 이러한 점은 교육에도 좋은 효과를 가진다. 영국의 스퀴드숍은 인형을 활용하는 교육 프로그램을 개발했다. 이 프로그램은 컴퓨터 공간에서 자유롭게

---

**심우성의 '넋전'**

우리나라 1인 인형극 분야에 독자적 길을 개척한 인물, 한국민속극연구소장으로 있는 심우성은 해방 이후 처음으로 '꼭두각시놀음'을 재연했다. 심우성은 종이인형으로 연극을 한다. 종이인형은 죽은 망자의 넋을 대신하는 몸이다. 그는 무당이나 박수들이 망자의 넋을 마음으로 상상해 만든 종이인형을 '넋전'이라 부른다. 2009년 제주도에서 열린 제3회 제주 세계델픽대회에서 심우성 소장은 제주민요 오돌또기와 혜은이의 감수광을 틀어놓고 넋전들의 춤을 공연했다. 내가 처음 그를 만난 것은 1980년대 공간 사랑 무대에서였는데, 그는 흰 한복 차림에 '넋전'들을 가지고 망자를 달래는 퍼포먼스를 진행했다. 그를 비롯한 관람객들은 모두 '넋전'이 단순히 종잇조각에 불과하다는 사실을 망각할 정도로 몰입했다. '넋전'과 대화하고 '넋전'을 움직이게 하며 그 '넋전'의 가슴 미어지는 슬픔을 전달하는 심우성의 퍼포먼스는 종이인형에 불과한 사물이 우리에게 얼마나 강한 상상력을 불러일으킬 수 있는지를 실감케 했다.

그림 29 류세미, **용신굿**, 가상의 꼭
두각시와 무당이 함께 이야기하는
모습.

꼭두각시 인형을 만들
어 마우스로 인형 동
작을 조작할 수 있게
한다. 그리고 인터넷을 이용해 가상 꼭두각시 극장 안에 다른 인형들도 초
빙해 연극을 만들고 이것을 녹취할 수도 있다.

어린 시절 인형놀이 경험을 하지 않은 사람은 드물 것이다. 자신의 기쁜
일이나 슬픈 일을 인형에게 토로하고 인형과 대화를 하는 어린이들에게
인형은 헝겊으로 싸인 생명 없는 사물이 아니라 자신과 동일한 생각을 가
진 살아 있는 개체다. 어린이들의 이러한 특성을 감안해 독일의 인공지능
연구소(DFK)에서는 인형 아바타를 활용한 교육프로그램을 개발했다. 인형
은 가상공간에서 실제 몸을 대신해 어린이들이 자유롭고 창의적인 상상
력을 발휘하도록 돕는 구체적인 도구가 된다. 1단계에서는 아이들에게 연
극에 대한 기본 개념을 가르쳐주고, 2단계에서는 아이들을 가상현실로 인
도해 아바타를 만든다. 가상공간에서 지도교사와 아이들은 함께 꼭두각
시 인형이 되어 연극을 만들어간다.

## 신 을  닮 은  인 간 ,  인 간 을  닮 은  로 봇

2002년 2월 14일, 120센티 크기의 '아시모(Asimo)'라는 휴머노이드 로봇이
뉴욕증권거래소 계단을 걸어올라가 기단에 오른다. 기단에 오른 아시모
는 손뼉을 친 후 뉴욕증권거래소 개시를 알리는 종의 버튼을 누른다. 그렇
게 아시모는 증권거래를 주재하는 최초의 로봇이 되었다. 1940년대에 체

코의 극작가 캐럴 캐팩이 인간을 대신해 노동하는 자동 몸을 상상해 로봇(체코말로 노예일꾼이라는 의미를 가진다)이라는 용어를 쓴 지 약 60년이 지나 그 상상은 현실 속에 실존하는 존재가 되었다.

21세기 우리는 로봇이 인간을 대신해 세계경제를 주관하는 시대에 살고 있다. SF소설 속이 아닌 실제 삶의 현장에서 이제 로봇은 인간에게 친숙한 동반자가 되었다. 연예인을 대신해 춤을 추기도 하고, 로보컵(로봇 월드컵) 축구시합을 하기도 한다. 미래 과학기술은 로봇을 인간 지능에 버금가는 종으로 진화시키는 야망을 가지고 있다. 영화 〈바이센터니얼맨〉에서처럼 인간과 사랑도 하고 인간처럼 늙기도 하는 로봇의 등장이 단순히 공상과학소설 속의 상상만은 아닐 것이라고 보는 견해도 많다.

오늘날 첨단과학이 가장 큰 쟁점으로 꼽고 있는 것은 미래 인간이 어떤 모습으로 살아갈 것인가다. 각종 질병 정복, 인간수명 연장 등의 제반문제들과 함께 첨예하게 떠오르는 문제가 바로 인공지능이다. 인간과 꼭 닮은 또 다른 인간, 인간의 모든 것을 대신해줄 대체물을 만들어내는 것이 과학기술의 가장 큰 쟁점 중 하나다. 인간과 사이보그의 문제는 인류의 마지막 과제다. 인간의 닮음꼴 인조로봇은 신화시대로부터 18세기 판타지 문학, 바로크문학을 거쳐 최근 SF영화들에 이르기까지 끊임없는 상상의 대상이다.

피노키오는 할아버지가 심심해서 손으로 만든 인조 나무인간이었다. 하지만 인간과 똑같이 말하고 행동하고 거기다 할아버지에게 거짓말도 할 줄 아는데, 거짓말을 하면 코가 길어진다. 과학기술 분야에서 이루어지는 최첨단 발명들은 인간 역사에서 이미 상상되었던 것들이 거의 대부분이

# 신과 같이 인간은 다른 피조물의 창조주가 될 수 있을까?

다. 상상할 수 없는 일은 발견할 수도 발명될 수도 없다. 로봇 과학자들 중에는 어린 시절에 본 로봇만화나 영화가 로봇연구나 로봇 만드는 직업을 가지게 된 직접적 계기가 되었음을 밝히는 이들이 많다. 로봇은 인간이 신에 도전하는 단계의 상상력이다. 신이 인간을 창조한 것처럼, 인간은 인간 모습을 한 또 다른 인조인간을 만드는 상상을 아주 오랜 옛날부터 해왔다.

어느 날 서쪽 지방으로 순행을 나간 주나라 목왕은 곤륜산을 넘어 돌아오는 길에 재주가 뛰어난 기술자를 만난다. 목왕은 기술자에게 그가 만든 가장 훌륭한 물건을 가져오라고 명한다. 하지만 기술자가 가지고 온 것은 물건이 아니라 사람이었다. 이를 이상하게 여긴 목왕이 왜 물건이 아닌 사람을 데리고 왔는지를 묻자, 기술자는 이것은 사람이 아니라 움직이는 인형이라고 답한다. 이에 놀란 목왕은 그 인형을 꼼꼼히 살펴봤으나 인형 걸음동작에서 사람과 다른 점을 하나도 발견할 수 없었다. 또한 인형은 사람처럼 박자에 맞춰 춤을 추고 노래도 부르고 심지어 공연이 끝날 무렵에는 구경하던 후궁들에게 윙크를 하며 추파를 던지기까지 한다. 인형의 추태에 화가 난 목왕이 기술자를 죽이려고 하자 기술자는 서둘러 인형을 해체했고 그제야 인형의 본색이 드러난다. 그것은 색을 칠한 가죽과 나무로 만들어진 기계장치였다. 하지만 그것은 사람과 똑같은 오장육부뿐만 아니라 뼈, 근육, 치아, 피부와 털까지 사람이 갖춰야 할 모든 것을 갖추고 있었다. 마침내 목왕은 감탄해 기술자에게 "자네 솜씨는 조물주에 버금가는구나!"라고 크게 칭찬한다.

기원전 4세기경 완벽한 인조인간을 상상했다는 것은 놀랍다. 목왕이

기술자를 조물주에 비유한 것 역시 놀라운 통찰력이다. 조물주가 인간을 만들었듯 인간은 인조인간을 만들 수 있다는 것을 내다본 것이다. 오랜 동안 인류는 자신의 태생을 근대 생물학이 발견한 진화의 법칙과 무관하게 상상해왔다. "야훼 하나님께서 사람을 빚어 만드시고 코에 입김을 불어넣으시니 사람이 되어 숨을 쉬었다"라는 《창세기》의 유명한 구절은 인간이 자연발생적으로 탄생한 것이 아니라 창조주의 의지로써 만들어졌다는 믿음을 반영한다.

그리스 로마신화에도 이러한 상상력의 흔적을 엿볼 수 있다. 어느 날 프로메테우스는 흙을 물에 반죽해 신의 형상과 같게 인간을 만들었다. 그리고 여러 동물들에게서 취한 선한 성질을 진흙인간의 가슴속에 불어넣었다. 마지막으로 여신 아테네가 인간 속에 여러 신들의 지혜와 습성을 불어넣어 인간이 탄생했다. 인간이 흙을 빚어 만들어졌다는 상상력은 여러 문화권에서 공통적으로 발견된다. 나이지리아의 요르바족 신화에서 역시 오바탈라신이 남녀 한 쌍을 진흙으로 만든 것으로 상상하고 있으며, 오세아니아 신화에서도 인간은 신이 흙으로 만든 존재로 상상된다. 중국의 창조신화도 같은 상상력을 보여준다. 인간을 창조한 것은 여신 여와다. 뱀의 몸에 사람 머리를 한 여와는 황토를 반죽해 사람 형태를 만들고 그 안에 생명을 불어넣어 최초의 인간을 창조했다.

이렇듯 고대 인간은 자신들이 창조신에게서 만들어진 존재라고 상상했다. 이는 도구를 창조하는 인간 자신의 성격을 만물을 창조하는 신의 모습에 투사해 인간 근원을 역으로 해명하려는 시도라고 할 수 있다. 인간은 자신과 닮은 창조주를 상상함으로써, 자신이 신의 형상을 본떠 만들어진 존재라고 상상했던 것이다. 고대인들의 이러한 믿음은 목왕의 이야기에 등장하는 기술자 예처럼 자신을 닮은 형상의 기계인형을 제조하고자 하는 욕망의 근거를 잘 설명해준다.

중세에도 인간을 제조하는 재미있는 상상력을 볼 수 있다. 13세기 도미니크 수도회의 알베르투스 대성인이 인조인간 골렘을 만들었다는 설이 있다. 그리고 프란체스코 수도사 로저 베이컨이 악마의 계시를 받아 황동으로 된 두상을 만들었다고도 전해진다. 르네상스 시기에는 파라켈수스가 인조인간 '호문쿨루스' 제조법을 내놓기도 했다. 인조인간 '호문쿨루스'는 연금술에서도 시도되었던 것이다. 연금술사들은 자연 속의 수은이 영의 속성을 지닌 것으로 보고, 각종 약물을 합성해 인간을 제조할 수 있다는 상상을 했다. 이러한 상상력은 육체 속에 갇힌 영혼을 일깨워 절대 세계로 돌아가는 것 즉 구원을 목표로 한다.

골렘이나 인조인간, 호문쿨루스가 실제로 만들어졌는지를 밝혀낼 수는 없다. 하지만 이들이 오늘날의 로봇, 휴머노이드, 사이보그를 낳게 한 상상력의 전형인 것은 분명하다. 인간을 제조할 수 있다는 상상력은 그것이 신비주의적이냐 과학적이냐를 떠나 인간의 원초적 욕망에 뿌리를 두고 있다.

# 3부.
# 상상의 몸,
# 그 경계를 통찰하다

끊임없이 수많은 상상을 만들어내는 몸이라는
경계는 무엇인가. 과학기술이 발달하면서 인
간과 기계의 경계, 종들의 경계는 사실상 무의
미해질 것이며 이러한 경계 해체가 기존 사회
질서에도 큰 변화를 가져올 것이다. 그렇다면
자신 속에 여러 잡종적 요소들이 혼합된 미래
인간은 과연 인간 고유의 특성을 그대로 유지
하며, 자연과 동물, 기계에 대해 지금과 같은
우월권을 확보할 수 있을 것인가.

# 몸과 경계, 안과 밖의 마주침 혹은 뒤섞임

## 경계로서의 몸

신화시대부터 인간은 수많은 변신을 상상하고는 했다. 그 변신 이야기들 속에서 몸은 때로는 신과 인간, 때로는 동물·식물·자연의 경계를 넘나들었다. 그러한 몸은 우리가 세상과 만나는 관문이자 통로이며, 자아와 타자, 개인과 집단의 만남이 이루어지는 경계다.

몸은 아주 오랫동안 그 자체로 인식되기보다는 언제나 다른 것과 대비되어 경계가 지어져왔다. 그런 경계 속에서 몸은 이성이나 영혼, 정신에 비해 덜 중요하며 하위에 속한 것으로 인식되었다. 그렇게 인식된 데는 형이상학적 사유가 크게 작용했다. 서구 정신사는 플라톤에서 데카르트에 이르기까지 모든 것을 이분법적으로 나누어 생각했다.

영혼은 육체의 반대항, 이성은 감성의 반대항, 주체는 객체의 반대항으로 구분되어 사유되었다. 이러한 이분법 항들에서는 이성을 감성보다 중요하게 여겼으며, 영혼이 육체보다 더 가치 있고 주체가 객체에 우선하는 것으로 받아들여졌다. 이것과 저것, 안과 밖, 우선적인 것과 하위의 것을 나누는 경계로 인식된 몸은 몸만으로 존재하지 못했다. 이데올로기, 문화, 시대정신에 따라 너무나 오랜 세월 동안 몸 아닌 다른 것과 경계지어왔다.

중세에 몸은 종교에 억눌려 억압 대상이 되었다. 〈장미의 이름〉은 종교와 정신적인 것에 억눌린 몸을 주제로 다룬 영화다. 근대에 들어 과학이 발달하면서 몸은 과학의 합리적 관찰 대상이 된다. 한편 18세기 계몽주의 시대에 이르러 몸은 영혼과 분리되어 기계적이고 동물적인 것으로 간주된다. 인간은 동물과는 달리 생각하는 영혼을 가지고 있는 반면, 영혼을

# 몸은 온전히 몸만으로 존재해왔을까?

제외한 몸은 기계적이고 동물적인 것으로 인식되었다. 그리고 이러한 기계적 경계를 가진 인간에 대한 인식으로부터 자동인형, 자동기계장치, 프랑켄슈타인과 같이 영혼으로부터 분리된 기계적 몸을 탄생시키는 상상력이 분출되었다.

근대까지 이성이나 의식에 억압되어온 몸은 현대에 들어 인간성을 회복하는 일에서 결정적 역할을 한다. 특히 예술 분야에서 몸은 경계가 해체되며 자유를 향한 상상력이 분출되는 장소가 된다. 프랑스의 시인 폴 발레리는 예술가들은 먼저 자신의 몸을 바친다고 했는데, 그의 말처럼 몸은 예술가들에게 가장 중요한 상상력의 표현체로 작용한다. 20세기 초 아방가르드 예술가들은 기계에 열광했고, 몸과 기계의 합일을 꿈꿨다. 마리네티를 비롯한 미래주의 예술가들은 미래 인간을 니체가 말하는 '초인'처럼 인간의 경계를 초월하는 '초인적인 인간'일 것이라고 상상했다. 그들은 인간의 육체적인 한계가 기계로 보충된, 기계와 인간이 혼합된 미래 인간을 상상했다. 기계는 새로운 과학적 진리와 상통하는 것이었으며, 인간 몸의 한계를 극복시켜줄 수 있는 것이었다.

산업혁명으로 기계 사용이 일상화되면서 기계는 몸에 지대한 영향을 끼쳤고, 몸은 기계의 연장, 기계 부품으로 인식되기 시작했다. 이후 과학기술의 발달은 몸과 기계의 경계를 혼합시키는 역할을 한다. 엑스선, 현미경 같은 시각기계의 발달로 몸속을 들여다볼 수 있게 되자 인간과 기계, 정신적인 것과 물질적인 것 사이의 경계가 뒤섞이기 시작한 것이다. 이 과정에서 베를린 다다, 미래파, 그리고 바우하우스는 '기계인간'을 표방하며 몸 안과 밖의 경계, 인간과 기계의 경계들을 혼합하는 양상을 보였다.

20세기 후반 냉전 이데올로기는 종식되고 서구의 형이상학적 이분법 역시 변화하기 시작했다. 이와 함께 몸은 이원론으로 억압되고 지배되어온 다른 항들, 즉 여성, 감성, 타자, 욕망, 무의식, 동양, 생태 등과 관련되면서 그 중요성이 부각되기에 이르렀다. 오늘날의 몸은 경계들이 해체되는 대상이자 장소다. 그런데 흥미롭게도 몸과 상상력은 같은 운명의 노선을 걸어왔다. 몸이 이분법적 경계에서 소외당했던 것처럼 상상력 역시 합리주의, 과학만능주의, 유물론적 경향 때문에 경계선 밖에서 소외되었던 것이다.

## 자웅동성, 인간의 세 종류

성의 경계에 대한 상상을 플라톤에서부터 시작해보자. 플라톤의 《향연》에서 아리스토파네스는 인간의 성에 관한 이야기를 들려준다. 이 이야기는 신화 못지않게 환상적이고 상상적이다. 아리스토파네스는 인간이 원래 남성과 여성 그리고 남성과 여성이 공존하는 자웅동성, 이렇게 세 종류로 나뉘었었다는 사실을 들려준다. 이 자웅동성은 먼 옛날에는 하나의 독립된 종으로서 남성과 여성의 특징을 모두 가지고 있었다. 따라서 이 종은 네 개의 손, 네 개의 다리, 그리고 머리에는 똑같은 두 개의 얼굴이 반대로 놓여 있고 귀도 네 개, 수치스러운 부분도 두 개를 가지고 있다.

인간이 이렇게 세 종으로 나뉜 이유는 우주의 운행과 관련되었다. 남성은 태양의 자식이고 여성은 지구의 자식이며 이 세 번째 종은 남성과 여성의 성질을 모두 지닌 달의 자식이라는 것이다. 달은 두 행성에 모두 관여하기 때문이다. 그런데 문제는 이 세 번째 종이 각각 나누어진 성보다 힘과 능력 면에서 월등해 신들을 대적할 정도였다는 것이다. 이에 제우스를 비롯한 여러 신은 이 제3의 종을 어떻게 해야 할지 고민에 빠지게 된다. 멸종시키는 게 가장 빠른 방식이겠지만, 인간들이 바치는 제사와 곡물 때문에 이들을 완전히 멸종시킬 수도 없었다. 결국 신들은 양성을 모두 지닌 인간을 두 성으로 나누어 힘을 약화시키기로 했다. 그리고 만약 그래도 인간이 불손하게 굴고 신들에게 저항할 경우, 그 반을 다시 둘로 나누어 인간을 반 토막 내겠다고 다짐했다. 이러한 결정에 따라 제우스는 마치 말총으로 달걀을 자르는 것처럼 인간을 둘로 나누었고 아폴론에게 명해 반으로 나뉜 얼굴과 목의 반쪽을 잘려나간 쪽으로 돌려놓도록 명령한다. 그리하여 아폴론은 사람의 얼굴을 돌려놓고 오늘날 우리의 몸처럼 배와 가슴, 얼굴이 한쪽을 보도록 배치시킨다.

아폴론의 작업에서 한 가지 주목할 만한 것은 인간의 배 부분에 배꼽을 만들어 인간들이 예전의 자기 상태에 대한 기억을 가질 수 있도록 한 것이다. 이 이야기에 따르면 남성과 여성을 함께 가졌던 인간의 본래 상태가 둘로 나뉘었기 때문에 그렇게 분리된 각각의 몸은 자신의 또 다른 반쪽을 갈망하면서 합일을 원하는 운명을 갖게 되었다고 한다. 이렇게 남자와 여자는 서로 상대방을 껴안고 한몸이 되기를 원하고, 사랑의 행위를 통해 아이를 낳아 종의 재생산이 일어나게 되었다.

서구 지성사 2000년을 지배해온 희랍 철학자들 대화의 장인 《향연》에서 왜 이토록 황당무계한 상상을 펼치는 것일까? 그것도 인간의 본성을 논하는 심각한 자리에서! 먼저 생각해볼 수 있는 것은, 우선 인간의 원래 상태는 남성과 여성이 한몸인 자웅동성이라는 것, 이 자웅동성이 나누어진 성보다는 완벽한 성이라는 것, 그리고 분리된 몸 때문에 잃어버린 반쪽을 그리워할 수밖에 없는 운명에 처했다는 것. 반면 이런 것도 추론해볼 수 있다. 바로 나누어지고 약해진 운명 때문에 역설적으로 '에로스'가 생겨나고 그로 인해 인류가 지속되어왔다는 것이다. 동시에 이와 같은 황당한 상상은 희랍 철학자들이 인간 본성에 대한 사유를 몸을 통해 자유롭게 펼쳤다는 것을 말해준다. 그들은 몸을 고정된 것으로 사유하지 않고 오히려 상상을 통해 풍부한 가능성으로 사유했다.

## 트 랜 스 젠 더 ,   성 의   변 신

얼마 전부터 우리나라에서도 트랜스젠더가 언론과 세간의 이목을 끌었다. 어느 아름다운 여성 못지않은 미모와 자태를 가진 하리수와 최한빛은 성에 대한 우리의 고정관념을 넘어서게 하고 있다. 신화나 설화 속에서 상상되었던 성의 변신이 현실 속에서 실현되고 있는 것이다. 인류는 신화시대부터 성의 경계를 풀어헤치고 넘나드는 상상을 해왔다. 오비디우스의 《변신 이야기》에서는 몸의 변신과 함께 성의 경계를 넘나드는 수많은 상상의 이야기들이 펼쳐진다. 흥미로운 것은 오래전 상상 속 이야기들이 오늘날 성문화의 단면들을 그대로 담고 있다는 것이다. 동성애, 트랜스젠더, 양성, 성차별 등 오늘날 사회적으로 논란이 되는 성문화의 단면들이 고대에도 똑같이 벌어지고 있었던 것 같다.

# 인간의 성(性)은 두 개뿐일까?
## 성에 대한 인간의 상상은 어디까지일까?

성차별은 동서고금을 막론한 사회적 문제 중 하나다. 중국에서는 한때 산아정책 때문에 대를 이을 수 있는 아들이 아닌 딸이 나오면 죽였다고 한다. 그런데 사실 고대에도 상황은 비슷했다. 옛날 크레타 섬에 형편이 넉넉지 않았던 부부 릭도스와 텔레투사가 살고 있었다.  딸을 키우기에는 집안 형편이 안 된다고 생각한 남편 릭도스는 텔레투사에게 딸을 낳으면 죽일 것이라고 말한다. 만삭이 된 텔레투사는 아들을 낳기를 간절히 바라며 이노 여신에게 기도한다. 그러던 어느 날 밤 텔레투사의 꿈에 풍요의 여신 이노가 나타나 딸이건 아들이건 간에 아이를 끝까지 키우라고 한다.

결국 텔레투사는 딸을 낳고, 차마 죽일 수가 없어 남편 몰래 딸 이피스를 남장시켜 성장시킨다. 어느덧 이피스가 장가갈 나이에 이르자 아버지 릭도스는 이피스를 마을 소녀 이안테와 결혼시키기로 결정한다. 하지만 여자와 여자가 결혼할 수는 없는 노릇이었다. 다급해진 텔레투사는 이피스를 데리고 이노 여신 사원으로 가 열심히 기도드린다. 그러자 이피스는 점점 근육이 부풀어오르고 피부가 바뀌면서 남자가 되었고, 예정대로 결혼하는 것으로 이야기는 끝난다.

이 이야기의 핵심은 여신의 신비로운 힘이 행한 성전환 수술이다. 이피스는 말하자면 현대의 트랜스젠더인 셈이다. 그들은 자신의 원래 성의 신체적 특징을 간직한 채 변장해 살아간다. 이들이 신체 때문에 가장 큰 갈등을 겪을 때는 사랑에 빠졌을 때일 것이다. 많은 트랜스젠더들은 이즈음에서 성전환 수술을 결심하게 된다. 오늘날 성전환 수술이 이루어지는 수술실은 바로 이노 여신의 사원이다.

《변신 이야기》에는 또 다른 트랜스젠더 카이네오스 이야기가 나온다. 이번에도 여성이 남성이 된 경우다. 여성이 남성이 된 경우는 여성이 남성이 됨으로써 여성으로서 받던 억압에서 해방되는 이야기 형태를 보인다. 앞의 이피스 경우도 남자로 변장하면서 여자였으면 당했을 죽음을 면할수 있었고 카이네오스 역시 여자에서 남자로 변하면서 자유로워질 수 있었다. 카이네오스가 여자였을 때의 이름은 카이니스로, 그녀는 소문난 미녀였다. 그러나 '미녀는 괴로워'라는 말처럼 그녀는 수많은 구혼자들한테시달리며 지칠 대로 지쳤고, 심지어 그녀가 해변을 거닐고 있을 때 바다의신 넵투누스마저 그녀에게 반해 품에 안을 정도로 남자들은 그녀를 귀찮게 굴었다. 결국 그녀는 자연스럽게 차라리 남자가 되었으면 좋겠다는 생각을 하게 된다. 카이니스는 간절한 마음을 담아 자신을 안은 넵투누스에게 남자가 되게 해달라고 기도하고, 넵투누스는 그녀의 소원을 들어준다. 더불어 어떤 무기에도 상처받지 않는 초능력을 선물해준다. 넵투누스의성전환 수술 덕분에 카이니스는 카이네오스가 되어 방방곡곡을 떠돌며무장으로 이름을 날렸다고 한다. 그리하여 그녀는 여자였다면 절대 누리지 못했을 자유와 모험을 만끽할 수 있게 된 것이다.

이피스와 카이네오스 경우에서 보았듯이 다른 성이 되고 싶은 욕구는불경하고 부자연스러운 것이 아니었다. 피치 못할 상황에 내몰려 간절한염원을 가지게 되고 그 염원은 인간을 창조한 신에 의해 현실로 실현되었다. 신이 인간을 남성과 여성이라는 경계로 나눠놓았지만 그 경계는 영구불변의 것이 아닐지도 모른다. 누구나 자신 안에 다른 성을 품고 있고 그것을 향한 욕망을 경험하고 있지 않은가.

이제 좀 더 발칙한 이야기를 들어보자. 테이레시아스 이야기는 에로스 관점에서 인간 안에 남성과 여성의 욕망이 모두 있음을 보여준다. 어느 날 제우스와 헤라는 남자와 여자가 사랑을 나눌 때 누가 더 재미를 볼까에 대해 토론을 벌인다. 그들은 남자와 여자, 두 성을 모두 경험해본 인간 테이레시아스를 찾아간다. 테이레시아스는 본래 남자였는데, 어느 날 길가에서 사랑을 나누는 암수 뱀 한 쌍을 보고 지팡이로 때리자 갑자기 여자가 되어버린다. 사랑을 나누는 뱀들 중 한 마리를 때리면 그 뱀의 성으로 변하게 되는 것이었다. 그는 그렇게 여자가 되어 7년을 살았다. 그러던 어느 날 그는 다시 사랑을 나누는 뱀 한 쌍을 보게 되고, '이때다' 하며 수컷 뱀을 쳤다. 그리고 다시 남자가 된다.

한 사람의 일생에 일정 기간은 여자로 또 어떤 기간은 남자로 살아간다는 이 이야기는 과연 현실에서는 일어날 수 없는 황당무계한 상상에 불과한 것일까? 흔히 나이가 들면 성호르몬의 변화 때문에 여성은 남성화되고 남성은 여성화된다고 한다. 테이레시아스 이야기는 우리가 겪고 있는 이러한 현상을 말하는 것은 아닐까? 우리는 모두 남성적 욕망과 여성적 욕망의 경계 사이를 오가는 테이레시아스일지도 모른다.

사실상 양성에 대한 사회적 차별과 편견은 늘 존재해왔다. 선천적 기형으로 인한 양성을 가리키는 '어지자지' 혹은 '남녀추니'는 언어 자체에 벌써 차별적이고 부정적인 뉘앙스가 들어 있다. 《변신 이야기》에서는 후천적으로 양성을 가지게 된 '헤르마프로디테'의 사랑이야기를 전한다. 전령의 신 헤르메스와 미의 여신 아프로디테 사이에는 헤르마프로디토스라는 아들이 있었는데, 물의 요정 살마키스가 그에게 반해 쫓아다녔다고 한다. 그러던 어느 날 헤르마프로디토스가 목욕을 위해 호수에 들어가자 살마키스는 몰래 따라들어가 헤르마프로디토스를 덥석 안았다. 헤르마프로디토스는 완강히 저항했지만 살마키스는 놓아주지 않았다. 그녀는 신들에게 헤르마프로디토스를 너무 사랑하니 그와 한몸이 되게 해달라고 기도하고, 신들은 이 물의 요정 소원을 들어준다. 이렇게 살마키스와 헤르마프로디토스는 한몸이 되어 자웅동체 '헤르마프로디테'가 되었다.

사랑으로 한몸이 된 이들은 서로의 부족한 면을 보완해주었고, 이에 따라 헤르마프로디테는 고대 조각에서 종종 유방이 달린 남성이나 남성의 성기가 달린 여성의 형태로 묘사된다. 살마키스는 헤르마프로디토스에게 결핍된 유방을 보완해주었고 헤르마프로디토스는 살마키스에게 결핍된 페니스를 보완해준 것이다. 자웅동체는 연금술에서도 '작업(opus)'의 궁극적인 목표가 된다. 연금술사들은 모든 물질의 근본이 되는 원초적 물질의 실체는 남성적인 것과 여성적인 것이 합해진 하나라고 한다. 이 실체는 남성적–정신적 양상과 여성적–육체적 양상이 분화된 형태이면서도 동등하게 공존하는 상태다.

## 남 자 , 또 는 , 그 리 고  여 자

먼 옛날에 자웅동성을 상상했던 것처럼, SF 판타지 소설에서도 인간의 성에 대한 경계를 자유롭게 상상한다. 미국 작가 어슐러 르 귄은 남성과 여

# 왜 인간은 시간을 발명했을까?

성이라는 생물학적 성 경계에 대해 도전장을 내민다. 1969년 발표한 《어둠의 왼손》은 양성인이 사는 행성 '게센'을 무대로, 이 행성에 주인공 '겐리 아이'가 우주연합 가입을 권하기 위해 도착하면서 겪게 되는 의식의 변화를 다룬다. '게센' 종족은 평소에는 양성적 성향이 모두 존재하다가 1년에 두 달 동안 지속되는 '케머 발정기'가 되면 남성이나 여성 중 한쪽이 발현하게 된다. 즉 이 종족에게는 성이 미리 결정된 것이 아니라 누구나 양쪽 성 모두로 변화할 수 있고, 그 성은 고정되지 않고 계속 바뀔 수 있다. 현생 인류가 가지고 있는 성의 고정적 경계가 이들에게는 사라진 것이다.

성의 이분법적 구분에 익숙한 '겐리 아이'는 '게센' 족을 남녀로 구분할 수 없는 것에 불편함을 느끼고 나름대로의 분류법에 따라 남자와 여자로 나누기도 하지만, 결국 그러한 구분이 무의미하다는 것을 깨닫는다. 휴고 상과 네뷸러 상을 휩쓴 이 소설은 마치 성의 경계에 대한 실험과도 같다. 그녀는 말한다. "SF는 현실을 다시 한 번 곱씹어보는 일종의 사고실험"이라고. 그리고 SF소설의 상상들이 반드시 현실과 유리된 쓸모없는 것이 아닌 과학기술의 앞날을 내다보는 성찰일 수 있다는 점을 주장한다. 그녀에게 "진리란 상상이다". 상상과 현실, 소설과 과학은 빛과 어둠의 양면적 특성을 가진다. 다음은 《어둠의 왼손》 한 대목이다.

"빛은 어둠의 왼손, 그리고 어둠은 빛의 오른손. 둘은 하나. 삶과 죽음은 케머 연인처럼 함께 누워 있다. 마치 잡은 두 손처럼. 목적과 과정처럼."

또한 영국의 대표적 작가 버지니아 울프의 《올란도》는 성에 대한 흥미로운 상상력을 보여준다. 소설 《올란도》는 올란도라는 인물에 대한 자서

전 형태의 소설이다. 16세의 올란도는 아름다운 외모를 가진 귀족 소년으로 여왕의 사랑을 독차지하며 사교계의 중심에 자리한다. 그런 그는 엘리자베스 1세로부터 죽지도 말고 시들지도 말라는 축복을 받는데, 이런 축복 때문인지 400년을 살게 된다. 이 400년의 삶 동안 올란도는 사랑과 문학, 모험 속에서 때로는 여성으로 때로는 남성으로 두 성의 경계를 넘나든다. 그리고 나이도 어느 때는 젊은 20대로, 또 때로는 300년을 산 노인으로도 등장한다. 18세기에 정치계에 뛰어든 올란도는 터키에 영국대사로 나간다. 하지만 터키에서 반제국주의 운동이 일어나 전쟁의 공포를 피하기 위해 깊은 잠에 빠져들고, 잠에서 깨어난 그는 여성으로 변한 자신을 발견한다. 소설은 올란도가 아들을 분만한 후 독신 여성의 삶을 살아가는 1928년 3월 20일 목요일에 멈춘다.

이 소설의 가장 큰 매력은 우리가 파기할 수 없다고 생각하는 모든 경계들을 자유롭게 상상한다는 것이다. 현실 속에 갇혀 있던 성에 대한 경계, 시간에 대한 경계, 자아에 대한 경계가 소설 속 상상에서는 흥미를 창조하는 좋은 모티브가 된다. 올란도라는 인물의 전기에서 성이나 자아는 하나가 아니다. 한 인물의 삶을 정의하는 대표적 정체성 자체가 의미가 없다. 올란도는 오히려 수많은 자아의 가능성, 아니 정확하게는 자아에 대한 상상으로 살아가는 존재다. 400년이라는 시간 여행에서 올란도는 자신의 수많은 분신들에 대한 사색을 한다. 그것은 그녀/그가 독백을 하는 순간에도 끊임없이 나타나 개입하며 2000개 이상의 자아의 분신들이 서로 표면 위로 나타나기 위해 몸부림친다. 자동차로 모퉁이를 돌 때마다 다른 풍경이 나타나듯 올란도의 상상의 모퉁이마다 제각기 다른 분신들이 나타난다. 올란도는 운전을 하는 것만큼이나 빠르게 자신의 자아를 바꾼다. 이런 다양한 자아와 분신은 올란도의 이름에 수수께끼처럼 숨어 있다. 'Orlando' 속에 있는 Or와 And는 남성 또는 여성, 남성 그리고 여성이라는 올란도의 성-경계의 문제를 가시적으로 보여준다.

버지니아 울프는 올란도의 삶을 통해 우리가 스스로를 경계짓고 있는 성 안에 다른 성이 있을 수 있다는 것을 보여준다. 이런 상상력에는 울프 자신의 자전적 경험이 작용하는데, 사실 올란도는 1925년에서 1929년까지 울프와 깊은 애정을 나누었던 비타 색빌 웨스트라는 한 귀족 여성을 모델로 하고 있다. 이 소설은 울프가 1922년 웨스트와의 운명적 만남 이후 1928년 그녀에게 바친 헌정 소설이다. 예민하고 내성적인 울프에 비해 비타 색빌 웨스트는 육감적이고 활동적이며 강한 여성이었다. 그런 그녀에게 울프는 강한 호기심과 호감을 넘어 사랑의 감정까지 느끼게 된다. 울프는 자신 안에 내재된 남성성과 여성성 사이를 오가며 올란도라는 인물을 상상해냈던 것이다.

흔히 우리는 자신이 남성 혹은 여성이며 그 반대 성에 대한 것은 어떠한 부분도 가지고 있지 않을 것이라 생각한다. 하지만 아리스토파네스의 말처럼 잃어버린 자신의 반쪽은 우리의 몸과 의식 안에 숨어 있는지도 모른다. 《올란도》를 통해서 버지니아 울프는 자기 안에 잠자고 있던 남성을 드러내 보였다. 어쩌면 우리는 성의 경계가 없는, 우리 안에 남성과 여성을 모두 가진, 그저 인간일지 모른다.

한국영화사상 최다 관객을 동원한 〈왕의 남자〉의 흥행 요소 중 하나는 남자인지 여자인지 구분이 안 가는 '공길'이라는 캐릭터였다. 공길은 놀음을 할 때도 각시탈을 쓰고 여성 역할을 하며 왕의 애인이 되기도 한다. 실제로 이 캐릭터를 연기한 배우는 끊임없이 자신은 여자라는 상상 트레이닝을 했다고도 한다.

공길이 등장하자 연산군은 그에게 빠져들며 여성 애인인 장녹수를 멀리한다. 장녹수는 시대를 호령한 절색의 기생이었다. 이런 여성을 놔두고 왜

---

**에르퀼린 바르뱅**

신화시대로부터 근대의 문학작품, 영화, SF 소설에 이르기까지 꾸준히 상상되어온 인간의 자웅동성, 양성구유자(헤르마프로디테)는 진화의 돌연변이인가, 아니면 인간의 내재된 본능인가. 진정한 성이란 무엇일까? 프랑스의 철학자 미셸 푸코는 이 문제를 에르퀼린 바르뱅이라는 양성구유자를 통해 성의 문제에 접근한다. 푸코는 근본적으로 인간의 섹슈얼리티, 성, 몸이 근대 이후 정치권력과 사회제도에 억압되어왔다는 주장을 편다. 양성구유자의 문제 역시 수세기 동안 두 개의 성이 가능하다는 합의가 있었는데, 근대국가의 행정적 통제로 인해 한 몸속에 두 개의 성이 혼재한다는 것을 거부하게 되었다는 것이다. 한 예로 중세에는 남성적 특성과 여성적 특성을 동시에 지닌 양성구유자를 관행에 따라 받아들였다고 하는데, 이 관행에 따르면 양성구유자들은 법적으로 성인이 될 때 양성 중 어느 쪽을 택할 것인지를 선택할 수 있도록 했다는 것이다. 적어도 그들 속에 양성 모두가 존재한다는 것 자체는 인정했던 것이라고 볼 수 있다.

에르퀼린 바르뱅은 1838년 프랑스 서해안의 라로쉘에서 여자아이로 태어난다. 그녀는 소녀시절 수녀원으로 들어가지만 성장하면서 다른 여자아이들과 다른 자신의 몸으로 고민한다. 그녀는 일기장에 다음과 같이 토로한다. "나는 열일곱 살이 되었다…… 여자의 모든 우아함이 꽃피는 그 나이에 나는 자유롭고 편안한 자세가 나오지 않았고, 젊음이 활짝 꽃핀 균형 잡힌 몸매도 갖지 못했다…… 내 모습에는 어딘지 모르게 딱딱한 구석이 있었고, 그것은 누구나 눈치 챌 수 있었다. 윗입술과 뺨 일부에는 솜털이 듬성듬성 났고, 그것은 날이 갈수록 더 많이 났다."

이후 에르퀼린은 의사에게 검사를 받게 되고, 그녀가 남자라는 사실과 성행위가 가능하다는 사실도 알게 된다. 그녀는 아벨이라는 새로운 남성신분으로 파리로 가서 새 삶을 살지만, 결국 제도권 안의 사회에 적응하지 못한 채 석탄난로에서 나오는 가스를 마시고 자살하고 만다.

연산군은 공길에게 빠졌던 것일까? 연산군은 일찍이 어머니를 여의고 모성애 결핍을 강하게 느끼는 사람이었다. 그는 이런 모성애를 여성인 장녹수가 아닌 남자의 몸 공길에게서 찾는다. 영화는 모성애라는 여성 전유물의 경계를 풀고 그것을 남성 캐릭터에 심는다. 영화에서 장녹수는 자신의 여성적 신체를 이용해 어미처럼 연산군을 애같이 다룬다. 하지만 장녹수의 내면은 차디찬 전략가이자 질투의 화신이었다. 연산군은 따라서 어미를 상징하는 젖가슴은 없지만 자신에게 측은지심을 느끼고 따뜻하게 감싸 준 공길에게서 진정한 모성애를 찾게 된다. 그리고 수많은 관객들 또한 이런 남성과 여성이 공존하는, 경계 없는 공길에게서 똑같이 매력을 느꼈다.

또 다른 한국영화 〈쌍화점〉에서는 성의 경계에 번뇌하며 슬프게 파멸하는 인물들이 등장한다. 여성들의 개입 없이 태어나서부터 쭉 같이 자란 고려왕과 호위무사 호림은 어떻게 보면 당연하게 연인 관계가 된다. 남성-동성애자로 경계지어진 이들의 사랑은 은밀하며 궁중의 깊은 구석에서 벌어진다. 고려왕은 원의 간섭에서 벗어나기 위해 후사를 봐야 했지만 관심조차 안 가는 왕비와 합궁할 수 없었기에 호림에게 대신 왕비와 합궁할 것을 명한다. 그런데 호림은 왕후와의 사랑을 통해 처음 남성과 여성 사이에 발생하는 애욕을 느끼게 되고 점점 이것에 빠져든다. 호림은 결국 고려왕을 죽이겠다는 음모까지 세우게 되고 그에게 다가간다. 고려왕은 영화의 마지막 부분에서 호림에게 자신을 한번이라도 사랑한 적이 있었냐며 슬프게 묻는다. 이처럼 남성과 여성, 동성애와 이성애라는 경계의 충돌 속에 고려왕, 호림, 왕후는 모두 슬프게 파멸한다.

## 양 성 의 뒤 샹 , 로 즈 셀 라 비

마르셀 뒤샹은 20세기 현대예술의 대표적 거장 중 한 사람이다. 뒤샹만큼 많은 논란과 다양한 해석의 대상이 된 예술가도 드물다. 뒤샹은 19세기 전통예술이 전환점을 맞던 20세기 초 미국 공중화장실 어디에서나 볼 수 있는 변기를 〈샘〉이라는 작품으로 내놓거나, 레오나르도 다 빈치의 〈모나리자의 미소〉를 패러디해 모나리자 얼굴에 콧수염과 턱수염을 그려넣기도 하며 예술에 과감한 전위적 실험들을 한다. 그의 이러한 실험적 도전들은 예술 개념 자체에 대한 도전이었다.

그런데 이러한 뒤샹의 작품과 행동들이 수많은 논란을 불러일으켰다는 것은 과연 무엇을 의미하는가? 그것은 그가 전통적 예술에서는 생각할 수 없었던 상상력을 실천했다는 것을 의미하며, 아울러 전통적 예술에서는 상상력의 허용범위를 매우 제한시켰다는 것을 입증하는 것이기도 하다. 그가 등장하기 이전, 가장 상상적이어야 하는 예술이 사실은 매우 권위적이고 전통적이었다는 것이다. 이처럼 과학기술과 기계문명의 발달로 새로운 시대를 맞은 20세기 초 예술분야에서 아방가르드 즉 전위적 실험들이 나오게 된 것은 당연한 귀결이었다. 가장 일상적인 것이 예술이 될 수 있고, 비예술적인 기성제품이 예술 대상이 될 수 있으며, 실제 현실에서는 전혀 찾아볼 수 없는 추상적인 것이 하나의 스토리를 가진 작품이 될 수 있다는 것을 뒤샹은 보여주었다. 그는 예술에서 상상력을 마음껏 발휘하고, 그런 상상력이 예술이 될 수 있음을 보여준 상상적인 작가였다.

뒤샹에게서 또 한 가지 흥미로운 사실은 그가 성에 있어서도 매우 상상적인 면모를 보여주었다는 것이다. 그는 1920년에서 1921년 사이 자신의 또 다른 자아 로즈 셀라비(Rose Selavy)를 만들어 활동한다. 이렇게 그는 예술가로서 다중의 정체성을 가지고 예술영역을 확대해나갔다.

자신이 아닌 다른 성으로 전환해 새로운 정체성을 가지게 된 로즈 셀라비는 오비디우스의 신화 속 트랜스젠더에 대한 상상적 이야기를 떠올리게 한다. 여장 남자인 로즈 셀라비는 당시 시대적 분위기 속에서 상상된 것이었다. 20세기 초에는 남장 여자, 여장 남자가 유행이었다. 그것은 산업 발달로 여성의 지위와 전통사회의 성 개념이 변화하면서 나타난 현상이었다. 여성은 더 이상 남성에게 거세되고 억압받는 유약한 여성성을 드러내지 않았고, 대신 바지를 입고 중절모를 쓰고 중성적이면서도 관능적인 이미지로 그려졌다. 20세기 초 여성은 산업사회의 생산적인 기계와 결부되어 남성을 성적 매력으로 제압하는 힘을 가진 팜므파탈로 그려졌는데, 이러한 팜므파탈 이미지에는 남성과 여성의 정체성이 혼합되어 있었다. 여성은 남성적 힘을 가지고 유혹했으며, 남성은 전통적 남성성 대신 여성의 강한 유혹적 힘으로 완성되는 존재였다.

그런데 뒤샹은 왜 하필 여장을 하고서 자신의 성으로부터 벗어나 양성이 혼합된 정체성을 가지기를 원했던 것일까? 이 답에 대한 열쇠는 연금술에서 구할 수 있다. 뒤샹은 당시 연금술에 상당한 흥미를 가지고 연금술이 꿈꾼 양성의 존재에 대해 상상했다. 뒤샹의 로즈 셀라비는 연금술적 인물로서 남녀 양성이 결합된 새로운 영생의 인간이었다.

뒤샹의 연금술적 상상력이 잘 나타난 작품이 〈그녀의 독신남들에게 발가벗겨진 신부, 조차도〉다. 제목부터 심상치 않다. 1915년에서 1923년 사이 제작된 일명 〈큰 유리〉라고도 불리는 이 작품은 뒤샹의 가장 대표적인 작품으로서, 예술사에서 이 작품만큼 많은 논란과 비평의 대상이 된 것도 드물다. 얼핏 보아서는 어디에 신부가 있고, 독신남들이 있으며, 무엇이 과연 신부와 독신남들 사이의 욕망을 나타내는지 전혀 짐작이 가지 않는다. 하지만 그림 곳곳에 연금술적 상상력의 흔적들이 산재해 있다. 그 코드들을 따라가다 보면 우리는 뒤샹의 상상력 속 신부와 독신남들의 욕망의 흔적들을 읽을 수 있다. 뒤샹과 함께 현대회화 이미지는 바야흐로 현실적인 연계성이나 합리적 설명 없이 자유로운 상상력의 날개를 달게 된다. 상상해보라! 각종 수학적 기호와 주물, 기계장치들이 어떻게 신부와 독신남의 몸이 되는가를!

이 작품은 원래 가로 189센티, 세로 283센티의 대형 유리 두 장이 포개져 있고, 포개진 두 개 유리 사이에 여러 개의 그림들이 들어 있는 것이다. 이 작품은 운반 도중 유리가 깨지는 대형사고를 겪는데, 뒤샹은 이 사고 역시 작품을 구성하는 요소라고 하며 깨진 유리의 균열도 작품의 중요한 일부로 삼는다. 뒤샹은 자신의 작품에 대한 설명을 메모 형식으로 써서 《녹색 상자》와 《흰색 상자》로 출간했다. 이 메모들에서 뒤샹은 자신의 작품 속에 현대과학과 테크놀로지, 물리학, 기하학, 수학의 영향들이 모두 녹아 있다고 설명한다. 하지만 그 모든 것들은 상상력이라는 필터를 거치게 된다. 그 결과 현대과학과 기하학은 남녀 성행위의 알레고리를 제공한다.

이 그림은 윗부분과 아랫부분으로 나뉘어 있다. 위는 신부의 영역, 아

그림 30 마르셀 뒤샹, **그녀의 독신남들에게 발가벗겨진 신부, 조차도**, 1915~23, 기계적 상징들이 남자와 여자의 이미지를 대체한다.

래는 구혼자의 영역을 가리키고, 가운데에는 세 개 수평선이 이 두 부분을 나누고 있다. 독신남들은 아랫부분 왼쪽에 '아홉 개의 수컷 주형'으로 묘사되어 있다. 이들은 아홉 가지 유형의 남자들 즉 사제, 백화점 배달원, 헌병, 흉갑기병, 경 찰, 장의사 일꾼, 하인, 커피 감식가, 역장 등으로 남성세계를 상징하는 유니폼과 제복을 입은 자들이다. 이들은 모두 신부를 향한 욕망으로 부풀어 있다. 아홉 개의 주물로 된 남성 이미지에 비해 신부 이미지는 아주 모호한 형태를 띠고 있다. 신부는 일종의 은하수 같은 희뿌연 연기로 묘사되어 있다. 그것은 마치 엑스선으로 투시된 이미지와도 같아서, 신부 모습은 가시적으로 명시된 존재가 아닌 모호하고 상상적인 특성을 나타낸다.

이 작품에 대해서는 수많은 버전의 설명과 해석이 가능한데, 그 상상적 해석의 가능성들 중 연금술이라는 코드로 살펴보자. 연금술은 한마디로 일반 금속을 금으로 변환시키는 기술이다. 즉 평범한 금속을 여러 과정을 거쳐 가장 가치 있는 물질로 전환시키는 것인데, 이 물질은 물질적인 것에 그치지 않고 정신적인 가치를 함께 지니며 영생불사를 상징한다. 그런데 금으로 변환시키는 과정에 중요하게 작용하는 것이 서로 이질적인 것을 융합하는 것이다. 유황과 수은이 결합해 새로운 금이라는 불멸의 금을 만들어낸다. 이때 유황은 태양으로 상징되는 능동적인 원리로서 남성이고,

수은은 달로 상징되는 수동적 원리인 여성이다. 이 상반된 남성 유황과 여성 수은이 자궁모양의 용기 속에서 결합해 레비스(Rebis)라는 물질을 만든다. 레비스는 자웅동체로서, 연금술이 동경하는 영생불멸을 상징한다. 이렇듯 연금술의 이상향은 남성과 여성에 내재하는 이성의 원리를 결합해 분리된 성질을 통합, 재구성함으로써 태초의 합일상태로 회귀하는 것이었다. 뒤샹의 신부와 독신남의 욕망은 바로 이러한 레비스라는 자웅동체를 향하고 있다. 하단의 독신남 영역에 있는 깔데기 모양의 증류기, 중앙의 초콜릿 분쇄기, 물레방아는 자웅동체를 생산해내는 연금술적 용기들을 상징한다.

# 몸의 연금술, 경계 없는 몸을 창조해내다

## 초현실주의와 몸

예술사에서 초현실주의만큼 넓은 장르에 걸쳐서 그리고 전 세계적으로 영향력을 행세한 유파도 드물다. 초현실주의는 현실 너머를 상상하는 것 이었는데, 그것은 현실을 부정하는 것이 아니라 현실에 상상력의 힘을 부여하는 것이었다. 이를 위해 초현실주의 작가들은 작품을 창작하는 데 무의식과 자동기법을 도입했다. 이것은 무엇을 의미하는 것인가. 그것은 예술이 자유로운 상상력 대신 오히려 전통적인 기법이나 작가 자신의 의도를 지나치게 개입시키는 것에 대한 거부였다. 초현실주의자들의 회화작품이나 소설, 시를 보면 기존 예술창작 개념과는 확연하게 다르다. 자유로운 연상 작용이나 우연성을 창작 원칙으로 삼기 때문에 전후 맥락을 이해하기 힘들거나 작가 의도를 알아내기가 힘들 때가 많다. 프랑스 초현실주의자들이 칭송한 선배들 중 19세기의 로트레아몽이 있었는데, 그의 유명한 문구 "해부대 위의 재봉틀과 우산의 만남"은 초현실주의적 상상력을 단적으로 보여준다. 해부대는 창작 실험이 이루어지는 곳으로서 여기서는 완전히 이질적인 재봉틀과 우산이 만날 수 있다. 초현실주의는 그야말로 상상력을 해방시켜 현실의 지평을 넓히는 것이었다.

그런데 한 가지 주목할 사실은 초현실주의가 자유로운 상상력을 펼치게 하는 통로가 바로 몸이었다는 것이다. 의식 깊숙이 내재한 무의식을 발현시키고 자유로운 연상 작용이 일어날 수 있었던 것은 이성이나 의식, 정신보다 몸을 통해서였다. 초현실주의를 이끈 대표적 작가 앙드레 브르통은 몸을 "삶과 죽음, 현실과 상상, 과거와 미래, 소통할 수 있는 것과 소통할 수 없는 것, 높은 것과 낮은 것이 서로 모순되는 것으로 지각되지 않기 시작하는 정신의 어떤 지점"으로 정의한다. 이 정의는 몸이 모순되는 것들을 융합시키는 도구라는 것을 의미한다. 초현실주의자들에게 몸은 금지되고 억압되어온 것을 풀어헤쳐 상상력의 모험이 펼쳐지는 장소였다. 몸은 의식의 경계로부터 소외되었던 것들이 표출되고, 갖가지 실험들이 행해지는 탈경계의 장소였다. 상상해보라! 20세기 초 인류가 새로운 현대 문명에 들어서는 전환기에 예술이 얼마나 온몸으로 시대를 살았는가를!

경계로부터 자유로운 몸은 동물·식물·광물 등 낯선 것들과 혼합되기 시작했고, 통일된 몸의 경계를 허물며 일상적인 오브제나 자연과 콜라주되었다. 그런 콜라주 속에서 머리는 포크, 몸은 조개, 팔은 나무가 되었다. 초현실주의에서의 몸은 모든 경계들이 뒤섞이고 융합되는 새로운 상상력의 장이었다. 초현실주의 이전에는 이처럼 과감하게 몸을 해체시키지 못했다. 아니 몸에 대해 이런 상상 자체를 허용하지 않았다.

다음 그림은 달리의 〈보이지 않는 남자〉다. 그야말로 현실적이지 않고 초현실적이고 비현실적인 이 작품은, 인간의 몸을 묘사하지만 역사상 유래 없는 몸에 대한 상상을 보여준다. '보이지 않는 인간' 또는 '투명인간'이라는 제목이 그림 이해에 대한 열쇠를 준다. 중앙에 있는 인간의 몸은 보이지 않는다기보다는 사물을 투과시키는 몸인 것 같다. 몸은 배경을 그대로 투과시키기도 하고, 어느 부분은 사물과 일부 동화되기도 하며, 다른 몸과 융합된 부분도 있다. 머리는 하늘의 구름, 코와 눈·가슴 등은 잡동사니 오브제들이 채우고 있고, 손은 이상한 장식품의 일부가 되고, 오른쪽

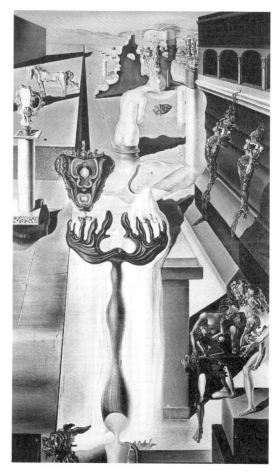

목에서 팔까지는 전라 여인의 뒷모습과 융합되어 있다. 이외에도 피아노처럼 보이는 가구에 몸들이 장식품처럼 매달려 있다. 하지만 그 몸들 역시 부분적인 조각들로 뒤섞여 있을 뿐이다.

달리의 몸은 보이지 않는 부분과 보이는 부분이 오버랩된 몸이다. 그 몸에는 실제 이미지와 환영적 이미지가 뒤섞여 있고, 딱딱한 것이 부드러운 것 속에 녹아들고, 한 물체가 다른 물체로 변형되면서 이미지들이 마치 액체처럼 서로 뒤섞인다. 이상한 것은 이 모든 이미지들이 전혀 추상적이지 않고 매우 사실적이라는 것이다. 하지만 이런 사실적인 정확한 묘사가 오히려 이미지를 마치 퍼즐처럼 만들고 더욱 상상적으로 만들고 있다. 무엇이 진짜이고 무엇이 뒤에 숨겨진 잠재적 이미지인지 구분하기 힘들다. 이 상상적 이미지들을 한참 보다 보면 우리는 현실에서 보는 이미지 뒤에 이상한 퍼즐들이 숨어 있다는 착각을 하기에 이른다.

그림 32 살바도르 달리, **내란의 예감**, 1936, 스페인 내란이라는 시대 상황이 반영된 몸.

이처럼 달리의 몸에서는 합리적이고 이성적인 것과 상상적이고 환상적인 것이 서로 뒤섞여 있다. 이 대목에서 우리는 자신의 그림이 비합리적인 것을 가장 구체적이고 정확하게 묘사해내는 것이 목적이라고 한 달리의 말을 이해하게 된다. 달리는 자신을 정신분열증적, 편집광적이라 비난하는 목소리들에 대해 "나 자신과 미치광이의 차이점은 나는 미치광이가 아니라는 점이다"라는 유명한 말을 남긴다. 그리고 그는 예술적 상상력, 광기, 환상이 사회 제도권으로부터 정당하게 권리를 획득해야 함을 주장하기 위해 "상상력의 독립과 광기에 대한 인간의 권리 선언"을 한다.

달리의 〈내란의 예감〉은 몸의 또 다른 상상력을 엿보게 해준다. 여인의 유방을 짓이기는 괴물 같은 손, 제각기 경련을 일으키는 발·혀·손가락들, 고통스럽게 자신의 몸을 스스로 찢으며 자해하며 울부짖는 몸, 이 장면들은 스페인 내란의 골육상쟁을 나타내고 있다. 이 작품은 스페인 내란이 있기 몇 년 전에 제작된 것으로 예술가의 상상력이 시대를 예견하는 능력이 있음을 보여준다. 예술가는 몸을 통해 시대를 살고 또 그 삶을 표현한다.

그러면 달리를 비롯한 초현실주의자들은 왜 몸을 조각내고 다른 사물과 결합시키며 비합리적이고 비현실적인 것으로 상상하는 것일까? 달리의 그림에는 시계가 자주 등장하는데, 그 시계는 일반적인 시계가 아니고 꿈이나 무의식 속에서 상상된 액체처럼 흘러내리는 시계다. '시계'는 우리에게 달리의 상상력을 이해하는 열쇠를 준다. 시계는 근대과학의 상징

## 현실 너머 무의식의 깊은 곳에서
## 몸은 어떻게 상상되고 있을까?

이다. 근대의 과학혁명은 기계론적 세계관을 가져왔다. 인간은 자연 속에서 신의 섭리를 발견하기보다는 시계공의 설계도를 찾았다. 세상은 과학적 원리에 따라 움직이는 거대한 시계였다. 서구 근대화는 유물론적 시대의 시작이었다. 기계론적 세계관에 입각한 인간 이성에 대한 무한한 긍정은 근대와 중세를 구분짓는 가장 큰 특징이다. 사물의 배후에 놓여 있는 신, 정령, 영혼들과 같은 초자연적 요소들을 제거하고 그곳에 이성의 빛을 비추는 것이 계몽주의 시대였다. 이후 서구에는 '오직 이성만이 진실을 담보한다'라는 명제가 지배하게 된다.

초현실주의자들은 이러한 기계론적 사고, 유물론, 이성중심주의의 폐허 속에서 새로운 몸을 상상하고자 시도했다. 르네 마그리트, 살바도르 달리, 막스 에른스트 같은 많은 초현실주의 화가들이 인간의 몸을 조각낸 것은 더 이상 인체를 '대칭성'이라는 기하학적 원칙에 입각해 그리지 않는다는 것을 의미한다. 대칭성은 우리의 신체가 정확한 '비율'(ratio, 이는 '이성적 rational' 이라는 말의 어원이기도 하다)을 토대로 설계되었다는 것을 증거하는 것이다. 또한 인류학자들은 인간이 공간을 좌우와 전후로 나누는 기하학적 사고를 하게 된 배경을 신체의 대칭구조에서 찾기도 한다. 따라서 초현실주의자들이 이성적 사고의 신체적 토대가 되는 대칭성을 의도적으로 파괴한다는 것은, 그들이 세계대전의 폐허 속에서 인간의 몸을 상상하되, 더 이상 폐허의 원인인 '이성'이라는 수단을 사용하지 않음을 보여준다. 그들은 폐허 속에서 건져낸 조각난 몸들을 이전과는 다른 수단을 이용해 결합시키면서 새로운 소통의 가능성을 사유했다. 새로운 수단은 '무의식'이었

그림 33 막스 에른스트, **신부의 옷**, 1940, 새와 식물과 인간이 뒤섞여 하나의 몸을 이룬다.

고 성적인 힘이기도 했다.

한스 벨머의 '구체관절인형'들은 조각난 신체들이 더 이상 이성적이고 논리적인 체계로 결합되지 않음을 보여주는 좋은 예다. 여자 마네킹의 관절들을 분해하고 기이하게 접합시킨 몸, 관절들만 불거진 몸은 기이하다 못해 섬뜩하다. 마치 부품들이 해체된 기계인간 모습 같기도 하고, 인간 무의식에 깊이 숨겨진 억눌린 성의 도착증 같기도 하다.

르네 마그리트는 종종 인간의 육체를 다른 생물이나 사물과 결합하곤 했다. 그는 생물학적 분류체계나 관습적인 언어사용이 허용하는 범위를 초월해 인간의 몸을 낯선 사물들과 결합시켰다. 〈집단적 발명〉이라는 작품은 인간의 하반신을 생선의 머리 부분과 결합시켜놓았다. 수천 년을 거슬러 전해져 내려오는 신화 속 인어를 역전시켜놓은 이 그림은 이성이 횡포를 부리기 훨씬 이전부터 인간의 '집단적' 무의식이 공유했던 몸의 또 다른 결합관계를 상기시키는 듯하다. 마그리트는 또 다른 작품에서 신발과 같은 사물에 육체의 형상을 불어넣기도 했다.

위의 그림은 초현실주의 화가 막스 에른스트의 작품 〈신부의 옷〉이다. 그림 중앙에 있는 인물은 새와 인간을 합한 몸을 가지고 있다. 창을 들고 이 인물을 호위하는 듯한 생명체 역시 새와 인간의 합성물인 것 같다. 그 외에도 인간의 얼굴을 한 여인이나 그 여인의 발아래 있는 여자 역시 비정상적이기는 마찬가지다. 새와 인간, 식물이 뒤섞인 형상들은 우리에게 현실과 무의식의 경계를 모호하게 한다. 이 모호한 경계는 맨 아래 왼쪽에 있는 젖가슴이 네 개 달려 있고 임신을 한 듯한 배와 요괴 같은 모습의 괴이한 생명체로 인해 더욱 모호해진다. 에른스트 작품에는 새가 자주 등장한다. 그에게 새는 인간과의 경계가 없는 생명체였다. 에른스트는 원래 정신의학을 전공했는데, 정신병 환자요양소에 실습강의를 들으러 갔다가 환자들이 그린 그림과 조각을 보게 된다. 그는 그들 작품을 보고 '미친 사람들이 그린 작품이야말로 천재적이다'라고 생각해 정신의학 전공을 버렸다고 한다. 말하자면 그는 정신병 환자들처럼 자유로운 표현을 하기 위해 화가가 되었던 것이다. 예술적 창작에서 정상과 비정상, 현실과 상상의 경계는 그 의미를 잃는다.

## 몸의 주술, 문신 상상력

피부는 몸의 안과 밖 경계를 나타내는 관문이다. 얼굴을 비롯해 몸은 그 사람의 성격, 나이, 신분, 직업, 인종 등 수많은 코드를 나타낸다. 특히 여성의 경우 피부는 여성성을 표현하는 중요한 매체로까지 작용한다. 수많은 성형, 화장품은 이미 황금 알을 낳는 산업이 되었다. 사실 상식을 초월할 정도의 성형수술비, 고가의 화장품이 통용될 수 있는 것도 여성들의 환상과 상상 없이는 불가능한 것들이다.

　　몸이 세상과 만나는 장소이자 매체로서의 피부는 신화시대로부터 수많은 상상력의 보고다. 클레오파트라는 아름다운 피부를 위해 매일 우유로 목욕을 했다는 소문이라든가, 드라큘라 백작부인으로 잘 알려진 바토리 백작부인이 청춘을 유지하기 위해 처녀들의 피로 목욕했다는 이야기들은 입에서 입으로 수천 년을 전해져오고 있지 않은가. 살에 대한 상상은 문신에서부터 바디아트, 커널아트 등에서 다양하게 구현되고 있다.

사실상 시간에 대한 상상이 가장 큰 힘을 발휘하는 것은 유적이다. 시간만큼 잔인한 힘과 파괴력을 지닌 것도 없을 것이다. 몇 천 년, 몇 만 년 전 인간의 몸을 상상하기 위해 우리는 과거의 흔적을 필요로 한다. 땅 속에 묻혀 아주 오랫동안 시간을 멈추고 보존되어온 유물, 유적. 우리는 그 흔적들에서 과거의 몸들이 어떻게 살아왔는지를 상상해본다.

1991년 오스트리아와 이탈리아 국경 근처 산에서 약 5000년 동안 냉동으로 보관된 '냉동인간 외찌(otzi the ice man)'의 몸이 발견되었다. 사람들의 관심이 집중된 것은 현재까지 발견된 청동기인 사체 중 가장 보존 상태가 좋은 이 냉동인간 몸 표면에 새겨진 57개의 문신이었다. 왼쪽 무릎 안쪽에 십자 무늬 한 개, 신장 위치 쪽에 15센티미터 길이의 직선 여섯 개, 그리고 양쪽 팔목 부위에 수십 개의 평행선 무늬가 새겨져 있었는데, 그 위치로 보아 치료(즉, 관절 부위 통증 치료)를 목적으로 한 문신이었을 것으로 추정된다. 5000년 전 몸의 아픈 부위에 문신을 새겨 치료를 했다는 것은 놀라운 상상력이었다. 한의학에서 말하는 경혈처럼, 몸 안의 질병을 피부에 문신을 새김으로써 치료했다는 것은 이미 고대에 문신의 주술적 힘을 믿었다는 것을 증명해준다. 그 외에도 러시아 국경 지역에서 발견된 미라들 몸에서도 동물 형상 문신들, 괴물 형태 문신이 발견되었는데, 이 문신은 주술적 힘을 얻기 위해 새겨졌다.

　그런데 왜 우리는 몸에 새기는 문양이나 이미지가 신비한 에너지나 주술적 힘을 갖는다는 상상을 해왔을까? 기원전 3000년에서 2000년 사이에 만들어진 무덤들에서는 얼굴에 문신을 한 입상 조각들이 발견되기도 한다. 이들은 산사람을 대신해 망자의 저승 가는 길이 외롭지 않도록 동행해주는 역할을 한다고 상상되었다. 이 조각들의 문신은 조각에 생명을 주어 망자의 동행자가 되게 하는 주술과 상상력의 매개체였던 것이다. 뿐만 아니라 고대 마야인을 비롯해 수많은 원주민들은 용맹과 인내력을 잃지 않기 위해 또는 공적을 영원히 기리기 위해 문신을 했다. 문신은 살의 표면을 넘어 어떤 것을 정신 속에 영원히 간직하려는 상상력의 발현이었다.

　이런 주술적 성격 때문에 서양 기독교 문명에서는 문신이 죄악시되어 왔다. 콘스탄티누스 대제는 신의 형상을 나타내는 얼굴에 그림을 새기는 것을 죄악시해 문신을 금지했다. 따라서 문신은 형벌을 주기 위한 용도나 노예나 범죄자들을 표시하기 위한 도구로만 쓰였다. 이런 까닭에 스페인 사람들은 중남미에 갔을 때 문신을 새긴 수많은 원주민들을 보고 악마라고 질겁했다. 영국인들에게도 원주민들 문신은 매우 흥미로웠다. 영국인은 폴리네시아인들 문신 풍습을 야만적으로 묘사하며 온몸에 문신을 새긴 폴리네시아인을 박람회에 전시하기도 했지만 아이러니하게도 그 후 영국 해군들 사이에서는 문신을 새기는 것이 전통이 되어버렸다. 항상 자연재해 사각지대에 놓인 해군들에겐 주술이라는 기댈 곳이 필요했기 때문이었을 것이다.

문신에 대한 주술적 믿음은 현대에도 그 맥이 이어지고 있다. 여자들의 화장품이나 패션은 고대 문신에 대한 믿음이나 상상과 그 맥을 같이한다. 2004년 월드컵 때 대한민국 붉은 악마들이 얼굴에 새겼던 태극마크, 태극 문양 옷들은 문신의 주술적 힘을 실감시켰다. 한편 문신은 아름다움을 위한 장식적 용도로도 쓰였다. 일본의 문신 장인 '호리스'는 몸 전체를 감싸는 듯한 문신을 새겼는데, 이것은 몸을 아름답게 치장하기 위함이었다. 200여 년 전 사모아 섬에 도착한 프랑스인들은 사모아 사람들 모습을 다음과 같이 전한다. "이곳 사람들은 허벅지에 그림을 그리거나 문신을 새겼다. 이들은 거의 발가벗고 지내지만, 그 모습은 마치 옷을 입은 것처럼 생각될 정도다."

오늘날 우리는 몸을 가리기 위해 옷을 입는다. 하지만 폴리네시아 원주민들은 몸에 그림을 새김으로써 가리는 방법을 상상했다. 한편 폴리네시아의 마오리족은 몸의 가장 위에 있는 얼굴에 자신의 지위와 신분을 나타내기 위해 '모코'라는 문신을 새겨넣었다. 북서아메리카의 이누이트 여성들은 남편의 지위와 부족을 나타내기 위해 턱에 문신을 새겼다고 한다. 그 밖에도 고대 로마에서는 아시아로 팔려가는 노예나 범죄자들 몸에 '납세 필'이라는 단어의 문신을 새겼다고 한다. 오늘날 우리가 명함을 주고받는 것처럼 이들은 몸의 문신으로 자신의 사회적 위치를 나타낸 것이다.

집단적으로 문신을 새겨 특징을 나타내는 집단에는 주로 선원, 범죄자들이 있다. 범죄자들은 자신의 욕망을 몸 위에 문신으로 깊이 새긴다. 흔히 조직이라는 이름의 갱 집단은 문신이 많은 것을 상징한다. 몸은 이들에

그림 34 김준, **bird land-chrysler**, 2008, 몸 안의 욕망이 문신을 통해 몸 밖으로 표출되고 있다.

게 가장 강력한 수단으로, 몸이 모든 것에 우선한다. 이들 몸에 새겨진 문신은 절대적 헌신과 충성을 상징한다. 몸에 새겨진 영원한 흔적은 자신들의 정체성을 대신하는 것이기도 하며, 삶의 정보가 새겨진 일종의 데이터이기도 하다. 문신은 몸의 신분증 역할을 한다. 미래 기술은 어쩌면 문신처럼 몸 자체로 자신의 신분과 정체성을 대신하는 새로운 아이템을 개발할 수 있을 것이다. 문신의 역사는 지금도 진행 중이다. 오늘날 문신은 대중적인 유행과 함께 예술 장르로 정착되고 있다. 문신 예술가들은 섬세하고 복잡한 그래픽 아트로서의 문신을 선보이며 예술가로서 인정받는다.

몸을 상상력의 소재로 하는 예술가들은 많다. 하지만 몸의 문신을 창작 소재로 삼는 작가는 많지 않다. 작가 김준의 문신 상상력을 감상해보자. 김준에게 살은 3차원의 캔버스다. 그 캔버스는 몸 자체의 리얼리티를 그대로 그려내며 몸의 형태들을 통해 개인적 혹은 집단적 욕망을 전달한다. 그는 문신을 인간 내면 깊숙이 숨겨진 욕망이나 충동을 상징하는 것으로 본다. 맨살을 바늘로 찌르고 거기에 먹물이나 글씨, 그림을 새겨넣는 문신을 주제로 한 그의 작품은 바로 내면 깊이 숨겨진 욕망을 드러내는 작업이다. 그렇게 볼 때 김준의 그림은 몸의 안과 밖을 뒤집은 것으로 볼 수 있다. 몸 안의 욕망이 밖으로 표출되어 나타나고, 이로써 몸 밖의 아이덴티티가 깨지기 때문이다.

상상해보라. 맨몸과 문신이 새겨진 몸을. 같은 몸이지만 전혀 다른 몸이다. 그 몸은 상상으로 변형된 몸이다. 남자의 몸과 여자의 몸이 뒤엉켜 있고 성기와 성기들이 얽혀 있으며, 거기에 여러 몸들의 팔과 다리가 뒤엉켜 있다. 그곳엔 몸만 있을 뿐 얼굴이 없다. 얼굴 없는 욕망의 문신들만 난무한다. 내면의 욕망을 새기는 김준의 문신 작업은 맨몸으로는 표현할 수 없는 강렬한 욕망을 우리에게 상상하도록 허락해준다. 문신은 욕망의 이중적 면을 보여준다. 고통과 그 고통을 통해서 결핍된 것을 충족시키고자 하는 안과 밖이 뒤집힌 욕망을!

## 바디페인팅

베루슈카는 몸을 색다르게 상상한 예술가다. 그녀는 1960년대 아주 잘나가는 패션 모델계의 화려한 스타였다. 모델은 매번 다른 옷을 걸침으로써 다른 몸으로 변신하는 직업이다. 어느 날 그녀는 옷 대신 자신의 몸을 염색하면 어떨까라는 상상을 한다. 그리고 그녀는 스스로 몸에 페인팅을 한다. 1970년대 이래로 그녀는 〈베루슈카-변용(Veruschka-Transfiguration)〉이라는 시리즈 작품을 해오고 있다. 그녀는 스스로 몸에 페인팅을 해 때로는 동물이 되고 때로는 식물이 된다. 그리고 남자가 되기도 한다. 이렇게 그녀는 바디아트 분야에 새로운 센세이션을 불러일으켰다. 그녀는 자신의 벌거벗은 몸에 페인팅을 해 숲이나 나무, 돌무더기 같은 배경과 똑같은 그림을 그려넣어 자신의 몸과 자연과의 경계를 허문다. 그녀의 몸은 나무, 꽃과 동화되고 창문의 일부분이 되기도 하고 문의 자물쇠가 되기도 한다.

그림 35 베루슈카, 〈**변용**〉 **중에서**, 주변 배경들과 몸의 경계가 모호해지는 바디페인팅.

그녀의 몸은 배경에 '녹아들어간다'.

베루슈카의 몸은 '경계 없는 몸'이다. 그녀의 몸은 자신의 경계를 넘어서 외부 세계로 침투해 들어가 몸-자연, 몸-사물, 몸-옷이 된다. 그녀는 이렇게 자신의 몸 경계가 허물어지는 상상력, 벽이나 문과 같은 사물과 동화되는 상상력을 보여준다. 상상해보자. 몸이 해체되어 외부 사물로 그리고 배경으로 침투되어가는 느낌. 베루슈카의 바디아트는 외부세계로 확장된 몸, 생명 없는 사물과 동화된 몸, 그리고 반대로 몸이 연장된 사물들처럼 몸의 경계를 넘어서 다양한 상상의 몸들을 만들어가는 것이다.

그런데 그녀는 왜 자신의 몸과 다른 몸의 경계를 없애며 배경과 동화되려 했을까? 그녀의 몸에 대한 이러한 상상력은 어린 시절 경험에 그 뿌리를 두고 있다. 그녀는 1939년 동프러시아 귀족 가문에서 태어났다. 하지만 다섯 살 때 히틀러 암살을 도모했다는 죄목으로 그녀 아버지가 처형당하게 되고, 그녀 가족들은 모두 2차 세계대전이 끝날 때까지 강제노역소에서 끔찍한 삶을 살았다. 그 후 그녀는 스무 살 때 우연히 한 에이전트에 발탁된 후 화려한 모델로서 성공가도를 달리게 된다. 하지만 그녀는 그 모든 것을 집어던지고 자신의 몸에 페인트를 칠하며 힘든 바디아트의 길을 개척한다. 그녀의 바디아트에서 우리는 강제노역소에서 겪었던 참담한 몸의 고통이 그녀로 하여금 자신의 몸을 벗어나 다른 것, 다른 몸이 되려 했던 상상의 흔적을 느낄 수 있다.

## 피 부 의  무 한  상 상

첨단과학기술로 살과 문신에 대한 상상력은 더욱 진화하고 있다. 프랑스 예술가 마리온 라발-장테트가 속해 있는 팀 '아르 오리앙테 오브제(Art Oriente objet)'는 MIT의 피부배양 기술을 이용해 배양된 피부에 멸종되는 동물들이나 실험실에서 착취당하는 동물들 그림을 문신으로 새겨넣었다. 이 피부는 살아 있는 사람에게 이식되어 그 사람의 피부가 된다. 사라져가는 아픔을 겪는 동물들의 그림 문신이 새겨진 피부를 살아 있는 사람에게 이식하는 행위는 고대로부터 내려온 문신에 담긴 주술적 상상력과 많이 닮아 있다. 종의 경계를 허물고 인간과 동물이 화목하게 공존하는 것을 꿈꾸는 마리온은 문신이 새겨진 살을 통해서 그 공존을 실현시키는 상상력을 펼치는 것이다.

한 발 더 나아간 피부 상상력을 보자. 2004년 7월 6일 마이크로소프트 사가 몸을 이용해 전력과 자료를 송신하는 방법과 기술에 대한 특허를 얻었다. 손끝에서 발끝까지 혈관을 타고 흐르는 인간 혈액은 21세기 혈액이라 할 수 있는 정보를 실어나를 수 있는 가능성을 가지고 있다는 데 착안한 특허였다. 이 기술은 피부의 전도적 속성을 신체 주변의 전기장치(수신기부터 휴대폰에까지 이르는)와 연결하는 데 사용하는 기술이다. 이 기술을 이용해 허리에 찬 휴대폰에서부터 소리와 영상을 전송할 수 있는 귀걸이와 같은 장치들이 가능해진다. 각자 몸에 맞게 입을 수 있도록 고안된 새로운 기술들은 사용자가 자신에게 특화된 컴퓨터 장치를 '재단'할 수 있다. 예를 들어 업무 중에 입도록 고안된 컴퓨터 재킷은 친구들로부터 오는 전화를 차단할 수 있고, 반대로 퇴근 후에 입는 재킷은 회사로부터 걸려온 전화를 차단할 수 있다. 또한 피부를 전도체로 이용하는 장치들은 사용자의 건강을 모니터링해주는 부가적인 기능을 갖기도 한다. 몸에 부착된 다양한 장치들은 단 하나의 전력공급원으로부터 피부를 통해 전력을 공급받는다. 이 기술을 이용한 가장 미래적인 장치는 바로 피부를 이용한 키보드다. 그렇게 되면 자신의 팔을 두드리면서 글을 쓸 수 있다. 이렇게 피부를 정보 채널로 사용하는 장치들은 일반적인 컴퓨터와 블루투스 기술과는 달리 다른 전파들로부터 방해받을 가능성이 없으며, 따라서 도청을 방지할 수도 있다.

# 몸과 기계의 융합, 슈퍼휴먼의 탄생

얼핏 기계나 테크놀로지는 상상력과 거리가 있어 보인다. 상상력은 실체가 없는 것, 즉 구체적이지 않은 무엇인 것 같은 반면, 기계나 테크놀로지, 과학은 구체적이고 현실적이며 확실한 실체가 있는 것으로 보인다. 하지만 테크놀로지와 과학, 기계의 발명에는 궁극적으로는 인간의 욕망과 상상력이 우선한다. 과연 인간이 필요로 하지 않고 욕망하지 않는 것을 발명해내고 사용하며 발전시킬 수 있을까? 과학과 기술의 역사는 이를 증명한다. 같은 기술, 같은 기계라도 사람이 사용하기 쉬운 것이 살아남고 상품화되며, 더 나은 기술로 보강되고 지속된다.

신화 역시 인간의 오랜 욕망과 상상력의 원형들을 보여준다. 21세기 최고의 과학적 기술, 최첨단 기계라도 그것은 이미 인간의 상상력 속에서 오랜 기간 욕망의 대상이었던 것들이다. 유전공학적 기술도 이미 신화 속에서 상상되었으며, 나노 기술에서 꿈꾸는 것들 역시 이미 연금술에서 실험되었다. 기계는 상상력의 세계와 무관하지 않다. 그 둘은 오히려 서로 끊임없이 영향을 주고받는 사이다. 인간과 인간의 욕망을 위해 만든 기계와의 관계에 대해 프랑스의 과학철학자 브루스 메즐리쉬는 인간은 '기계적인, 너무나 기계적인' 존재이고, 반면 기계는 '인간적인, 너무나 인간적인' 것이라고 지적한다. 그것은 과학기술의 발달로 인간은 점차 기계에 의존하며 기계적으로 되어가는 반면, 기계는 기술 발달로 더욱 더 인간적으로 되어간다는 것에 대한 성찰이다. 그리고 인간과 기계는 서로 영향을 주고받을 수밖에 없다는 것이다.

어떤 면에서 인류 역사는 우리 몸을 편하게 하기 위해 진화해온 역사라고 할 수 있다. 미래에는 몸이 더욱 더 기계와 융합될 것이다. 몸 안에 로봇을 장착해 각종 질병을 진단하고 퇴치할 것이며, 초소형 컴퓨터를 혈관 속에 넣어 몸 자체를 컴퓨터와 교신하게 할 수 있는 기술도 이미 개발되었다. 기계가 단순한 기계에서 인간과 동일한 형상과 능력을 가진 사이보그로 오기까지 그 중간에는 인간의 몸과 기계가 동일시되는 과정이 있었다. 그것이 예술적 표현이든 혹은 철학적 성찰에 관한 것이든 또는 과학기술 발달로 인한 것이든 인간과 기계 사이에 동일시되는 과정이 있었다. 그렇다면 몸이 기계와 본격적으로 관련을 맺기 시작한 것은 언제부터일까?

## 기 계 인 간 의  철 학 적  계 보

사이보그, 로봇, 안드로이드 같은 기계와 인간의 결합은 어느 날 갑자기 하늘에서 떨어진 별똥별 같은 것이 아니다. 그것은 신화, 문학작품, 회화, 철학, 과학기술 분야 전반에 걸쳐 중단 없는 역사적 계보 속에서 이루어졌다. 몸이 본격적으로 기계와 관련을 맺기 시작한 것은 17세기 과학혁명기였다. 17세기는 중세로부터 벗어나 현대적 과학의 면모가 싹트기 시작한 세기였다. 과학적 관찰에 혁명을 가져온 망원경과 현미경은 인간 감각기관의 지각능력을 향상시켰다. 너무 멀리 있어서, 그리고 너무 작아서 볼수 없었던 세계를 볼 수 있게 됨으로써 신화시대부터 상상해왔던 천리안을 가질 수 있게 되었고, 고대 그리스 로마시대로부터 중세에 이르기까지 연금술에서 수없이 상상해왔던 보이지 않는 미시세계를 볼 수도 있게 되었다. 이것은 몸이 기술과 융합되는 시발점을 이루었다. 도구와 기계, 기술은 몸이 무한으로 향하는 상상의 문을 열어주었다.

17세기로부터 18세기 계몽주의 시대, 19세기 산업혁명 시기를 거치며 몸과 기계는 공동 진화한다. 19세기 에른스트 캅은 기술을 인간 몸의 연장으로 보았다. 그는 1877년 《기술의 철학적 원리》에서 "철도를 인간 순환계의 외화로, 전신을 인간 신경망의 연장으로, 언어와 국가를 인간 정신작용의 연장으로 파악했다." 미디어 이론가 마셜 맥루한 역시 컴퓨터와 TV를 인간의 대뇌와 신경계의 연장으로 간주했다. 이는 기계와 기술이 인간 욕망과 상상의 뿌리에서 나온 것임을 인정하는 입장들이다. 인간은 발의 한계를 보완하기 위해 마차·자전거·기차·자동차·비행기 등을 만들었고, 공간적 한계를 뛰어넘어 소통하고자 전신을 발명했다.

그런데 과학기술적으로 기계와 인간을 결합시키기 위해서는, 그보다 앞서 몸에 대한 인식과 사유의 전환이 필요했다. 몸을 신의 창조물로 보지 않고 기계적으로 사유하는 데 큰 역할을 한 것은 철학자들이었다. 그 선봉에 선 철학자가 데카르트다.

중세까지 세상을 지배했던 신학적 세계로부터 인간의 주체성을 들고 나온 데카르트, 그가 던진 유명한 명제 "나는 생각한다. 고로 존재한다"는 바로 인간인 '나'를 앞세웠다. 생각하는 나, 그렇기 때문에 존재할 수 있는 나는 이제 신으로부터 벗어난 존재다. 인간은 생각을 통해 존재하고, 그 스스로의 생각으로 이성적 지식에 이를 수 있다는 것을 성찰한 것이었다. 신이 아니라 '나'라는 자아 속에 있는 코기토를 통해 모든 것을 확실하게 밝혀줄 지식에 이를 수 있다는 것을 계몽한 셈이다. 이것이 바로 서구 근

## 기계인간과 사이보그는 어느 날 갑자기
## 하늘에서 떨어진 별똥별일까?

대사회의 커다란 뿌리인 합리주의, 이성중심주의의 출발점이다.

그렇다면 데카르트의 철학적 사유 속에서 동물은 어떤 특성을 가진 것으로 상상되었을까? 그의 사유에서, 이성이 없는 동물은 먹고 자고 배설만 하는 생각 없는 생명체로 상상되었다. 동물에게는 없는 영혼은 인간만이 가진 특성이었고, 이 영혼의 생각하는 능력으로 인해 인간은 자연과 동물에 대해 우월성을 가지게 되며, 사유함 없이 단지 물질적으로만 작동하는 특성은 기계적인 것이라고 상상되었다. 이것이 바로 데카르트의 '동물기계'론이다. 그리고 그러한 논리는 결과적으로 인간이 동물을 비롯한 자연을 지배할 권리를 합리화하며, 결국 영혼으로부터 분리된 몸은 분해와 조립이 가능한 기계로 전락하게 된다. 그러나 데카르트 자신도, 그가 제창한 '동물기계'론이 인간과 기계를 결합시키는 이론적 배경이 되어 오늘날 사이보그에까지 영향을 미치게 되리라고는 상상치 못했을 것이다.

이제 생물학의 발달이 몸에 대한 인식과 상상력에 어떠한 변화를 가져오는지를 보자. 17세기 과학혁명을 거친 후 사회전반에 걸쳐 근대로 접어들기 전 많은 변화를 겪은 18세기 계몽주의 시기에 라메트리는 인간과 기계의 관계에 관한 새로운 관점을 제시한다. 데카르트가 동물이 기계라고 주장했던 반면, 라메트리는 인간기계론을 주장했다. 라메트리는 자신의 경험을 바탕으로 인간의 영혼과 몸 사이의 관계를 조명했다. 그는 인간의 영혼이 신에 속해 있다는 종교적 관점으로부터 벗어나, 인간의 영혼 역시 물질로 이루어진 몸의 영향을 받는다고 주장했다.

계몽주의 시대에는 전통적인 종교적 교리와 권위로부터 벗어나 인간

이성에 따른 계몽이 가능하다고 믿었다. 이성은 곧 합리적인 과학과 통하는 것이었다. 과학이 인류에게 진보와 행복을 가져올 수 있다는 믿음이 계몽주의 시대정신이었다. 과학의 쟁점은 신의 존재 대신 자연 탐구였다. 라메트리는 《인간기계》라는 저서에서 "인간은 매우 복잡한 기계"이며 "인간은 스스로 태엽을 감는 기계로서 영구운동을 하는 산 견본"이라고 정의했다. 인간은 더 이상 신의 피조물이 아닌 복잡하고 정교한 기계였다. 라메트리는 모든 정신작용의 근원은 감각에서 비롯되며, 이 감각은 뇌의 물질적 기능에 의한 것이라고 했다. 즉 정신은 몸의 기관에 영향받는 것으로서 기계적 운동으로 설명될 수 있다는 것이었다. 그것은 인간이라는 종에 대한 하나의 도전이었다. 인간은 자연과 같이 물질의 일부였다. 그리고 영혼은 종교적 대상이 아닌 물질이며 과학의 대상이었다.

토머스 홉스는 1651년 《리바이어던(Leviathan)》에서 인간을 기계적으로 제작할 수 있다고 했다. 그는 "스프링이나 회전바퀴에 의해 스스로 움직이는 엔진과 같이 모든 자동기계가 하나의 인공적 생명을 가지고 있다고 말할 수 있지 않겠는가? 말하자면 태엽은 심장이며, 신경계통으로서 조물주가 의도한 대로 기계 전체를 움직이게 하는 관절에 해당한다고 볼 수 있다"고 말했다.

라메트리의 '인간기계론'은 당시에는 인정받지 못했고 종교계로부터 거센 비판을 받았지만, 이후 많은 영향을 끼쳤다. 인간 뇌가 기계적으로 작동한다는 그의 인간기계론은 컴퓨터과학과 인공두뇌학의 토대를 마련한 것이다. 데카르트나 라메트리의 '동물기계론' '인간기계론'은 분명 시대적인 한계점을 가지고 있지만 그들의 철학적 성찰은 사상적 측면을 넘어서 사회문화, 과학기술, 정치에까지 영향을 미쳤다. 그리고 그 영향력은 오늘날의 로봇, 안드로이드, 사이보그에까지 이어지고 있다.

## 산업혁명이 상상한 몸

데카르트와 라메트리 이후 상상되기 시작한 인간과 기계의 경계는 산업혁명을 거치면서 본격적으로 융합되기 시작한다. 20세기 초는 산업혁명 이후 기계 문명이 한창 꽃피던 때였으며, 전통적 사회로부터 벗어나 현대 사회로 진입하는 전환의 시기였다. 그 시기에 기계는 지금 우리가 상상하는 이상으로 우리 몸을 비롯해 사회 전반에 엄청난 영향을 끼쳤다. 라메트리의 인간기계론은 산업혁명 이후 아방가르드 운동에서 기계인간을 탄생시키는 토대를 마련했다.

산업혁명은 말 그대로 산업 분야에서 일어난 역사적 혁명이다. 전통적인 방식에서 벗어나 이른바 산업이라고 이름붙일 수 있는 체계와 규모, 방법에 일대 혁명이 일어난 것이다. 산업혁명은 몸에 어떤 영향을 미쳤으며, 몸에 대한 상상의 형태에 어떤 변화를 가져왔는가. 그것은 오늘날 디지털 혁명을 거치면서 인류가 컴퓨터 모니터 속의 가상공간에서 겪는 모험과 상상의 세계에 견줄 만하다. 산업혁명을 이끈 수많은 요인들 중 우선 기계에 국한시켜 상상을 해보자. 산업혁명에서 가장 먼저 떠올릴 수 있는 것은 무엇일까? 아마 공장과 기계가 아닐까? 가내 수공업에서 일일이 손으로 만들던 물건들을 공장에서 기계가 대량으로 생산해내는 것이다.

간단한 예로 의자를 만드는 두 가지 길을 상상해보자. 우선 나무, 가죽, 천 등 재료를 구입하고 이것을 손으로 만드는 길에서는 어느 장인이 오랜 시간 자신만의 노하우가 무르익은 작업장에서 작업을 한다. 때로 손님의 방문을 받을 수도 있고, 부인이 식사시간을 알리면 작업을 멈추고 멀지 않은 자신의 집으로 식사를 하러 간다. 작업은 늦은 밤까지 계속될 수도 있고, 때론 친구들과의 모임에 참석하기 위해 일찍 작업을 멈출 수도 있을 것이다. 하지만 무엇보다 그는 자신만의 스타일로 자신의 이름을 건 의자를 만들 수 있다는 자부심과 함께 자신의 일에 대한 열정과 사랑을 키워가는 지혜도 터득해갈 것이다. 발자크의 어느 단편소설에서는 평생 구두를 수선하는 구두수선공이 구두가 닳은 형태만 봐도 그 구두의 주인이 어떤 직업을 가졌고 어떤 성격의 소유자인지를 알아맞힌다.

두 번째 길은 공장에서 똑같은 크기, 모양, 색을 가진 의자를 기계가 만들어내는 것이다. 여기서 공장 노동자가 하는 일은 기계를 원활하게 작동시키는 일뿐이다. 하루 종일 공장에서 기계에 붙어 같은 동작을 끊임없이 반복하는 노동자들은 자신도 모르는 사이에 기계에 동화되어간다. 공장이라는 공간에서 인간은 기계에 종속된 부속품, 기계를 돌리는 수단에 불과하게 된다. 찰리 채플린의 영화 〈모던 타임스〉에서 중절모에 콧수염, 지팡이, 커다란 신발, 작은 키의 채플린이 보여준 웃지 못할 웃음은 산업사회가 낳은 시대적 상상력이었다. 기계는 몸을 변화시켰다. 산업혁명과 함께 몸은 전통사회로부터 벗어나 기계와 떨어질 수 없는 상상의 세계로 들어간다.

그림 36 알렉산더 아키펭코, **마법사**, 1913, 기계장치들을 이용해 마법을 부리는 20세기 마법사.

 토머스 칼리일은 《우리 시대의 표식》(1829)에서 "인간의 손뿐만이 아니라 머리와 가슴도 점차 기계화되었다"라고 피력한다. 기계에 길들여진 손을 통해 몸은 스스로가 기계와 동화되는 상상력을 가동시켰다. A. 유르는 《매뉴팩처의 철학》(1835)에서 공장을 "기계적이고 지적인 기관들로 구성되어 있고 이들 모두가 스스로 제어하는 동력에 종속되어 하나의 공통된 물건 생산을 위해 쉴 새 없이 함께 작동하는 거대한 자동기계"로 묘사했다. 유르는 산업혁명 시기의 공장 자체가 하나의 거대한 기계라는 점을 성찰했다. 그 '자동기계'는 물건생산이라는 공동의 목표를 향해 인간과 기계가 함께 톱니바퀴에 맞물려 돌아가게 했다. 그 속에서 몸은 살아 있는 거대한 기계의 한 부품으로 상상되었다.

 아른츠와 회흘과 같은 화가들은 당시 인간을 피와 살이 아닌 조립라인의 부속품들로 만들어진 기계로 묘사하곤 했다. 인간의 손과 팔은 조립라인에서 필요한 망치·패너·톱니바퀴 같은 부품으로 대체되었고, 인간 몸은 기계로봇으로 상상되었다. 노동자와 기계는 기계주의 시대의 마법사였다. 아키펭코의 〈마법사〉는 현대판 마법사를 묘사하고 있다. 산업시대 마법사는 검은 망토, 매부리코, 지팡이, 긴 머리의 중세 마법사가 아니라 각종 기계부품들로 조립된 트랜스포머였다.

 그렇다면 하루 종일 카메라를 통해 촬영하는 기사에게 카메라는 어떤 상상을 하도록 했을까? 1915년 루이지 피란델로가 쓴 《촬영! 촬영기사 세라피노 구비오의 비망록》 중 한 부분을 보자. "나는 존재하기를 그친다. 이제 내 다리를 써서 그것(카메라)이 걷는다. 머리끝에서 발끝까지 나는 그의 것이다. 나는 이 장비의 한 부품이다." 매일 촬영기를 통해 이 세상을 바라보는 촬영기사 피란델로는 이제 인간으로서 존재하기를 멈추고 기계가 주체가 된 삶을 살아간다. 걷는 것도 카메라가 자신의 뇌를 통해 조정하는 대로 걷는 것이고, 보는 것도 카메라의 눈을 통해 볼 뿐이다. 기계에 대한 경험은 몸 자체를 기계로 상상하게 만들고, 급기야는 몸의 각 기관들이 기계로 대체되기까지 한다. 카프카가 어느 날 아침 커다란 바퀴벌레로 변한 자신의 몸을 발견한 것처럼 기계에 동화된 촬영기사는 자신의 몸이 기계로 변해버린 상상 속에서 살아간다. "내 머리는 여기에 있고, 내장은 기계다. 나는 내 손으로 이 기계를 들고 다닌다." 기계를 통해 살아가는 나의 몸은 곧 그 기계였다. 상상력은 감각에 가장 강한 영향력을 미치는 에너지다.

라울 하우스만의 〈집에 있는 타틀린〉과 〈우리 시대의 정신〉은 우리에게 낯설지 않다. 먼저 〈집에 있는 타틀린〉을 보자. 두 남자가 있다. 한 남자는 보통 인간의 모습이다. 그런데 중앙의 다른 남자는 인간모습을 하고 있는데 두개골이 열려 있고 거기에는 기계부품들로 채워져 있다. 그 기계부품들은 정교하고 여러 가지 기능을 가진 것처럼 보인다. 그리고 그 남자 옆에 보이는 가구도 우리 눈길을 끈다. 삼각 받침대 위에 있는 부분에 인간 내장 같은 것이 채워져 있다. 그림에서 중요한 부분을 차지하는 것은 두 남자 중 두개골이 기계로 채워진 남자다. 정상적인 인간 모습을 한 남

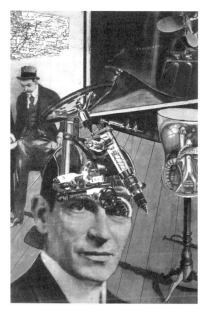

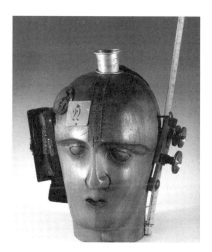

그림 37 (좌). 라울 하우스만, **집에 있는 타틀린**, 1920, 두개골이 기계로 채워진 남자.
그림 38 (우). 라울 하우스만, **우리 시대의 정신**, 1921, 나무와 금속이 결합된 두상.

자는 한쪽 편에 비켜서 묘사되고 있다.

〈우리 시대의 정신〉에는 머리에 부착된 각종 장치들이 두개골 안에 기계들이 장착되어 있음을 짐작하게 해준다. 마치 SF 영화의 홍보 포스터나 인물에 대한 밑그림 같기도 하고, 인간 두뇌와 기계가 융합된 미래 인간 모습에 대한 청사진 같기도 하다. 그런데 이처럼 '우리 시대의 정신'을 나타내는 기계로 장착된 두뇌를 가진 인간은 어떤 인간일까? 기계 두뇌를 가진 인간은 독일인을 나타낸다. 하우스만은 1차 세계대전을 일으킨 독일인을 "어쩌다가 해골에 부착하게 된 물체 이외에는 아무런 능력도 없는, 즉 머리가 텅 빈" 사람들로 상상하며 그들 머리를 기계로 대체된 두뇌로 묘사했다.

그로츠의 〈공화파의 기계인간〉에서는 의수족을 한 두 사람의 전쟁 불구자들이 국기를 들고 거리를 활보하는데, 이들은 이미 인간이 아닌 로봇 형상으로 묘사되고 있다. 두개골은 비어 있고, 겨드랑이 밑의 톱니바퀴 기계들은 인간 팔을 조종하고 있다.

이처럼 기계 영향을 받고 기계와 융합되면서 인간 몸은 유기적인 총체성을 상실한다. 몸은 기계처럼 해체시킬 수 있고, 필요에 따라 여러 방식으로 결합시킬 수 있는 것으로 상상되었다. 생물학적 몸은 기계를 통해서 파편적으로 해체되기도 했고, 상상 속에서 마음껏 다른 이질적인 것과 결합되기도 했다. 기계는 이질적인 것들의 이종교배적 상상력의 원동력이 되었다. 19세기 말 20세기 초 세계는 과학과 기술, 기계가 가장 왕성하게 생산력을 과시한 시기였다. 기술은 인간이 이 세상을 창조할 수 있다는 오만을 주기도 해서, 결국 양차 세계대전을 일으키는 원인으로 작용하기도 했다. 과학기술과 테크놀로지는 인간 스스로가 이 세상을 기계를 이용해 인공적으로 재창조할 수 있다는 자신감을 주었던 것이다.

이 시기는 기계에 매료된 시대로서 모든 것이 기계로 대체되고 기계가 새로운 미래를 열어줄 수 있다는 믿음이 팽배해 있었다. 신이 창조한 세계를 기계라는 새로운 종교가 대신했던 것이다. 기계는 인간이 할 수 없었던 것, 인간 능력으로는 부족했던 부분을 보완해주는 것이었으며, 시대적 상상력의 원동력이었다. 지금부터 100여 년 전에 이처럼 기계들이 두뇌를 갖고 기계인간이 거리를 활보하며 사이보그와 인간이 공존하는 것을 상상했다는 것은 상당히 미래적인 관점이었다는 것이 분명하다. 사실 예술가의 상상력은 예술에 국한되지 않는다. 그 상상력은 한 시대의 정신을 수용하는 동시에 비판하고 성찰하는 기능을 하고, 때로는 미래를 내다보기도 한다.

## 속 도 로 부 터  상 상 된  기 계 인 간

인간 몸을 유기체로 보지 않고 기계와 동일시했던 상상력은 오늘날 사이보그로 오기까지의 과정을 이끌었다. 20세기 초 몸과 기계가 융합되며 몸을 기계적으로 상상하게 된 데는 속도에 대한 경험이 크게 작용했다. 속도를 느끼는 것조차 힘들 만큼 이미 공간적, 시간적 속도에 길들여진 현대인들은 이해하기 힘들지도 모른다. 인류 문명에서 처음 기계적 속도를 경험한 몸은 과연 어떤 변화를 느꼈으며, 그 변화는 몸을 어떻게 상상하도록 했을까?

산업혁명은 인류 문명사에서 본격적으로 속도를 경험하게 했다. 철도, 자동차, 비행기와 같은 속도기계는 바퀴로부터 시작되었던 속도문명에 박차를 가했다. 그리고 속도는 몸에 새로운 경험을 가져왔다. 19세기 말 20세기 초는 속도에 매료되고 속도에 열광한 시기였으며, 사실 타이타닉호의 침몰 또한 속도경쟁이 빚어낸 비극적 사건이었다. 당시 모든 회사들은 속도경쟁을 위해 전력 질주했다. 대서양 운송에서 타이타닉호는 세계 최고속도를 자랑하는 신형 여객선 큐나드 라인과 최고가 되기 위해 속도경쟁을 하고 있었다. 타이타닉호의 침몰은 대서양 운송의 기선을 뺏기지 않으려고 최단 시간 내에 뉴욕에 도착하기 위해 질주한 결과 일어난 비극적 사건이었다.

속도를 직접적으로 경험하게 해준 기계는 자전거였다. 자전거는 양다리를 빠르게 움직임으로써 작동하는 것으로, 반사 신경을 통해 몸 자체의 변화를 느끼게 함으로써 속도를 직접적으로 경험하게 해주었다. 자전거는 다양한 차원의 경험을 새로이 열어주었다. 스티븐 컨은 속도 측면에서 자전거의 이러한 중요성에 대해 "자전거를 탄 인간은 인간이 말을 탈 때와 같이 상이한 종류의 두 가지가 결합한 것과는 다르다. 또 인간도 기계도 아니다. 더 빠른 한 명의 인간이 탄생한 것이다"라고 한다. 자전거 회사 오펠사는 자회사가 개발한 자전거 모델을 '번개'라고 이름짓고, 피히텔운트작스사는 '어뢰'라는 이름을 붙일 정도로 자전거는 속도의 상징이었다. 19세기 말 유럽에서 자전거는 속도열광이나 신경과민과 동의어가 될 정도로 속도의 시대적 아이콘이 되었다.

다른 한편 자전거는 안전하고 가격이 저렴해 여성들에게도 속도를 경험하게 했다. 남성들의 전유물로 여겨졌던 속도를 경험하게 하는 자전거는 이른바 '신여성'의 상징이었다. 자전거는 이전까지 여성들을 구속했던 제약을 허물고 빠른 속도가 주는 쾌감을 느끼게 하며 여성들에게 '해방'과 '자유'를 안겨주었다. 여성들이 자전거를 타기 위해서는 반바지를 입을 수밖에 없었는데, 이것은 여성들을 코르셋과 몸에 꽉 끼는 의상으로부터 해방시켜주었다. 이러한 의상의 해방은 여성 지위 변화로 이어졌다. 자전거의 이러한 역할은 오늘날에도 유효하다. 아랍권에서 남성들에게 억눌려 인권을 유린당하는 21세기 여성들에게도 자전거는 19세기 말 여성들이 갈구했던 것처럼 자유와 해방을 상징한다. 이란의 여성감독 마르지예

메쉬키니의 작품 〈내가 여자가 된 날〉(2000)에서 자전거는 여성의 자유와 해방을 상징하는 오브제로 등장한다. 영화는 이란에서 각기 다른 삶을 사는 세 여성에 대한 이야기를 다루는데, 남편의 반대를 무릅쓰고 자전거 경주에 참가하는 여성을 주제로 한 두 번째 에피소드에서 자전거는 주인공에게 자신의 정체성을 찾아주는 도구 역할을 한다. 미래파 화가 보초니는 〈자전거 타는 사람의 역동성〉(1931)에서 자전거가 몸에 주는 속도감을 표현했다.

자전거 이외에도 기차의 속도는 사회 전반에 엄청난 변화를 야기했다. 기차를 타고 속도를 경험한 몸은 더 이상 자연적 리듬을 가진 생명체가 아니었다. 기차가 경험하게 한 인공적 속도는 몸을 기계적으로 느끼게 했다. 자연적 몸으로부터 기계적 몸으로의 전환이 일어나게 된 데는 기계적 속도가 중요하게 작용했다. 기차의 인공적인 속도를 체험하는 시기와 메리 쉘리의 《프랑켄슈타인》(1818)이 나온 것이 거의 동시대라는 것은 우연이 아니다. 산업혁명의 기폭제가 된 증기기관차는 18세기 후반에 발명되었고, 이후 기차가 발명된 것은 19세기 초, 대략 1814년경이었다. 그리고 메리 쉘리의 《프랑켄슈타인》이 출간된 것은 1818년이었으니 거의 같은 시기라고 볼 수 있다. 기차가 사람에게 속도를 경험하게 하던 무렵, 19세의 한 여성작가의 상상력 속에서 현대과학의 기술적 속도로 여성의 자궁을 거치지 않은 조상 없는 기계인간이라는 괴물이 탄생한다. 《프랑켄슈타인》은 현대적 과학기술의 발달이 가져올 회의적인 시각을 담고 있다. 프랑켄슈타인 박사는 자신의 손으로 괴물을 창조하고 이를 다시 파괴시키지 않을 수 없는 운명의 현대과학자 자화상으로서, 현대과학의 불길한 악몽을 형상화한다. 과학기술로 짜깁기처럼 조립된 프랑켄슈타인은 미래적 사이보그였다.

기계인간은 속도로부터 파생된 것이었다. 어떤 의미에서 사이보그는 바퀴 속도로부터 체험된 기계적 동작으로부터 바퀴가 사라진 무한 속도의 디지털기술이 창조하는 기계인간이라 할 수 있다. 이로부터 약 100년 후 미래파를 비롯한 유럽의 아방가르드 예술가들은 미래의 초인적 인간을 "속도를 견딜 수 있게 되어 있는" 인간으로 정의한다. 기계문명이 가속화되던 시대에 속도는 새로운 인간에 대한 상상력의 척도였다.

기계인간은 당시 미래파를 위시한 아방가르드 예술운동에서 미술뿐 아니라 미래의 새로운 주체이자 대상으로 그리고 새로운 미래 인간상으로 숭배 대상이 되었다. 기계인간은 산업혁명 이후 과학기술 발전으로 아방가르드와 모더니즘 담론이 형성되기 시작하던 시기부터 시대의 이상을 담는 상상적 코드로 작용했다.

## 바 우 하 우 스 와   기 계 인 간

20세기 전반부에 기계 상상력을 극대화시킨 예술운동으로 바우하우스를 들 수 있다. 바우하우스는 설립자 발터 그로피우스를 중심으로 당시 유럽에서 예술 및 문화, 교육 분야 지식인과 예술가들이 모여 총체적 예술을 지향하며 전위적 실험들과 예술 개념을 새롭게 확장시킨 예술운동이다. 바실리 칸딘스키, 라즐로 모홀리-나기, 오스카 슐레머, 파울 클레, 로타

# 속도가 상상하게 한 몸은 어떤 몸일까?

슈라이어, 마르셀 보로이어 등 당대의 쟁쟁한 예술가들이 이러한 실험들에 참여했다.

바우하우스의 정신과 그들이 시도한 실험들은 주로 '새로운 인간'에 대한 것이었다. 1920년대 독일에서는 '새로운(neu)'이라는 말이 유행했는데, 바우하우스의 기계인간은 '새로운 인간' 모색에서 비롯되었다. 당시 독일의 바이마르 공화국 시대에는 다양한 이데올로기들과 사회적 현상들이 서로 충돌하는 가운데 새로운 세계와 새로운 인간에 대한 이상을 구축하려는 시대적 분위기가 팽배해 있었다. 이러한 시대적 분위기 속에서 바우하우스 예술가들은 기계에 정신성과 미를 부여하고자 했다. 기계와 테크놀로지가 인류 진보를 약속하고 인간의 총체적 해방을 가져다주리라는 것이 곧 바우하우스의 믿음이었다. 기계인간은 새로운 시대의 '새로운 인간'을 대변하는 것이었고, 인간 한계를 극복한 니체적 '초인'이 가장 이상적인 몸이자 새로운 예술가상이었다.

바우하우스의 예술적 상상력은 기계주의 시대의 시대적 상황을 적극 수용한 것이었다. 바우하우스는 '예술과 테크놀로지의 결합'을 내세웠고, 과학기술과 결합된 미학을 지향했다. 바우하우스를 비롯한 20세기 초 아방가르드 예술가들은 과학문명과 기계 발달을 가장 먼저 몸으로 받아들였던 것이다. 그런 맥락에서 바우하우스 예술가들은 다양한 테크놀로지를 이용해 인간 몸을 새롭게 묘사하는 실험들을 했다. 그들은 더 이상 인간 몸을 유기적인 해부학 원리에 따라 묘사하지 않았다. 인물들 움직임이나 자세들은 수직, 수평, 대각선처럼 가장 단순한 기하학적 요소들로 묘사되었고 추상적인 형태로 조립된 것이었다. 독일 작가 슐레머는 기계인간에 대한 실험을 주도했다. 그는 바우하우스에서 처음으로 〈인물진열장〉(1922)을 공연했다. 그 외에도 〈기계적 발레〉〈제어판의 인간〉(1924) 〈인간+기계〉(1924) 같은 작품들은 미래 인간에 대한 상상이었다.

기계인간은 예술에서뿐만 아니라 정치, 사회, 문화 전반에 걸친 당시 시

---

### 아방가르드, 슈퍼휴먼을 꿈꾸다

아방가르드 예술이 몸과 기계의 융합을 꿈꾸고 상상했던 것은 유한한 몸의 운명을 뒤바꾸기를 원했기 때문이다. 기계는 인간이 꿈꿔온 것을 실현시킬 수 있는 수단이었으며, 미래를 향한 상상력을 움직이는 엔진이었다. 아방가르드 운동 중에서도 특히 미래파 예술가들은 남성을 기계로 증폭된 인간, 슈퍼휴먼으로 상상했다. 그들은 철학자 니체가 말한 인간의 운명을 초월하는 '초인'이 기계로 실현될 수 있다는 믿음을 가졌다. 미래파의 수장 마리네티는 기계가 주인을 배신하지 않고 숭앙하리라는 믿음을 가졌다. 그에 따라 기계와 융합된 새로운 수컷은 자신의 의지대로 힘을 펼칠 수 있고, 자신의 욕망을 발산하며, 시간과 공간을 지배하게 된다.

아방가르드 예술 작품들에서는 강철, 철갑, 갑옷의 이미지들이 등장한다. 1911년 마리네티는 "강화된 인간과 기계의 통치"를 선언했다. 금속 기계로 무장되고 강화된 몸은 미래파들이 꿈꾼 몸이다. 그들은 인간과 기계의 하이브리드가 새로운 미래 인간상을 제시할 수 있다는 강력한 믿음을 가졌다. 이러한 아방가르드 예술가들의 인간-기계 융합이 테크놀로지가 상상력과 결합될 수 있는 계기를 마련했다는 점을 상기할 필요가 있다. 세기가 전환되던 20세기 초 기계에 대한 열렬한 상상력이 이후 기계

와 테크놀로지가 서로 융합되며 문화와 산업, 정치를 비롯한 사회현상 전체에 대한 영향력을 행사하게 되는 토대를 마련했던 것이다.

그런데 아방가르드 예술가들은 왜 기계의 특성 중에서도 금속성에 특별한 의미를 부여하고 이를 작품에 적극 반영했을까? 기계와 금속은 성적 상상력과 깊은 관련을 가진다. 기계는 섹스와 욕망을 대변하는 것이었고, 섹스적 욕망은 기계적인 섹스를 의미했다. 그런 기계적 섹스는 주관적이거나 감정적인 것이 아니라 기계적이고 물질적인 것이었다. 한편 기계적 금속성은 남성과 여성 사이의 섹스적 상상력이 자석의 금속성처럼 작용한다는 것을 의미했다. 미래파의 상상력 속에서 기계와 남성적 몸의 융합은 파워나 자유와 관련이 있다. 그들에게 남성은 기계적 파워를 상징했고, 자연은 여성성과 모성성을 상징했다. 금속적 몸은 하늘이 내린 자연적 몸이 아니라 기계처럼 익명을 띤 것이었고, 인간 한계를 벗어난 탈인간화된 몸이었다. 당시 시대적 분위기에서 기계와 섹스는 밀접하게 연결되어 있었다. 나아가 기계는 19세기 포르노그래피에서 가장 선호되는 메타포이기도 했다. 기계의 왕복운동, 실린더 형태, 반복은 성적 코드이자 메타포였다. 이처럼 기계와 몸이 융합된 배경에는 섹스도 작용했다.

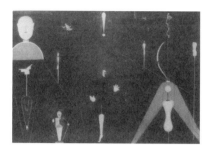

대적 상황에 깊이 연루되어 있다.

20세기 초 기계문명과 21세기 과학기술을 그 수준이나 파급 효과 측면에서 비교하면 어쩌면 상대가 안 될 정도로 큰 격차가 있을 것이다. 하지만 과학기술 발달이 미친 변화와 파급효과 측면에서 보자면 아마도 20세기 초가 훨씬 컸으리라고 상상할 수 있다. 실제로 19세기까지의 몸에 대한 인식과 상상력은 20세기부터는 엄청난 변화를 겪게 된다.

슐레머의 〈인물진열장〉은 인물을 구성하는 요소들이 진열된 진열장을 표현한 것이다. 그런데 무엇이 인물을 구성하는 요소들인지 자세히 들여다보면, 얼굴·다리·팔·몸통·선·막대기·점들이다. 그것은 피와 살로 된 인간 몸이 아니다. 살 한 점이라도 떨어져나가면 금세 고통을 느끼고 몸의 한 부분이라도 잘못되면 균형이 깨지는 몸이 아니라, 얼굴과 반달 모양의 면, 가운데 손 하나, 아래 몸통에 바퀴를 달면 완성되는 인물이고, 필요하면 다리, 느낌표 같은 막대기, 점을 덧붙일 수도 있다. 또 완성된 인물은 해체시켜 진열장에 보관할 수도 있다. 이 작품은 슐레머가 바우하우스에서 연극무대를 위해 설계한 인물 스케치다. 그가 내세우는 연극적 인물은 인간의 몸 즉 하나의 통일된 유기체 형태를 띤 것이 아니라, 기계처럼 해체시키거나 여러 가지 방식으로 조합시킬 수 있다. 그는 새로운 시대의 새로운 연극을 위한 새로운 몸을 상상해냈던 것이다.

바우하우스는 문화예술 분야뿐만 아니라 교육 분야에서도 선구적인 개혁을 했다. 예술과 교육은 얼핏 생각하기에 상반된 것으로 보이지만, 바우하우스는 예술과 교육이 서로에게 자극과 도움을 준 대표적 사례로 꼽힌다. 바우하우스 예술가들은 예술 교육 분야에서 과감한 상상력과 창의성을 실천했다.

1차 세계대전 이후 바우하우스를 창시한 발터 그로피우스는 당시의 급변하는 시대에는 새로운 예술적 상상력이 필요하다는 것을 직감했다. 예술은 19세기처럼 천재적 재능을 부여받은 자와 이를 누릴 수 있는 특수계층에 국한되어서는 안 된다는 생각이었다. 그는 신화화된 예술이 대중 속으로 내려와야 한다는 것을 간파했다. 천재적 감각보다 예술가들이 가진 기술과 장인정신 또한 높이 평가되어야 하며, 이것을 교육시켜야 한다는 것이었다. 그로피우스는 자신과 뜻을 같이하는 예술가들과 규합해 예술적 상상력이 천재들이 낭만적으로 꿈꾸던 요람에서 나와 일상적인 장식품이나 공예품에도 적용되어야 하고, 시대를 이끌어가던 테크놀로지와도 결합되어야 함을 강조했다. 그는 당시 유럽에서 새로운 예술적 상상력을 펼쳐가던 예술가들과 함께 바우하우스를 설립했다.

바우하우스의 특징은 이론 중심에서 벗어나 예술이 가진 고유의 상상력과 창의성을 교육에서 실천했다는 것이다. 겨우 전통적인 사회로부터 벗어난 20세기 초에 창의적인 교육을 상상한다는 것 자체가 상당히 놀라운 일이다. 바우하우스에서는 가장 먼저 교수와 학생 간의 일방적이고 위계적인 교수법을 지양했다. 교수와 학생은 같은 공동체에 속한 구성원이었다. 교실은 교수가 시간이 되면 들어와서 지식을 일방적으로 전달하고 가는 장소가 아니었다. 대신 교수와 학생이 공동 프로젝트를 개발하고 같이 협동 워크숍을 하는 기획공간이 되었다. 이 공간에서 예술은 모든 것에 열려 있어야 했다. 예술은 일상생활과 분리되지 않았다. 그 유명한 칸딘스키나 클레, 모홀리-나기 같은 거장들이 물주전자, 의자, 책꽂이를 디자인하는 데 학생들과 함께 자신들의 예술적 상상력을 적용시켰다. 그런데 이런 교육현장에서 수혜를 받는 것은 단지 학생들만이 아니다. 교수예술가들 역시 이런 교육법으로부터 자신의 상상력을 넓힐 수 있었다. 바우하우스는 상상은 자유로운 제도 속에서 꽃필 수 있다는 것을 실천적으로 보여주었다.

## 기 계 와 의  사 랑

20세기 전반부 과학기술과 산업이 발달하면서 기계는 인간 몸에 지대한 영향을 끼쳤다. 인간 몸은 속도를 경험하고 기계와 융합되면서 인간 고유의 경계가 허물어지기 시작했다. 이렇게 볼 때 기계는 인간 입장에서 모든 것을 인간중심적으로 사고하는 것으로부터 벗어나게 하는 도구 역할을 했다. 기계와 속도를 숭앙하며 새로운 예술과 새로운 미래사회를 상상했던 마리네티는 미래주의 선언문에서 끊임없이 주체로서의 일인칭인 '나'의 죽음을 강조했다. 그의 기계와의 하이브리드적 상상력은 인간 자신의 폐쇄된 자아를 해체시킨 것이었다. 그러한 자아의 해체는 후기구조주의가 시도했던 인간 위주의 사유방식에 대한 해체를 예술에서 앞서 실천한 것이었다고 볼 수 있다. 20세기 후반 포스트모더니즘 철학과 후기구조주의 철학에서는 끊임없이 인간중심주의가 해체되어야 함을 강조했다. 인간만이 세계를 움직이는 중심적 존재가 아니며, 이성만이 인간사회의 척

그림 41 프란시스 피카비아, **나는 기억 속에서 나의 사랑 우드니를 다시 만난다**, 1914, 스프링과 철사 같은 기계부품들로 만들어진 발레리나.

도가 될 수 없고, 자아만이 삶의 유일한 지표가 될 수 없다는 것이었다.

후기구조주의의 대표주자 자크 데리다는 인간중심주의를 비판하면서 차이를 인정해야 함을 강조했다. 차이는 서구의 합리주의, 이성주의가 만든 이분법, 예를 들어 백과 흑, 진리와 거짓, 선과 악이라는 극단적 분리주의를 폐기하고 모든 의미를 탄생시키는 열쇠였다. 양 극단에 놓인 반대 항들은 상대적인 것이지 절대불변의 고정된 것이 아니라는 것이다.

이분법은 인간과 기계의 관계에도 적용된다. 인간과 기계 둘 중 어느 것이 진리이고 선한 것인가를 선별하는 것이 중요한 것이 아니라, 둘의 차이를 인정하고 서로의 관계를 존중하며 그 둘의 관계가 어떻게 작용토록 하는가가 중요하다는 것이다. 마리네티가 '나'의 죽음을 강조하며 기계적 속도와 상상력을 미래 키워드로 주장했던 것에는 과학적 발견도 크게 작용했다. 마리네티를 비롯한 미래파들은 인간 몸 역시 다른 동식물과 마찬가지로 원자·전자·분자로 이루어진 물질이라는 사실을 받아들였고, 그에 따라 유기체와 무기체 사이의 전통적 구분이나 감각을 가진 존재와 기계적 존재 사이의 구분 역시 없애야 한다고 주장했다.

20세기 전반부 미래파를 비롯한 아방가르드 예술 운동들에서 인간 몸은 기계와 경계가 없는 융합적인 몸이 된다. 예술가들은 기계와 사랑을 나누고, 기계를 인간으로 상상하며 기계와 융합되어간다. 그러면 인간 몸을

# 인간은 기계와 사랑을 나눌 수 있을까?


기계적으로 상상하고 기계와 사랑을 나누는 작품들을 살펴보자.

피카비아가 1914년 완성한 〈나는 기억 속에서 나의 사랑 우드니를 다시 만난다〉라는 대형 작품은 기계로 상상된 사랑을 표현한다. 어느 날 피카비아는 대서양을 횡단하는 여객선에서 아름다운 여인을 만난다. 그녀는 발레리나 우드니다. 피카비아는 우드니와 사랑에 빠지고, 둘은 사랑을 완성시킨다. 그 후 화가의 기억 속에서 우연히 여객선에서 만난 한 여인과의 황홀한 사랑이 떠오른다. 아름다운 곡선들이 주를 이루는 이 작품은 마치 아름답게 피어오르는 꽃잎 같기도 하다. 그러나 자세히 들여다보면 스프링과 철사, 각 부분들을 연결시키는 장치들이 복잡하고 정교하게 설계된 기계장치임이 드러난다. 그리고 밑부분 바퀴는 자동차 바퀴를 연상시키기도 하고 여객선 선실을 연상시키기도 한다. 황홀했던 여인과의 사랑은 복잡한 부분들이 절묘하게 연결되어 작동되는 기계로 상상된다. 섹스는 기계 운동이고, 여인의 이미지는 기계를 이용해 만든 인물화다. 기계는 신경체계를 갖추고 작가의 상상력이 작용하는 장소가 된다. 피카비아에게 기계는 영혼을 가진 개체로 상상되었다. 이 작품에서 기계는 바로 섹스라는 환상을 기억하게 하는 장치다.

프란시스 피카비아는 마르셀 뒤샹의 절친한 친구이자 동료로서, 뒤샹과 같이 기계와 테크놀로지, 과학에 관심을 가지고 기계에 대한 새로운 형태의 상상력을 보여주었다. 그는 20세기 초 모더니즘 시대에 기계에 매료된 예술가 중 한 사람이다. 피카비아가 기계에 매료된 것은 당시 기계문명의 상징이었던 뉴욕에서의 경험이 결정적 계기가 되었다. 그는 기계가 더 이상 인간 삶에서 액세서리가 아니라 삶의 중요한 일부를 이루는 것이며, 인간과 마찬가지로 영혼을 가지고 있다고 믿었다. 그는 1915년 뉴욕을 방문했을 때 "미국에 온 이후 나는 문득 현대세계의 천재는 기계 속에서 존재하며 예술은 기계를 통해 가장 빛나는 표현방식을 발견해야 한다는 생각을 갖게 되었다"고 피력한다. 그런 기계는 자신의 예술 창작에서 상상력을 잉태시키는 원천이었다. 그는 여인의 몸을 기계로 상상했고, 여인과의 사랑 역시 기계와 관련된 욕망으로 표현하였다. 로봇과 사랑에 빠지고, 아바타를 통해 제2의 삶을 살아가는 21세기적 사이보그에 대한 20세기적 버전이라 하겠다. 20세기 초 기계는 산업혁명 시대에 인간 노동을 대신하던 기계의 위상을 넘어서고 있었다. 기계는 문화적 아이콘이었고, 시대적 상상력의 키워드였다.

우리가 피카비아에게 특히 관심을 가지는 것은 그의 상상력이 시대를 반영하면서도 그만의 독특한 상상력의 한 형태를 보이기 때문이다. 골렘이나 프랑켄슈타인처럼 기계는 주로 남성 또는 괴물로 상상되었다. 다시 말해 서구사회에서 기계는 남성적인 것으로 간주되어 남성들 사이에 연대감을 부여하는 것이었다. 반면 피카비아의 경우는 아주 여성적이고 에로틱한 것으로 상상된다. 그의 상상력은, 한쪽 발은 당시의 시대적 상황에 다른 쪽 발은 미래를 향해 딛고 있다.

## 전기 인간이 된 여성

지금은 상상하기조차 힘들지만, 전구가 발명되기 전에 전기 있는 세상은

그림 42 프란시스 피카비아, **미국여인**, 1917, 기계 여인과의 사랑을 예견한 작품.

AMÉRICAINE

391

상상 밖의 일이었다. 빛이 없는 밤을 밝히는 것은 램프와 호롱불이었다. 에디슨이 백열전등을 발명한 것이 1879년이니까 그것은 불과 150여 년 전의 일이다. 산업혁명이 한창 진행되었던 19세기 말 에디슨은 1000여 개의 특허를 냈다. 축음기, 축전기, 영사기, 촬영기 등 수많은 그의 발명들 중에서도 특히 전구의 발명은 인류 문명에 큰 전환점을 가져왔다. 전구는 근대도시 문명의 상징이다. 1879년 발명된 이후 20세기 초 근대 대도시에서 일상적으로 볼 수 있었던 전구는 당시 사람들에게 어떤 상상을 불러일으켰을까?

위의 그림은 당시 전구의 이미지다. 소켓과 필라멘트, 유리로 된 전구 몸체, 플러그, 어둠을 밝히는 일상의 전구. 이 그림은 프란시스 피카비아의 작품으로서 아주 특이한 상상력의 한 예를 보여준다. 전구는 여인, 그중에서도 미국 여인이다. 어떻게 전구가 미국 여인으로 상상되었을까? 전구와 미국 여인 사이의 어떤 맥락이 이런 상상력을 잉태시켰을까? 우선 두 가지 경로를 추정할 수 있다. 하나는 전기가 가지는 극성이고, 다른 하나는 미국이라는 상징성이다. 전기가 통할 때의 짜릿함은 마치 여인의 성적 매력이 주는 짜릿함과 같을 수 있지 않을까? 이 추정을 뒷받침해주는 예가 있다. 20세기 초 프랑스 실험문학계의 알프레드 자리라는 작가의 〈우부Ubu〉(1902)라는 작품에서는 전기가 정말 엄청난 상상력을 불러일으키는 것을 목도할 수 있다. 파리에서 시베리아까지 달리는 자전거 경주가 벌어진다. 이 경주에서 주인공 슈퍼맨이 승리하고, 우승과 동시에 기차를 타고 온 미국 산업재벌 딸과 결혼한다. 여기서 작가의 상상력은 예상치 못한 방향으로 선회한다. 슈퍼맨의 몸이 너무 기계화되어 그녀와는 육체적 사랑을 할 수 없게 된다는 것이다. 상상해보라. 몸이 너무 기계에 익숙해져서 인간과는 사랑을 나눌 수 없다니!

알프레드 자리는 우리에게 엉뚱한 해법으로 환상 소설의 묘를 맛보게 한다. 과학자가 슈퍼맨에게 한 가지 해법을 실험한다. 과학자는 슈퍼맨에게 전기의자를 만들어준다. 이 전기의자는 자석 발전기로 뽑아올린 강력한 전기 충격을 가해 슈퍼맨의 성욕을 자극한다. 가죽 끈에 묶인 채 1만 1000볼트의 전기충격을 받고 슈퍼맨이 사랑하게 되는 것은 결국 전기의자다. 이와 함께 자석 발전기 역시 슈퍼맨과 사랑에 빠진다는 결말이다. 21세기 눈으로 보면 전기나 과학기술에 대한 이러한 상상력은 유치하기까지 하다. 하지만 인간이 전기의자와 사랑에 빠지고, 자석발전기가 인간에게 성적 매력을 느끼는 것과 〈바이센테니얼 맨〉에서 로봇과 인간이 서로 사랑을 느끼고 섹스를 하는 것 사이의 거리는 그리 멀지 않다.

여기서 우리는 한 가지 더, 여성에 대한 각 시대적 상상력의 차이점을 간파할 수 있다. 만약 16세기 레오나르도 다 빈치가 살았던 시대라면 여성의 몸은 분명 전구로 상상될 수 없었을 것이다. 보일 듯 말 듯 속을 드러내지 않는 미소가 여성 매력에 대한 일반적인 이미지였다. 하지만 1910년대와 1920년대 여성 이미지는 새로운 기계문명 맥락 속에서 상상되었다.

특히 대도시 문명을 상징하는 전구나 전기가 여성적 이미지에 대한 상상력의 모티브가 되었다. 당시 유행한 '신여성'이라는 말은 도시의 해방된 여성을 상징하는 것이었다. 이러한 '신여성'이라는 개념은 성적으로도 개방되고 새로운 문물을 몸소 받아들이는 경향을 가리켰다. 전구나 전기는 현대적인 대도시의 문명을 상징하는 것이었고, 이러한 전기 에너지는 새롭게 바뀐 여성 이미지와 부합되었다. 19세기와는 달리 20세기 신여성의 이미지는 모던한 기계 이미지와 관련되었던 것이다.

19세기 여성이 남성에게 치명적 상처를 주는 팜므파탈이었다면, 20세기 여성은 자유롭게 해방된 신여성의 이미지였다. 그런데 신여성은 유럽 쪽보다는 당시 기계문명이 고도로 발달했던 미국을 선호하는 경향을 띠었다. 우리나라에서 20세기 초 신여성 이미지가 서구 문명과 동일시되었던 것과 같은 맥락이었다. 전구는 미국의 에디슨이 발명한 것이었고, 미국적인 것으로 간주되었던 것이다. 미국 뉴욕의 각종 전시회를 비롯해 화려한 대도시 불빛은 유럽인들 동경의 대상이었으리라. 유럽 각국은 자신의 나라들이 유럽 속의 미국이기를 갈망했다. 새로운 인간은 곧 '호모아메리카누스'였다.

사실 당시 미국은 세계대전을 거치면서 성공모델 그 자체가 되었다. 강력한 무기를 보유한 재즈의 나라, 미국은 유럽의 상상을 자극하는 유토피아 역할을 했다. 따라서 신여성 이미지는 가부장적 가정의 전통적 여성 이미지를 벗어나 미국화된 여성, 즉 사회적이고 활동적이며 개방적인 이미지를 띠었다. 당시 신여성은 미국화되고 다소 남성적인 활달함을 지닌 이미지로 통했다. 투명한 전구는 속을 숨기고 은폐시키는 전통적 여성이 아니라 모든 것을 개방하고 드러내는 신여성 이미지와 잘 부합했다. 개방적인 미국식 여성은 과감하게 남성을 유혹하고 성적 경험도 많으며, 이혼도 치명적으로 여기지 않는 여성이었다. 전구의 둥근 표면에 쓰여 있는 바람둥이(Flirt), 이혼(divorce)이라는 문구는 이런 상상력을 반영한다. 투명하고 둥그런 곡선은 여성의 가슴선과 엉덩이의 매혹적인 곡선을 곧바로 상상케 하는 것이었다. 현대 문명사회의 여성은 전기적 인간이었다.

## 양 성 의  몸 을  갖 는  기 계

르네 마그리트는 1929년 〈이미지의 배반〉이라는 작품에서 진짜 파이프처럼 실감나게 파이프를 그려놓고 그 아래 "이것은 파이프가 아니다"라는 문구를 썼다. 이 작품은 서구 회화의 전통에 대한 의미심장한 도전장이었다. 그는 결국 화가가 아무리 정교하게 현실 속의 이미지를 그대로 복사해낸다고 해도, 그것은 화가의 상상력이 동원된, 현실과는 다른 무엇이라는 것을 말하고 싶었던 것이다. 즉 그림 속에 정교하게 진짜처럼 그려진 파이프는 현실 속에서 당신이 입에 물고 있는 파이프와는 전적으로 다른 차원의 것임을 일깨우는 것이었다. 이 도전은 바로 화가의 창의성에 독립적 권리와 가치를 부여하도록 하는 것이었다. 이로써 화가들은 상상력에 자유의 날개를 달았다. 현실 속 사물들과는 무관하게 마음껏 표현할 수 있게 되는 것이다.

　여기 달걀 거품기가 있다. 톱니바퀴를 돌리면 원형의 철사 고리들이 달

그림 43 만 레이, **남자**, 1920, 남자로
상상된 달걀거품기.
그림 44 만 레이, **여자**, 1920, 여자로
상상된 달걀거품기.

걀을 풀어 거품을 쉽게
내주는 기구다. 그런데
보통 가정에서 일상적으로 사용하는 이 평범한 도구가 화가의 상상력 화
폭에 옮겨지는 순간, 그것이 무엇이 될지는 아무도 모른다. 여러분은 무엇
을 상상하겠는가? 르네 마그리트는 파이프가 아니라는 사실만 보여주었
다. 만 레이는 그것이 파이프가 아니라면 어떻게 다른 것이 될 수 있는가
를 보여준다.

만 레이는 똑같은 '달걀거품기'를 가지고 두 작품을 창작했다. 한 작품
은 〈남자〉라는 제목으로, 다른 작품은 〈여자〉로 발표했다. 달걀을 휘저어
거품을 내는 가전기구가 어떤 때는 남자의 몸이 되고, 또 어떤 때는 여자
가 된다. 이것은 관람객 혼자서는 풀 수 없는 일종의 수수께끼 혹은 상상
력 놀이인 것 같다. 거품기와 몸, 그 사이에는 어떤 상상력이 작용한 것일
까? 그는 똑같은 오브제를 다른 제목으로 내놓음으로써 같지만 다른 상상
력의 예를 보여주었다. 그는 당대의 그 누구보다 기계에 대해 훨씬 풍부한
상상력을 보여주었다. 같은 거품기가 어떻게 하나는 남자, 하나는 여자가
될 수 있는가! 기계가 가진 양성적 측면을 어떻게 이보다 잘 상상할 수 있
겠는가!

달걀거품기는 가정생활을 상징하는 것으로서 여성적인 이미지를 가진
다. 만 레이는 1890년 필라델피아에서 출생했으며, 뒤샹과 함께 미국의
다다운동을 이끈 인물이다. 하지만 뉴욕에서는 다다 운동을 할 수 없다고
판단했다. 1920년 "다다는 뉴욕에서 살 수 없다"고 선언한 뒤 1921년 파

리로 떠났고, 그 후 20년 간 파리에서 활동했다. 끊임없이 아방가르드 정신을 지향했던 작가의 생명력은 바로 기존의 것을 벗어난 상상력이었다. 그의 상상력 속에서는 달걀 거품기가 사람의 몸이 될 수 있으며, 또 그 몸은 고정된 성을 가지는 대신 상황에 따라 또 다른 상상력의 형태를 띨 수도 있다. 모든 형상은 고정된 것이 아니며 일시적이고 언제나 변화할 수 있는 잠재력을 가진다. 힘차게 저어 달걀 생명체의 모습을 완전히 거품으로 만들어버리는 파워풀한 기능은 남성적일 수도 있지만, 때에 따라서는 남성처럼 강해지고 남근적인 성적 지위를 가지게 된 여성이 대신할 수도 있는 것이다. 〈남자〉는 1차 세계대전 중의 작품이고, 〈여자〉는 1차 세계대전 후의 작품이다. 만 레이는 1차 세계대전 이후 강해지고 남성화된 남근적 여성의 몸에 대한 상상의 예를 표현한 것이다.

이 시기의 여성은 정치적, 법적 자유를 획득해 투표권을 가졌으며, 담배도 피우고 섹스를 주도하는 위치도 확보했다. 이것은 한 대상이 이중적이며 안정되지 않은 불안정한 것임을 보여준다. 그 이중성은 여성과 남성이라는 젠더의 문제일 수도 있고, 20세기 초 인간이 기계에 대해 가졌던 이중적 태도를 내포하는 것이기도 하다. 기계는 현대의 도시문명사회를 구축하는 핵심적 요소이기도 하지만, 세계대전을 주동한 야누스의 또 다른 얼굴이기도 하기 때문이다. 만 레이의 작품은 예술작품 속의 단순해 보이는 이미지가 얼마나 넓은 스펙트럼을 가지고 있는지를 보여주는 예다. 이는 세계적으로 인정받는 수준급 디자이너들이 내놓는 단순한 선들이 얼마나 많은 역사와 상상력과 창의적인 발상 과정을 거친 것인지와 일맥

상통하는 부분이다. 상상력은 복잡하게 얽힌 거미줄과 같다. 복잡하게 얽혀 있지만 나름의 규칙과 이유가 있다. 그래서 다른 사람도 그 선을 따라가서 그 긴 선들을 풀어낸 거미를 잡을 수 있다.

한편 우리가 만 레이의 상상력에 흥미를 느끼는 것은 그의 상상력이 시대를 반영함과 동시에 다가올 서구사회 전반의 변화를 예측하고 있기 때문이다. 아방가르드 예술운동은 그러한 서구사회에 대한 반항이었다. 20세기 후반 후기구조주의자들이 해체하려고 했던 것은 같음이 계속 같을 수 없다는 것이었고, 같음에도 다름이 공존할 수 있다는 것이었다. 나라는 자아의 정체성은 곧 타자의 정체성에 대한 상대적인 것이며, 여자와 남자의 차이는 절대적인 것이 아니라 상대적이라는 것에 대한 성찰이었다. 상상력은 때로 철학적인 성찰일 수 있다. 또 상상력은 시간적, 공간적으로 서로 연계되어 있다. 지금 21세기 여러 분야들에서 일어나는 변화 조짐들은 과거와 관련되어 있고, 그 관련 속에서 미래를 여는 열쇠가 된다. 그리고 시간과 공간을 관통하는 문은 상상력이라는 열쇠를 가졌을 때 비로소 열 수 있다.

경계적 존재,
몸은 상상의 네트워크다

## 상상의 네트워크로서의 몸

고대인들은 인간 몸을 단순히 하나의 몸에 국한시키지 않고 더 큰 몸, 즉 우주, 자연과 관련해 상상했다. 과학기술이 최고도로 발달한 지금은 인간이 자연을 지배하고 우주를 정복하고 있다고 자만하지만, 고대에는 인간이 자연 지배를 받고 우주가 모든 것을 지배한다고 상상했다. 그 시대에 인간 몸은 몸 자체로 상상되지 않았다. 몸은 자연이나 우주와 뚜렷한 경계가 없었다.

티베트에서는 무상귀라는 귀신이 세계를 떠받치고 있다고 상상했다. 거대한 귀신 몸이 이 세상을 지탱하고, 세상의 모든 현상들은 그렇게 떠받들린 곳에서 일어나고 있다는 것이다. 무상귀라는 귀신이 사바세계 전체를 떠받치고 있다는 상상은 아마도 현실세계가 수많은 세계 중의 하나라는 것과 우리가 하는 모든 행동들이 귀신 손바닥 안에 있다는 것을 암시하는 듯하다.

그리스 신화에서도 역시 몸은 우주와 연결되었다. 거인 아틀라스는 원시 티탄족이었다. 제우스와 티탄과의 싸움에서 아틀라스는 자신이 속한 티탄 편에서 싸웠다. 그런데 티탄이 제우스에게 지고 그에 대한 벌로 아틀라스는 하늘을 떠받치고 있어야 하는 형벌을 받았다고 한다. 여기서 무상귀와 아틀라스의 신분 차이를 상상해볼 수 있다. 무상귀는 부처들과 불보살들이 사는 세상과는 다른 사바세계를 지키는 입장이고, 아틀라스는 벌을 받아 고통스런 노역으로 지구를 떠받들고 있는 입장이니 이들의 신분은 하늘과 땅 차이라 할 만하지 않을까? 또 한 가지, 네트워크 차원에서 볼

그림 45 (위). 이집트 신화에서 여신 누트가 땅을 에워싸고 있는 모습.
그림 46 (아래). 북유럽 신화의 위그드라실.

때도 무상귀와 네트워크화된 몸과 형벌에 처해진 아틀라스는 서로 다르다.

이집트 신화에서도 몸을 우주와 연결해 상상한 흔적을 볼 수 있다. 여기서는 우주 자체를 하나의 커다란 몸으로 상상했으며, 우주적 현상은 이 커다란 몸으로부터 파생되는 것으로 여겼다. 하늘의 여신 누트는 편평한 땅을 위에서 에워싸고 있다. 이 누트의 몸에는 별들이 아로새겨져 있는데, 매일 저녁 태양을 삼켰다가 새벽에 다시 토해내기 때문에 낮과 밤이 생긴다고 상상했다. 북유럽의 한 신화는 좀 더 다양하고 섬세하게 몸과 우주의 관계를 상상했다. 그 신화적 우주에서는 시간과 공간이 융합된 형태를 띠고 있다. 세계는 위그드라실이라는 거대한 나무로 둘러싸여 있고 그 공간에는 죽은 자와 산 자, 중간 세상과 천상세계, 인간과 동물, 식물이 모두 공존하는 것으로 상상되었다. 그 상상 속의 몸은 다양해 난쟁이, 거인, 요정들이 공존한다.

## 몸, 우주의 축소판

동아시아에서 인간의 몸은 세계라는 큰 우주 속에서 그에 상응하는 작은

## 허준과 다 빈치

종의 관점에서 보면 모든 인간은 평등하며 같은 조건을 가진다. 그런데 동양과 서양은 같은 몸에 대해 다르게 상상한다. 동양과 서양의 몸에 대한 상상의 차이를 극명하게 보여주는 것이 허준의 《동의보감》에 나오는 〈신형장부도〉와 레오나르도 다 빈치의 〈신체해부도〉다.

다 빈치의 신체해부도는 사람의 실제 모습과 가깝다. 그 묘사는 과학적이고 생물학적 객관성을 가지며 사실에 근거해 합리적이다. 반면 신형장부도는 생물학적, 의학적, 과학적 객관성을 기반으로 하고 있지 않고 시각적 객관성도 가지지 않는다. 허준은 신형장부도를 스승 유의태의 시신을 해부해 그렸다고 한다. 그런데 시신을 해부한 것이라고 하기에는 사실과 너무 다르다. 마치 시신을 한 번도 해부해보지 않은 사람이 그린 것 같다. 그것은 상상된 몸이다. 서구의학과는 달리 한의학에서 몸은 상상의 도구이며 매개체다. 신형장부도가 보여주는 것은 몸을 상상력으로 재구성한 이미지다. 한의학 경혈도는 한의사가 촉각으로 감지한 몸의 각 부위들이 어떻게 서로 네트워크화되어 있는가를 시각적으로 표현한 것이다. 시각적으로 나타낸 것이기는 하되, 그것은 시각으로 감지한 것이 아니라 촉각으로 상상해 얻어낸 정보들인 것이다. 그리고 그 정보들은 제각기 떨어진 개별적인 정보가 아니라 각 부위들 간의 상관관계를 나타낸다. 그것은 촉각을 통해 감지된 감각을 기반해 상상력으로 구성된 몸의 지도다. 상상력의 경이로운 힘이라 할 수 있다. 이런 점에서 한의학은 '상상의 과학'이다. 완전히 이질적인 것 같은 상상과 과학이 만난 학문인 것이다. 《동의보감》에서는 인체를 이루는 본질

허준, 〈신형장부도〉. 눈에 보이지 않는 장기들 사이의 관계까지 표현하고 있다.

적인 요소들을 정·기·신·혈로 나누었는데, 기는 인체의 생리적인 운용을 담당하는 기능, 신은 인간의 정신활동을 담당하는 주체, 혈은 기와 짝을 이루는 활동, 정은 양생을 위해 기를 수련할 때 정기가 오르내리는 길에 해당한다. 이것은 신형장부도가 단순히 몸의 생리학적 기관들을 묘사한 것이 아니라 그 각각의 기능과 정신, 활동, 장기들의 상관관계를 나타낸다는 것을 말해준다. 허준의 신형장부도와 다 빈치의 신체해부도가 같은 인간의 몸을 대상으로 한 해부도라고 해도 근본적인 차이를 보이는 것은, 하나는 눈에 보이는 것을 있는 그대로 묘사했던 반면, 다른 하나는 눈에 보이는 것보다 각 요소들이 서로 어떻게 연결되어 있고 그 연결이 어떻게 서로에게 영향을 미치는가에 대한 눈에 보이지 않는 길들에 대한 상상의 지도였기 때문이다.

동아시아의 한의학이나 도교는 몸을 몸 자체에 국한하지 않는다. 동아시아의 몸은 시간과 공간을 초월해 모든 것을 네트워크화시킨다. 다시 말해 동양에서는 몸을 경계의 관점에서 바라보지 않는다. 대신 언제나 다른 것과의 관계들 속에서 상상한다. 공자의 《효경》에 "신체발부(身體髮膚)는 수지부모(受之父母)요 불감훼손(不敢毁損)이 효지시야(孝之始也)"라는 대목이 나온다. 이는 자신의 몸은 부모, 그보다 더 윗대 조상들로부터 물려받은 것으로서 그 몸은 자신에게만 속한 것이 아니기 때문에 그에 대한 권리도 자신만이 가질 수 없다는 것이다. 1895년(고종 32년) 을미사변 이후 김홍집 내각이 집권하면서 고종황제가 서양식으로 머리를 깎은 것을 시작으로 해 단발령이 시행되었다. 그런데 많은 유생들이 '신체발부 수지부모'라 하며 목을 자를지언정 두발을 자를 수는 없다고 반발했다. 나의 몸은 부모의 몸, 조상의 몸과 경계가 없는 몸이다. 따라서 부모님이 돌아가시면 나의 몸 역시 부모님의 죽은 몸으로부터 자유로울 수 없다. 시묘살이가 오늘날까지도 이어져올 수 있는 이유는 바로 여기에 있다. 손톱, 발톱, 머리를 자르지 않는 것은 물론 부모님의 죽은 몸 가까이에서 거의 죽은 몸처럼 살아가는 것이 시묘살이다.

## 동양과 서양에서는 몸을 같은 형태로 상상했을까?
## 동양에서 몸은 무엇일까?

우주로 상상된다. 몸의 각 부위들은 우주의 모든 것과 상응한다. 해와 달은 두 눈이며, 대지와 산은 뼈이고, 강은 혈맥이다. 과학적 관점에서 보자면 말도 안 되는 상상일 수 있다. 하지만 이러한 상상은 중국을 비롯한 동아시아 사상 체계와 생활양식을 지배하는 아주 중요한 뿌리다. 몸과 자연, 우주를 제각기 다른 것으로 생각하지 않고 서로가 서로에게 연결되어 있으며 그 연결이 제각기 조화롭게 유지될 수 있는 에너지를 생성한다고 여겼다. 이러한 상상의 뿌리는 미래사회의 중요한 해법이 될 수도 있다. 《황제내경》에서는 인간의 몸과 우주와의 상동관계에 대한 황제와 백고의 대화가 나온다.

"황제께서 백고에게 물어 말하기를, 바라옵건대 사람의 지체 마디가 천지에 어떻게 상응하는지요? 백고가 답하기를, 하늘은 둥글고 땅은 네모나며 사람의 머리도 둥글고 발이 네모나니 천지와 상응합니다. 하늘에는 해와 달이 있고 사람에겐 두 눈이 있으며, 땅에는 구주가 있고 사람에겐 아홉 구멍이 있습니다. 하늘에는 바람과 비가 있고 사람에겐 기쁨과 노여움이 있으며, 하늘에는 우레와 번개가 있고 사람에겐 음성이 있으며, 하늘에는 사계절이 있고 사람에겐 사지가 있으며, 하늘에는 오음이 있고 사람에겐 오장이 있으며, 하늘에는 육률이 있고 사람에겐 육부가 있으며, 하늘에는 겨울과 여름이 있고 사람에겐 추위와 더위가 있으며, 하늘에는 십일이 있고 사람에겐 열 손가락이 있습니다. 이것이 사람과 천지가 서로 상응하는 것입니다."

이 대화를 따라가다 보면, 정말 신비롭게 몸과 우주가 상응하는 것 같다. 우주의 축소판으로서의 몸이 우주와 동등한 위치에서 위대하기까지 하다. 생명이 존중되어야 하는 또 다른 근거를 여기서 찾을 수 있다. 몸을 이해하고 존중한다는 것은 곧 자연과 우주를 이해하고 존중한다는 것이다.

몸이 하늘이나 우주, 세계와 상응하는 것으로 상상된다면, 그 몸은 우주 운행의 이치를 연구하는 《역경》과도 자연스럽게 관련을 가진다. 《역경》이 다루는 8괘 즉 '건-곤-진-손-감-이-간-태'는 각기 몸의 '머리-배-발-다리-귀-눈-손-입'에 해당한다. 몸이 우주의 운행이치를 담은 그릇이라고 상상하다니, 이는 너무나도 큰 스케일의 상상력이 아닐 수 없다. 걸리버 여행기의 거인국이나 신화 속 거인에 대한 상상이라도 이보다 더 큰 스케일로 상상되지는 않았다. 몸이 곧 우주이고 우주와 대자연이 내 몸이며, 그 둘은 다른 것이 아니라 하나의 몸이라는 상상! 나의 몸과 너의 몸이 대립적인 다른 것이 아니라 하나의 뿌리에서 나온 같은 몸이라는 상상! 이것은 단지 동아시아의 문화적 맥락에서만 상상된 것일까? 그런 상상 속에 미래 인류가 찾아야 할 어떤 해법이 들어 있는 것은 아닐까?

## 네 트 워 크 화 된  몸

한편 우주와 네트워크화된 인간 몸 안에는 신들이 살고 있다고 상상되기도 했다. 뇌와 내장 곳곳에는 신들이 거주하는 공간이 있어 그곳에 마음을 집중하고 수련하면 불로장생할 수 있다는 상상이었다. 고대 중국이나 인도에서는 이러한 수행이나 명상법에 대한 체계적인 연구가 행해졌다. 고대 진나라의 갈홍은 《포박자》에서 몸 안의 여러 신들을 생각하고 명상함으로써 그 신들을 보는 방법은 수없이 많다고 서술했다. 갈홍은 그의 스승에게 들었다는 얘기를 전한다. 체내신은 원래 하늘의 북극에 사는 태일신으로서 성 안에 살고 있는데, 그 궁전 앞쪽에는 '명당', 뒤에는 '강궁'이 있다. 이 '명당'과 '강궁'은 각각 우리 몸의 머리와 가슴에 해당하는 곳으로 명상을 할 때 집중하는 부위다. 이 부위에 정신을 집중해 훈련하면 북극 태일신의 '명당'과 '강궁'에 통한다고 한다. 이처럼 동양에서는 몸이 신들이나 우주와 네트워크화되어 있다고 상상했는데, 그것은 신들이 자신의 몸 안에 있어주기를 바라는 마음에서였을 것이다. 신들을 몸 안으로 받아들여 거주하게 하면 생명과 건강을 보장받을 수 있다는 믿음이 그러한 상상을 낳았던 것이다.

　체내신에 대한 상상은 인도의 요가 명상법에서도 발견할 수 있다. 요가 경전에서는 명상할 때 의식을 집중하는 부위를 '차크라'라고 부르는데, 이 부위가 바로 신들이 살고 있다고 상상한 곳이다. 일본 고대신화시대에도 '타마후리'라든가 '타마시즈메'라는 의례관습이 있었다. 이것은 생명의 원천인 영혼이 몸 밖으로 나오지 못하도록 해 생명을 유지하기 위해 행해진 것이었다. 고대로부터 몸의 수행, 몸의 연마는 모두 상상을 통해 이루어졌다. 상상을 통해 몸은 신들이 살고 우주의 기운이 도는 장소가 되었다. 우주와 기를 소통시키는 수련에서는 호흡법으로 신체와 정신, 인간과 우주를 매개시켰다. 말하자면 호흡은 상상력의 구체적 매개체였던 것이다. 고대인들은 호흡이라는 지극히 평범한 신체적 운동을 상상과 관련시켜 놀라운 도의 경지에 이르렀다. 도교와 불교, 유교에서 호흡법은 널리

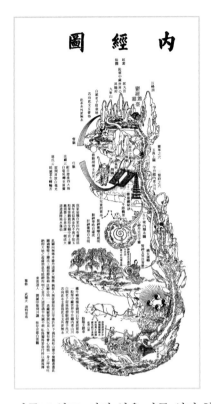

그림 47 **내경도**, 중국 청조시대의 석판화, 몸의 각 부위에 신들이 거주하는것을 묘사한 상상의 해부도.

운용되었다고 한다.

18세기경 중국 청조시대의 석판화인 〈내경도〉는 명상하는 사람의 몸에 대한 상상도로, 명상의 각 단계들을 상상한 그림이다. 이 그림은 몸의 각 부위에 신들이 거주하는 모습을 나타낸다. 어떤 신은 소와 함께 쟁기로 밭을 갈고 있고, 어떤 신은 한가로이 낚시를 즐기고 있는가 하면, 또 어떤 신은 악기를 다루고 있고, 어떤 신은 다른 신과 함께 협동작업하는 모습도 보인다. 명상은 우주와 소통해 몸 안에 신들을 머물게 하는 것인데, 이것은 곧 상상력을 동원한 몸의 수련이다. 그런데 그 상상은 단순한 환상을 넘어 구체적으로 체현하는 것이었다. 그것은 신이 그가 머무는 "몸 안의 부위에서 옷을 입고 특유한 소지품을 갖고 보통의 모습으로 치장하고 있는 것을 실제로도 보는 것"이었다.

과연 상상력의 경계는 어디일까? 인도의 요기들이나 상당한 수준의 기 수련자들은 이처럼 몸 안에 신들이 사는 체험을 하고, 몸 안을 여행하며 자신의 몸을 우주와 합일시킨다. 물론 그것을 과학적으로 증명할 수는 없다. 4차원적인 체험여행이기 때문이다. 그 여행은 시간과 공간의 경계가 없고, 현실 차원에서는 일어날 수 없는 일이다. 하지만 정신적 차원에서 상상의 힘을 증명할 수 없기 때문에 그것이 환상이며 정신적 착란이라고 치부할 수는 없다. 21세기 과학은 정신 영역에 도전하고 있다. 특히 양자역학 분야에서는 아직 풀어야 할 신비로운 일들이 많다. 과학 분야에서 몸의 수행에 대한 연구가 이루어진다면, 상상을 통해 몸 안에 신들이 거주하는 현상들을 이미지로 포착해 보여줄 수 있을지도 모르겠다.

그렇듯 인도철학에서 상상하는 몸 역시 경계를 없애고 네트워크를 실천하는 몸이다. 흔히 우리는 몸과 마음을 분리시킨다. 서양에서는 고대로부터 몸을 영혼이나 이데아와 경계를 두고 구분시켜왔다. 하지만 동양에서는 그러한 경계를 두지 않는다. 인도 철학에서는 몸과 마음은 구분되지 않는다. 대신 그 둘이 서로 연결되어 있는 연속체인 '사리라'로 되어 있어 "몸은 마음의 외피이며, 마음은 몸의 내면"이라고 상상했다. 이 상상의 몸에는 여러 차원이 네트워크화되어 있다. 몸은 조대신, 미세신, 원인신이라는 세 겹으로 구성되어 있고, 이 세 차원의 몸들은 서로 긴밀히 연결되어 있다. 미세신은 차크라라고 불리는 지점에서 조대신과 연결되는데, 차크라는 보이지 않는 수많은 '나디'라는 영역 즉 "영적인 세계와의 접촉점들을 제공하는 신비체험의 영역"을 통해 연결된다. 이처럼 차크라와 나디로 연결되는 몸은 수많은 네트워크가 일어나는 중개적 장소다. 몸은 개인적이고 닫힌 몸이 아니다. 언제나 우주의 기를 받아들이고 기를 운용하며 생명을 유지하고, 다른 생명들과 연결된다. 몸은 상상력의 통로이자 수단이며 상상이 일어나는 구체적 장소다. 토속신앙에서 무당의 영매체험, 빙의 같은 예들은 몸 자체가 영적인 체험, 신비로운 상상이 체험되는 장소임을 말해준다.

동양사상에서 몸이 경계들의 조화를 실천하는 장소가 될 수 있는 것은 '기'에서 비롯된다. 기는 정신과 물질, 영혼과 육체를 연결시키는 통합적 개념이다. '기'는 일종의 에너지운동으로서 인간과 자연 사이의 동시적 감응관계를 말한다. '기'의 관점에서 볼 때, 몸은 몸이 아닌 다른 것들과 단절된 것이 아니라 열린 체계로서 언제나 작용하는 무엇이다. '기'는 인간의 몸과 우주·자연·환경과의 상호 작용, 상호 관계를 전제로 한다. '기'는 몸을 몸으로 작용하게도 하며, 몸이 아닌 무엇으로 작용하게도 한다. 그런 의미에서 '기'는 물질이기도 하고 물질이 아니기도 하다. '기'는 바로 물질과 정신의 경계를 연결시키며 작용시킬 수 있는 상상력의 원동력일 수 있다. 기를 바탕으로 해서 몸은 상상력의 중개적 장소가 된다.

## 마음을 바꾸는 장기 이식

중국의 신화와 문학은 몸과 관련한 의학적 상상력의 흥미로운 예들을 제공한다. 중국의 많은 상상적 이야기들을 들려주는 《열자》의 〈탕문편〉에는 전국시대 명의인 편작 이야기가 나온다. 편작이 공호와 제영이라는 두 사람의 병을 낫게 하기 위해 서로의 심장을 바꾸는 수술을 했다는 것이다. 이것은 오늘날의 심장이식수술이 이미 오래전 문학작품 속에서 상상되었다는 것을 보여준다. 또한 중국의 고소설집 《태평광기》에서도 정신병을 치료하기 위해 심장을 이식하는 이야기가 나온다. 당시에는 정신병의 근원이 뇌가 아닌 심장에 있다고 생각했다는 점에서 맹점이 있지만, 이미 오래전부터 동양 문학이 인간의 정신과 육체의 관계와 현대 첨단의학기술을 상상했다는 점이 흥미롭다.

중국의 많은 상상적 이야기들을 들려주는 《열자》에 "마음을 바꾸는 의술"이라는 이야기가 있다. 당시 명의로 소문이 자자한 편작에게 노나라의 공호와 조나라의 제영이 찾아와 치료를 받는다. 치료를 받은 두 사람에게 편작은 자신의 새로운 의술의 시험 대상이 되어줄 것을 제안한다. 편작은 두 사람에게 그들의 병이 외부의 나쁜 기운 때문에 생긴 것이 아니라 근본적인 기질 문제라는 것을 말해준다. 공호는 의지는 강하지만 기질이 약해서 무슨 일이든 시작은 하지만 끝까지 밀어붙여 결실을 맺지 못하는 성질을 가지고 있는 반면, 제영은 의지는 약하지만 기질이 강해서 무슨 일을 계획하거나 시작하지는 못하지만 일단 시작하면 끝장을 보고야 마는 성격임을 말해준다. 편작은 두 사람에게 이렇게 제안한다. "당신들의 기질을 잘 섞어놓으면 아주 이상적일 텐데. 어떻소, 나한테 한번 맡겨보지 않겠소?" 그리하여 편작은 두 사람을 사흘 동안 혼수상태에 빠트려 가슴을 째고 심장을 꺼내 서로 바꿔 넣는다. 수술 덕분에 두 사람은 같은 몸이지만 마음이 바뀌어 집으로 돌아간다. 하지만 마음이 바뀐 탓에 그들은 아내와 자식들을 알아보지 못하게 된다. 인간의 기질이 가슴에 있는 심장이라고 생각한 부분은 웃음을 자아내긴 하지만, 그 당시 심장이식수술을 상상했다는 것 자체가 경이롭다.

상상적 발상이라는 관점에서 보면 기원전 4세기 편작의 상상력과 20세기 말 영화 〈페이스오프〉 사이에는 그다지 큰 차이가 있어 보이진 않는다.

오늘날은 그야말로 첨단의학기술 발달로 필요한 장기를 이식받을 수 있게 되었다. 그런데 상상해보라. 장기를 이식받은 사람이 그 사람의 성질까지 그대로 이식받는다는 것을.

2006년 〈뉴욕포스트〉지에 심장이식을 받은 한 남성의 이야기가 보도된 적이 있다. 63세의 월리엄 셰리던은 뉴욕의 한 병원에서 심장이식 수술을 받았는데, 수술 후 그에게 놀라운 변화가 일어났다. 평소 미술에는 전혀 관심이 없었던 그가 수술 후에는 그림 그리기를 좋아하게 되었고, 자신도 놀랄 만한 수준의 작품을 그리게 되었다는 것이다. 이러한 자신의 변화에 대한 해답을 찾기 위해 심장 기증자의 부모를 만난 셰리던은 그 부모로부터 심장 기증자가 어릴 때부터 그림 그리기를 좋아한 아마추어 화가였다는 것을 알게 되었다. 많은 신문과 언론들이 과학적으로는 증명할 수 없는 이 현상에 대해 관심을 갖게 되었다. 미국 애리조나 대학교의 게리 슈워츠 교수는 '세포 기억'이라는 개념으로 이 현상을 설명했다. 그 교수의 설명에 따르면 간이나 심장, 근육에 저장되어 있는 에너지나 정보가 장기 이식자에게 옮겨져 기질이나 재능에 영향을 줄 수 있다는 것이다.

셰리던 외에도 장기를 이식받은 후 기질과 재능이 변화된 예들이 언론에 종종 보도되고 있다. 고소 공포증을 앓던 도티 오코너라는 여성은 산악인의 폐를 이식받은 후 등산을 즐기게 되었고, 여성의 심장을 이식받은 남성은 매일 쇼핑을 즐기는 취미를 가지게 되었다고도 한다. 크로아티아에서 벌목공으로 일하는 56세의 스테판 리자치크는 여성 신장을 이식받은 후 전혀 다른 성격으로 바뀌었다고 한다. 수술을 받기 전에는 친구들과 어울려 폭음을 즐기는 '거친 남자'였는데, 수술 후에는 설거지나 다림질, 바느질 심지어는 뜨개질까지 즐기게 되었다는 것이다.

　장기이식 수술 후 재능을 이어받은 믿지 못할 예들은 어린 시절 누구나 한 번쯤 들어봤을 판타지 속 이야기들을 상기시킨다. 밤에 손톱을 깎으면 여우가 손톱을 먹고 그 사람으로 변신한다는 이야기, 사람의 장기나 간을 빼먹으면 사람으로 변신하다는 구미호 이야기, 그리고 머리카락으로 수많은 분신들을 만들어내는 손오공 이야기 등, 우리가 어린 시절 들었던 환상적인 이야기들은 편작의 수술이나 오늘날의 장기이식을 연상시킨다. 전 세계적으로 유명한 아티스트 에두아르도 칵은 유전자를 조작해 형광색을 내는 형광 토끼를 만들어 큰 반향을 일으킨 바 있다. 그는 최근 '아르스 엘렉트로니카'에서 자신의 유전자를 식물에 이식한 작품을 내놓았다. 식물의 유전적 형질을 그대로 이어받은 보통 식물과 에두아르도 칵의 DNA를 이식받은 식물은 같은 식물일까? 그리고 칵의 유전적 형질을 몇 세대에 걸쳐 계속 유전한다면 과연 그 식물은 어떻게 될까? 위에 나열한 장기이식으로 재능이 변화된 사람의 경우가 식물에게도 일어날 수 있다는 상상을 해볼 수 있지 않을까? 나아가 인간의 DNA가 식물이 아닌 동물에게 이식된다면 어떤 일이 일어날까? 과학자와 예술가들이 이러한 상상적 실험을 하지 않으리라는 보장을 할 수 있을까? 포스트휴먼 상상에서는 이러한 일들이 이미 진행되고 있다.

## 포스트휴먼 상상

'포스트'라는 접두사는 무엇 다음에 오는 것, 후속적 개념을 표현하기 위해 사용되는데, 현대에는 각종 '포스트'가 범람한다. 포스트모더니즘, 포스트구조주의, 포스트페미니즘을 비롯해 포스트지놈시대, 포스트휴먼이라는 새로운 용어들이 등장하고 있다.

'포스트휴먼'이란 무엇일까? 사전적으로 풀어보자면 휴먼 다음의 휴먼 즉 인간 다음 세대의 인간이라는 뜻이다. 그러니까 인간이라는 종 다음에 새로이 진화된 인간을 명하는 것이다. 그렇다면 새롭게 진화된 인간이란 어떤 종일까? 이 진화를 가져온 결정적 열쇠는 과학과 테크놀로지다. 이 진화는 몇 백만 년 지속되어온 호모사피엔스라는 생물학적 진화가 아닌 과학과 테크놀로지로 인한 진화다. 포스트휴먼 시대는 정보기술과 생명공학의 발달로 기술이 인간 몸속에 삽입되거나 생활에 밀착됨으로써 인간과 기계의 경계가 해체되는 시대다. '신인류'로 불리는 포스트휴먼은 기계, 기술과 융합된 인간을 말한다. 기계와 융합된 인간이 바로 사이보그다. 포스트휴먼 시대는 그 어느 때보다 인간 미래에 대한 상상력이 부각되는 시대다. 신화와 소설, 영화에서 상상되었던 경계를 훨씬 넘어서는 창의적 상상력이 미래 인간을 예측하는 데 필요하기 때문이다. 이제 미래에 대한 상상은 모든 분야에서 일상이 되었다.

현재 일상적으로 사용되는 사이보그라는 용어를 보자. 이 말은 1960년 미국의 만프레드 클라인즈와 나단 클라인이 쓴 논문에서 처음 사용되었다. 이 논문에서 인간이 우주 여행을 할 때 우주 환경에 적응하기 위해 인

체를 기술적으로 개조해야 한다는 것을 주장하기 위해 기계와 유기체의
합성물을 사이보그로 명명했다. 사실상 기계와 유기체의 결합은 이 용어
가 나오기 전부터 수없이 상상되어왔다. 그리스 신화에서 대장장이 헤파

### 케빈 워윅, 최초의 사이보그

정보기술과 신경공학은 사이보그 시대의 획기적인
상상을 불러일으키고 있다. 뇌에 신경보철을 이식
하면 그야말로 우리가 동양 무술이나 신화 속에서
들었던 상상적 이야기들을 현실로 실현시킬 수 있
게 된다. 1998년 미국의 필립 케네디는 전신마비
환자의 뇌에 미세전극을 심어 환자와 컴퓨터를 소
통시키는 실험에 성공했다. 뇌에 이식된 전극은 환
자가 어떤 움직임을 생각하면 그 신호를 포착해 컴
퓨터로 보내 컴퓨터 화면의 커서를 움직이게 할 수
있다. 독심술로 사람의 마음을 움직이는 것과 같은
이치다. 이처럼 뇌의 특정 부위에 기계장치를 심게
되면 상상도 못할 일들이 일어날 수도 있다. SF 영
화들에 나오는 것처럼 기계장치로 성적 오르가슴을
느낄 수 있고, 뇌에 무선 송수신기를 부착해 언어가
필요 없이 텔레파시로 의사소통할 수도 있다. 그런
데 정말로 이러한 미래적 상상을 실천한 과학자가
있다. 바로 케빈 워윅이다.

영국 레딩 대학교 인공두뇌학과 교수 케빈 워윅
은 두 번에 걸쳐 사이보그 실험을 감행했다. 첫 번
째 실험은 1998년 자신의 왼쪽 팔 밑에 컴퓨터 칩
을 이식하고 9일 동안 자신의 위치 신호를 컴퓨터
로 전송하는 프로젝트였고, 두 번째는 2002년 자신
의 왼쪽 손목 밑에 100개의 실리콘 전극을 삽입하
는 프로젝트였다. 이 외에도 그는 아내 이레나와 함
께 몸속에 칩을 이식해 최초로 신경계끼리 의사소
통한 부부가 되었다. 그가 이처럼 누구도 상상하지

못했던 사이보그 실험을 감행한 배경에는 기계와
인간 관계에 대한 무한한 상상력이 있었다. 그는 자
신의 저서 《나는 왜 사이보그가 되었는가》에서 사
이버 세계에 들어선 최초의 인간이 겪은 모험 이야
기를 들려준다. 우리는 인간으로 태어났지만, 기계
와 기술의 힘을 빌려 인간으로서의 나약한 운명을
바꿀 수 있다는 것이 그의 모험의 출발점이었다.

그는 인류가 진화된 기계와 기술 세계에 좀 더 적
극적으로 개입해 '기계 계몽의 시대'를 열어야 한
다는 것을 역설한다. 그에 따라 기계와 인간이 파트
너십으로 제휴해 기계와 같은 능력을 가진 인간으
로 업그레이드할 수 있는 프로젝트를 구상하기에
이른다. 기계와 제휴해 업그레이드되면 수백만 개
의 메시지를 동시에 오류 없이 보내고 받을 수 있
고, 생각의 신호를 통해 기계와 대화하고, 또 인간
들끼리도 생각만으로 의사소통하는 것이 가능할 수
있다는 상상이었다. 그 결과 몸에 실리콘 칩을 이식
해 실리콘의 전기신호와 신경 시스템을 연결시키는
실험을 감행하게 되었던 것이다.

두 번에 걸친 사이보그 실험을 통해 그는 "초감
각 능력, 뛰어난 의사소통 수단, 인간과 기계가 조
합된 최상의 뇌를 가지게 된 나는 나의 선택이 무엇
인지 안다. 내 목표는 사이보그가 되는 것이다"라고
술회한다. 실제로 그는 《기계의 행진》에서 미래에는
로봇이 지구를 접수하게 될 것으로 전망해 언론의
주목을 받기도 했다.

이스토스는 의족을 만들었고, 다이달로스도 아들 이카루스에게 인공날개를 달아주었다. 이와 유사한 예는 동양신화에도 심심찮게 등장한다. 《산해경》에서도 의족이 등장하고, 몸의 약점을 보완하는 갖가지 장치들이 나온다. 이외에도 〈6백만 불의 사나이〉〈터미네이터〉〈로보캅〉〈블레이드 러너〉 같은 SF 영화에서 시대를 앞서가며 사이보그에 대한 상상을 펼쳤다.

사이보그는 반은 인간이고 반은 기계인 인간과 기계의 경계가 사라진 유기체, 인간과 기계의 잡종이다. 사이보그가 유기체를 기술적으로 변형시킨 것이라고 할 때, 그 종류는 매우 다양하다. 심장작동기·의족·의수·인공보청기·달팽이관을 부착한 사람, 더 큰 범주에서는 안경을 쓴 사람까지도 사이보그 범주에 들어갈 수 있다. 심지어 옷은 인간 피부를 대체하는 것으로서, 메모장은 기억을 확대한 것으로서 사이보그적 장비로 간주되기도 한다. 이처럼 광범위하게 적용되는 사이보그를 대체하기 위해 요즘은 '파이보그(Fyborg)'라는 용어가 나왔다. 이것은 '기능적(functional)'이라는 용어와 '사이보그(cyborg)'의 합성어다. 핸드폰, 컴퓨터, 자동차 등과 같이 일상생활에서 사용되는 각종 장치들이 현대인의 능력을 보완해주고 있다는 점에서 우리 모두는 파이보그다.

일상적 사이보그 시대, 파이보그 시대를 맞아 군사용 로봇 개발에도 곤충이나 동물을 이용한 사이보그가 활용되고 있다. 이제까지 군사용으로 개발된 로봇은 상대에게 노출되기 쉽다는 단점이 있었다. 반면 동물이나 곤충과 같은 생체에 전자기계 장치를 이식하는 사이보그는 이러한 단점을 보완할 수 있기 때문에 그 활용도가 높다. 또한 자연재해 발생 시 사람

그림 48 (좌). 자크 보캉송, **자동 오리**, 1738, 기계장치로 만들어진 오리.
그림 49 (우). 리사 블랙, **사이보그 사슴**, 눈과 다리가 기계장치로 되어 있는 노루.

이 들어갈 수 없는 위험한 곳의 상황을 탐지해 연락을 해줄 수 있다면, 인명을 구조하는 데도 큰 도움이 될 수 있다. 이런 목적을 위해 전쟁터에서 화학물을 탐지하고 재난이 일어난 곳에서 인명을 구조하는 '곤충 사이보그'가 개발되고 있다. 귀뚜라미, 매미, 여치와 같은 곤충에 전극을 주입시켜 '곤충 사이보그'를 만들어 그 사이보그들이 화학물질의 존재를 교신케 한다는 것이다.

위의 오른쪽 그림 이미지는 동물 사이보그다. 사슴의 한쪽 눈이 기계장치로 대체되고, 등줄기와 다리 역시 기계가 이식되어 있다. 이 사이보그는 뉴질랜드 아티스트 리사 블랙이 죽은 동물 박제에 기계장치를 장착해 만든 예술품이다. 작가는 벼룩시장에서 산 동물박제에 연민을 느끼고 기계장치를 부착해 형상을 영원히 간직하고자 작품을 시작했다고 한다. 거북, 오리, 사슴 등의 동물 박제에 톱니바퀴, 스프링 등의 기계 부품을 결합해 움직이는 사이보그 박제품을 창작하는 것이 그녀의 주된 창작 콘셉트다.

동물과 기계를 결합한 리사 블랙의 '사이보그 예술품'은 18세기 계몽주의 시대에 유행했던 자동인형을 연상시킨다. 자크 드 보캉송은 1738년 자동오리를 만들었다. 400여 개의 기계 부품으로 제작된 이 자동오리는 날개를 퍼덕이고 물을 마시거나 심지어는 곡물을 소화시켜 배설까지도 했다고 한다. 이 로봇 제작은 오리 모양 인형에 자동기계장치를 넣어 마치 진짜 오리인 것처럼 움직이게 하는 것이 관건이었다. 그러니까 오리가 문

그림 50 린 랜돌프, **사이보그**, 1989, 여성과 동물과 기계가 결합된 사이보그 이미지.

제가 되는 것이 아니라 자동으로 움직인다는 것이 중요했다. 반면 리사의 사슴이나 오리는 목숨을 잃은 진짜 오리에 기계장치를 이식해 살아 있는 생명체로 보이게 하는 것이다. 이 두 경우의 상상력은 미래에 인공지능을 가진 로봇과 사이보그의 문제일 수 있다. 완전히 기계장치로만 제작된 인간로봇과 인간 몸에 각종 기계장치를 이식해 업그레이드된 사이보그의 관계는 보캉송의 자동 오리와 리사 블랙의 동물 사이보그 관계와 같은 문제로 다가올 것이다.

## 경계의 융합, 사이보그

포스트휴먼 단계에서는 모든 상상력이 허용될 것 같다. 인간과 기계의 융합을 넘어 종의 경계까지도 허물어질 것으로 상상된다. 포스트휴먼에 대한 상상에는 비단 소설가나 창작자들뿐만 아니라 과학자, 철학자들까지도 합세하고 있다. 이것은 모든 미래사회 인간에 대한 상상은 과학기술과 긴밀한 연관관계에서 진행된다는 것을 의미한다. 과학자 프리먼 다이슨은 미래에는 다양한 종들의 DNA를 보관하는 도서관도 생길 것으로 상상한다. 그는 미래사회에서는 "다양한 종이 형성될 것이고 인류는 점차 다양한 유전적 자질을 가진 사람들로 분화될 것"으로 전망하며, 인간 뇌는 고래·코끼리·호랑이·침팬지 등과 통합되며, 기억과 의식이 더 큰 마음으로 합쳐질 것이라고 한다. 과학기술 발달은 이제까지 인류가 상상했던 것 이상으로 몸의 경계를 바꿔놓을 수 있다는 것이다.

위의 그림은 《유인원, 사이보그, 그리고 여자》(1991)의 책표지에 실린 그

# 인간이라는 종의 경계가
## 미래에도 온전히 보장될 수 있을까?

림이다. 책의 제목부터 심상치 않다. 유인원과 사이보그 그리고 여자를 주제로 한 책인데, 그 조합이 얼른 이해가 가지 않으며, 이 의문은 그림으로 더욱 가중된다. 인간과 동물, 사이보그가 혼합된 양상이 뭔가 새로운 상상의 세계로 인도해줄 것 같다. 이 책의 저자는 페미니즘 과학사학자이자 문학이론가인 도나 해러웨이이고, 이 그림을 그린 화가는 린 랜돌프다. 린 랜돌프는 해러웨이의 사이보그에 관한 에세이들을 보고 영감을 받아 '사이보그'라는 제목의 이 그림을 그려 해러웨이에게 보냈다. 따라서 이 그림의 상상적 이미지들을 쫓아가다 보면 우리는 자연스럽게 해러웨이의 사이보그론을 이해할 수 있을 것이다.

이 그림은 얼핏 보기에도 단순하지만은 않다. 여러 가지 이미지들이 복합적으로 표현되어 있어 한마디로 정의를 내리기가 어렵다. 여하튼 그림의 중심이 되는 것은 인간 형상을 하고 있는 개체다. 그런데 진짜 인간일까? 인간이라기엔 뭔가 애매하다. 분명히 얼굴은 인간으로 보이지만, 그녀의 손은 뼈 골격이 드러나 보여 어딘지 인간 손으로는 보이지 않는다. 또한 가슴에는 문서이미지 처리장치 보드가 달려 있어 하드웨어와 소프트웨어를 매개하는 형태를 하고 있다. 분명히 유기체 생물인 것처럼 보이지만, 이러한 장치는 이 개체가 컴퓨터로 조정된다는 것을 암시한다. 그녀 위에 있는 백호 또한 마찬가지다. 백호는 머리를 제외하고는 여성의 손과 마찬가지로 앞다리의 뼈 골격이 훤히 들여다보여 마치 살아 있는 박제 같은 느낌을 준다. 그리고 두 개체는 동시에 전방의 중심을 응시하고 있다.

여성의 모습을 한, 아마도 사이보그일 것으로 추정되는 이 인물을 살펴보자. 눈길을 끄는 것은 그녀가 동양인이라는 것이다. 작가인 린 랜돌프는 이 그림이 사이보그를 구현한 것이라고 밝히면서, 그림 속 여성은 제3세계 페미니즘을 암시하는 중국 여성이라고 언급한 바 있다. 그런데 별로 특별하지 않은 제3세계의 보편적 인물로 보이는 이 여인은 광활한 우주를 배경으로 지구 표면을 컴퓨터 자판으로 두들기고 있다. 여기서 컴퓨터 자판은 마치 사이보그와 지구 표면의 지질학적 지형도 사이를 매개하는 듯하다. 그녀 뒤로 보이는 광경 또한 심상치 않다. 드넓은 우주. 그런데 그 위에 그림이 걸려 있다. 그곳에는 우주 은하수의 소용돌이와 블랙홀 형태로 보이는 중력장의 움직임, 그리고 아인슈타인의 수학 기호와 계산, 상징들이 나타난다.

이러한 이미지들과 함께 사이보그 여성의 캐릭터는 더욱 더 그 범주가 커져간다. 보편적 인물의 형상은 인간이자 유기체로서의 의미를 담고 있으며, 타자를 치고 있는 모습을 볼 때 작가 내지는 화이트칼라 노동자라고 볼 수도 있다. 동시에 수학적 이미지와 천문학적 이미지들의 혼합과 함께 수학자, 과학자 등으로 해석할 수도 있고, 지구라는 대상을 매개하는 인물로도 보인다. 어떻게 보면 컴퓨터 자판은 도시 건물들처럼 보이기도 한다. 인간과 지구의 정신적인 지도자라고 해석할 수는 없을까? 아니면 단순히 지구를 사랑하는 사람이라고 볼 수도 있다. 어쩌면 그보다 더 초자연적인 능력을 소유한 것으로 보이기도 한다. 이처럼 사이보그 여성은 개인이라는 하나의 개체로 보이기도 하지만 그 내면에 이 모든 캐릭터들을 내포한 집합적 개체이기도 하다.

## 인간은 어떻게 우주공간에서 광속보다 빠르게 이동할 수 있을까?

그렇다면 이 그림의 의미는 무엇일까? 해러웨이 이야기를 들어보자. 그녀가 말하는 사이보그는 경계적 존재다. 그것은 전통적으로 배제되어 왔던 존재들을 지칭한다. 그림 '사이보그'는 사이보그의 경계들을 나타낸다. 그림은 수많은 경계들의 혼종 상태를 보여준다. 가장 먼저 보이는 것은 동물과 인간, 그리고 기계의 경계다. 호랑이 모습과 인간 모습, 하지만 그것은 또다시 기계 모습과 연계된다. 이와 함께 하늘과 땅의 경계가 나타나고, 대자연이라는 자연적 대상과 그에 대한 과학적 이론이라는 인위적 대상의 경계가 나타난다. 그림 한편에 피라미드 형상이 보인다. 이 또한 하나의 경계다. 고대 파라오의 무덤이었던 피라미드는 무덤이지만 동시에 현실 세계에서 계속 살아남고자 하는 미라의 육체를 보존하는 공간이다. 영혼의 세계와 현실계 사이의 경계인 것이다. 그리고 마치 그 손모양이 이집트의 스핑크스를 연상케 하는 사이보그 여성은 그 사이에 선 경계적 존재다.

경계적 존재란 무엇일까? 그것은 일종의 '괴물'이다. 그런데 이 괴물은 모두 보이도록 형성된 존재다. 사실 괴물을 뜻하는 'monster'와 보여주다의 의미를 지닌 'de-monstrate'는 어간이 같다. 이러한 괴물의 이미지는 마치 신성모독처럼, 인간 존재에 대한 신성한 믿음과 인식을 여지없이 부숴버린다. 결국 이러한 새로운 존재는 "유기체인 인간과 과학기술과 공학 간에 불법적으로 탄생한 서출이다." 기존의 스핑크스가 영혼의 세계와 현실계 사이에 양발을 걸친 괴물이었다면, 그리고 그 존재가 두려움의 대상이었다면, 이 사이보그 또한 인간과 과학 사이에 양발을 걸친 괴물이라고 볼 수 있다.

그러나 과연 경계란 무엇이며 어떤 의미를 가지는가. 미래에 과학기술이 더욱 발달하면서 인간과 기계의 경계, 종들의 경계는 사실상 무의미해질 것이며 이러한 경계의 해체가 기존 사회적 질서에도 큰 변화를 가져올 것이다. 이러한 맥락에서 해러웨이는 미래 사이보그 사회는 남성중심주의로부터 벗어나 성차별이 없는 사회가 될 것으로 전망한다. 그녀는 과학기술 시대의 사이보그론을 주장하면서, "우리 모두 사이보그다. 사이보그는 우리의 존재론이다"라는 사이보그 선언을 했다. 해러웨이의 사이보그론은 사이보그가 단순히 과학기술 시대에 인간과 기계가 결합한 혼종이거나 또 다른 인간 유형이라는 관점을 넘어선다. 사이보그라는 개념은 오랫동안 인간이 가졌던 오만과 편견을 버리고 자신을 객관적 시각에서 바라보게 해준다. 인간은 절대로 기계보다 뛰어나다고 말할 수 없으며, 나아가 동물보다 우월한 위치에 있다고도 자만할 수 없다.

해러웨이는 "나는 결코 인간이 아니었고, 인간보다 훨씬 못하다는 것을 확고히 믿는다"고 선언한다. 이것은 기존의 인간 개념이 아닌 새로운 포스트휴먼 관점에서 말하는 것이다. 그런 까닭에 사이보그를 포스트휴먼 시대의 여성 정체성으로 과감히 받아들이는 것이다. 기존의 페미니즘이 과학기술적인 것을 거부하고 자연이나 절대적인 인간성을 향한 노스탤지어를 추구한 것에 비해, 해러웨이의 페미니즘은 과학기술의 진보를 현실에 적극적으로 수용해야 한다는 입장이다. 이것은 포스트휴먼 단계에서는 우리가 이제까지 생각해왔던 경계들이 와해된다는 것을 시사한다. 즉 상상과 실재의 경계가 점차 좁혀진다는 것이다. 해러웨이의 사이보그 페미니즘은 유기체와 기계의 이분법, 인간과 동물의 이분법 등 전통적 인식론의 한계를 뛰어넘기 위한 해체작업이라 할 수 있다. 그녀는 이 과정에서 차이와 경계의 문제를 사이보그뿐만 아니라 개를 포함한 인간의 동반 종인 애완동물로까지 확대시킨다. 이 과정에서 그녀는 모든 생물 종을 인간과 더불어 진화하는 것으로 본다. 사이보그, 동물과의 경계가 해체된다는 것은 자연-문명의 이분법조차 해체된다는 것을 의미한다.

이 결과로 나타난 것이 바로 '동반종 선언(Companian Species Manifesto)'이다. 2003년 해러웨이는 20세기 후반의 사이보그론이 더 이상 유효할 수 없다고 판단해 또 다른 상상적 선언으로 이것을 선포한다. 그녀는 인간과 기계의 경계를 허무는 것을 넘어서 인간과 기계, 동물 사이의 경계를 없애 서로가 동반종으로 살아가야 한다는 주장을 펼친다. 이 선언은 반려동물로서의 애완동물을 동반종으로 받아들여야 한다는 것이다. 그녀는 과연 인간만이 만물의 영장이 되어야 하는가라는 질문을 던지며, 인간중심주의를 반성하고 인간과 동물의 경계를 없애기를 선언했다. 미래 사이보그 사회에서는 이질적인 종들 간의 교배, 성의 혼성화, 인간 이외 다른 종과의 결합이 생명의 자연스러운 법칙, 미래 현실이 되리라는 것이다. 그렇다면 신화 속에서 상상되었던 인어공주, 반인반마, 반인반수가 미래 사회에서는 자연스럽게 받아들여질지도 모르겠다.

여기서 다시 앞의 그림으로 돌아가보자. 백호는 사이보그와 같이 있고 그 둘은 같은 곳을 바라보고 있다. 이들은 동반 관계라고 해석할 수 있으며, 비록 이 그림이 사이보그를 표현한 것이지만 동시에 이것은 동반종 선언도 하는 것으로 볼 수 있다. 그런데 백호의 위치가 미묘하다. 백호가 그녀 옆에 있는 것도 아니고 아래 있는 것도 아니고 품에 있는 것도 아니다. 머리 위에서 그녀를 감싸 안는 모양으로 있는 것이다. 이것은 무엇을 의미하는가. 그리고 왜 이렇게 동양적으로 보일 수 있는 이미지인 백호, 동양인 여성을 공존시키고 있는가. 여기서의 백호는 야수성을 지닌 동물이라기보다는 정신적인 존재에 가깝다. 실제로 백호는 성스러운 동물이기도 하며, 그렇다면 머리에 있는 백호는 사이보그 정신과 이어지는 하나의 매개라고 볼 수도 있고, 이는 일종의 명상 장치 같은 기계 형상일 수도 있다. 하지만 그것을 넘어, 이 그림을 인간과 동물과 기계가 정신적 세계와 이어지는 새로운 세계를 나타내는 것이라고도 할 수 있지 않을까? 이 그림은 모든 경계적 존재들을 담고 있지만, 동시에 그 경계를 허물어 앞으로 나아가는 새로운 미래를 상징하는 그림으로도 볼 수 있다.

## 잡 종 인 간

포스트휴먼에 대한 또 다른 재미있는 상상력의 예를 보자. 미래 포스트휴먼에 관한 SF소설 《완전변이세대》는 종의 경계에 관한 이야기다. 옥타비아 버틀러의 이 작품은 지구의 멸망 이후 과연 인간이라는 종의 경계는 어떻게 진개될 것인지를 상상한다. 《안전변이세대》는 삼부작 《새벽》《성인식》《성충》으로 구성되어 있다. 버틀러의 이 작품은 도나 해러웨이의 페미니즘 이론 연장선상에서 이해될 수 있을 정도로 두 사람의 상상은 긴밀한 관련성을 가진다. 이야기는 지구가 핵전쟁으로 멸망한 후 오안칼리라는 외계인이 지구에 들어오면서 발생하는 사건들을 중심으로 전개된다.

삼부작의 첫 번째 작품《새벽》은 지구 멸망 후 긴 수면에 빠져 있던 흑인 여주인공 릴리스가 깨어나는 것으로 시작된다.《성인식》에서는 릴리스와 외계인 오안칼리 사이에서 태어난 잡종 인간 아킨을 중심으로 인간과 외계인의 경계 문제가 계속 이야기의 중심이 되고,《성충》에서는 인간과 외계인의 잡종 조다가 변신해 새로운 변종 울로이가 태어나는 것으로 시작한다. 이 새로운 잡종 조다 울로이는 인간도 외계인도 아니며, 여자도 남자도 아닌 인간 아닌 인간이다. 그야말로 잡종이며 모든 경계가 뒤섞인 경계인이다. 경계인으로서의 조다 울로이는 남성과 여성 그리고 남성도 여성도 아닌 전혀 다른 성, 이 세 명의 신경조직을 조정하는 존재다. 이 세 명의 신경조직을 조정하며 잡종적 요소들이 혼합된 미래인간 조다 울로이에게는 몸 자체가 소통 수단이 되고 변신 장소가 된다.

미래 속에 상상된 인간의 몸은 잡종이고 경계적 존재다. 버틀러의 미래인간에 대한 상상은 인간적인 것에 대한 경계, 자아의 소유권, 정체성의 경계를 모호하게 만들고 있다. 자신인 동시에 타자인 아킨에게서 플라톤–데카르트의 전통 속 몸의 경계들은 완전히 와해된다. 경계들 사이의 몸은 경계들의 몸이 되는 것이다.

## 참고문헌

• 국내문헌

강신익, 《몸의 역사 몸의 문화》, 휴머니스트, 2007.

___ , 《몸의 역사 : 의학은 몸을 어떻게 바라보았나》, 살림, 2007.

게리 쥬카브, 《현대 물리학의 최첨단 : 불교사상과의 만남》, 최준식 옮김, 문맥, 1980.

고미숙 외, 《들뢰즈와 문학-기계》, 소명출판, 2004.

고미즈미 요시유키, 《들뢰즈의 생명철학》, 이정우 옮김, 동녘, 2003.

그레고리 베이트슨, 《정신과 자연》, 박지동 옮김, 까치, 1998.

김보일, 《인문학으로 과학 읽기》, 휴머니스트, 2009.

김열규, 《고독한 호모디지털》, 한길사, 2002.

김영식, 《과학혁명 : 전통적 관점과 새로운 관점》, 아르케, 2001.

김융희, 《예술, 세계와의 주술적 소통》, 책세상, 2000.

김장호, 《환상 박물관》, 개마고원, 2004.

김정현, 《니체의 몸 철학》, 문학과현실사, 2000.

김희정, 《몸 · 국가 · 우주 하나를 꿈꾸다》, 궁리, 2008.

노르베르트 볼츠, 《구텐베르크-은하계의 끝에서》, 윤종석 옮김, 문학과지성사, 2000.

니콜라스 네그로폰테, 《디지털이다》, 백욱인 옮김, 커뮤니케이션북스, 1999.

다나 J. 해러웨이, 《유인원, 사이보그, 그리고 여자》, 민경숙 옮김, 동문선, 2002.

더글러스 호프스태터, 《괴델, 에셔, 바흐》, 박여성 옮김, 까치글방, 2000.

데이비드 퍼피뉴, 《의식》, 신상규 옮김, 김영사, 2007.

도미니크 바뱅, 《포스트휴먼과의 만남》, 양영란 옮김, 궁리, 2007.

레나토 포지올리, 《아방가르드 예술론》, 박상진 옮김, 문예출판사, 1996.

레이철 그린, 《인터넷아트 : 사이버 시대의 예술》, 이수영 옮김, 시공아트, 2008.

로돌포 R 이나스, 《꿈꾸는 기계의 진화 : 뇌과학으로 보는 철학 명제》, 김미선 옮김, 북센스, 2007.

로버트 루이스 스티븐슨, 《지킬박사와 하이드 씨》, 강미경 옮김, 문학동네, 2009.

로버트 휴즈, 《새로움의 충격》, 최기득 옮김, 미진사, 1995.

뤼시앵 보이아, 《상상력의 세계사》, 김웅권 옮김, 동문선, 2000.

르네 톰, 《카타스트로프의 과학과 철학》, 이정우 옮김, 솔, 1995.

리처드 F. 버턴, 《아라비안 나이트 1》, 김하경 옮김, 시대의창, 2006.

마노 다카야, 《도교의 신들》, 이만옥 옮김, 들녘, 2001.

마뉴엘 카스텔, 《네트워크 사회의 도래》, 김묵한 외 옮김, 한울아카데미, 2008.

___ , 《정보도시 : 정보기술의 정치경제학》, 최병두 옮김, 한울, 2001.

마샬 맥루한, 《미디어의 이해》, 박정규 옮김, 커뮤니케이션북스, 2001.

마이클 러시, 《뉴미디어 아트》, 심철웅 옮김, 시공사, 2003.

마크 스미스, 《사이버공간과 공동체》, 조동기 옮김, 나남, 2001.

마크 존슨, 《마음 속의 몸 : 의미 상상력 이성의 신체적 기초》, 노양진 옮김, 철학과현실사, 2000.

마틴 하이데거, 《기술과 전향》, 이기상 옮김, 서광사, 1993.

미노루 가네히사, 《포스트 지놈 시대의 생물정보학》, 삼성SDS정보기술연구소 옮김,한울, 2000.

미르치아 엘리아데, 《대장장이와 연금술사》, 이재실 옮김, 문학동네, 1999.

미셸 세르, 《기식자》, 김웅권 옮김, 동문선, 2002.

__ , 《헤르메스》, 이규현 옮김, 민음사, 1999.

미우라 구니오, 《주자와 기 그리고 몸》, 이승연 옮김, 예문서원, 2003.

박성래, 《중국 과학의 사상》, 전파과학사, 1993.

버지니아 울프, 《올란도》, 최홍규 옮김, 평단문화사, 2004.

베르나르 베르베르, 《뇌》, 이세욱 옮김, 열린책들, 2002.

__ , 《아버지들의 아버지》, 이세욱 옮김, 열린책들, 2008.

브루노 라투르, 《인간 사물 동맹 : 행위자네트워크 이론과 테크노사이언스》, 홍성욱 옮김, 이음, 2010.

브루스 T. 모런, 《지식의 증류》, 최애리 옮김, 지호, 2006.

블라트 게오르게스쿠, 《나노 바이오 테크놀로지》, 박진희 옮김, 생각의나무, 2004.

사토 호미타카, 《양자 역학으로 본 우주 : 시간과 공간의 시작》, 김재영 옮김, 아카데미서적, 2000.

서울사회과학연구소, 《탈주의 공간을 위하여》, 푸른숲, 1997.

손영일, 이승우, 《분자가 만드는 나노의 불가사의》, 전파과학사, 2002.

송성수, 《우리에게 기술이란 무엇인가》, 녹두, 1995.

스테판 가시오로위츠, 《양자물리학》, 서강대학교 물리학과 옮김, 범한서적주식회사, 2005.

스티븐 레비, 《인공생명》, 김동광 옮김, 사민서각, 1995.

스티븐 컨, 《시간과 공간의 문화사》, 박성관 옮김, 휴머니스트, 2006.

스티븐 프레이타, 《인공생명》, 이충기 옮김, 김영사, 1995.

슬라보예 지젝, 《신체 없는 기관 : 들뢰즈와 결과들》, 이성민, 도서출판b, 2006.

시노다 고이치, 《중국 환상세계》, 이송은 옮김, 들녘, 2000.

아서 밀러, 《아인슈타인 피카소 : 현대를 만든 두 천재》, 정영목 옮김, 작가정신, 2002.

__ , 《천재성의 비밀》, 김희봉 옮김, 사이언스북스, 2001.

알버트 라즐로 바라바시, 《링크 : 21세기를 지배하는 네트워크 과학》, 강병남 옮김, 동아시아, 2002.

앙드레 말로, 《상상의 박물관》, 김웅권 옮김, 동문선, 2004

앙리 베르그손, 《물질과 기억 : 반복과 차이의 운동》, 김재희 옮김, 살림, 2008.

앨리슨 쿠더트, 《연금술 이야기》, 박진희 옮김, 민음사, 1995.

에드워드 윌슨, 《통섭 : 지식의 대통합》, 최재천 옮김, 사이언스북스, 2005.

엘렌 트로, 《진화하는 비트생명의 불가사의한 인공생명》, 이현열 옮김, 인터비전, 2006.

엘리안 스트로스 베르, 《예술과 과학》, 김승윤 옮김, 을유문화사, 2002.

열어구, 《열자》, 김영식 옮김, 지만지고전천줄, 2008.

오비디우스, 《변신이야기》, 이윤기 옮김, 민음사, 1994.

월터 보싱, 《히에로니무스 보스》, 김병화 옮김, 마로니에북스, 2007.

윌리엄 B. 어빈, 《욕망의 발견 : 우리가 원하는 것을 우리는 왜 원하는가》, 윤희기 옮김, 까치, 2008.

윌리엄 J. 미첼, 《디지털이미지론》, 김은조 옮김, 클라이닉스, 2005.

유아사 다케오, 《세계사의 상상력》, 이혜정 옮김, 현대미학사, 2003.

유아사 야스오, 《몸과 우주 : 동양과 서양》, 이한영 외 옮김, 지식산업사, 2008.

이거룡, 《몸, 또는 욕망의 사다리》, 한길사, 1999.

이방, 《태평광기 3》, 김장환 옮김, 학고방, 2001.

이순칠, 《양자 컴퓨터 : 21세기 과학혁명》, 살림, 2003.

이영욱, 《우주 그리고 인간》, 동아일보사, 2000.

이영희, 《나노 : 미시세계가 지식세계를 바꾼다》, 살림, 2004.

이인식, 《유토피아 이야기: 세상이 두려워한 위험한 생각의 역사》, 갤리온, 2007.

이재복, 《몸》, 하늘연못, 2002.

＿ , 《한국문학과 몸의 시학》, 태학사, 2004.

이종흡, 《마술, 과학, 인문학》, 지영사, 1999.

이중원, 《인문학으로 과학 읽기》, 실천문학사, 2004.

이지훈, 《예술과 연금술 : 바슐라르에 관한 깊고 느린 몽상》, 창비, 2004.

이토이 시게사토, 이케가야 유지, 《해마 : 뇌는 결코 지치지 않는다》, 박선무 외 옮김, 은행나무, 2006.

이필렬 외, 《새로운 인문주의자는 경계를 넘어라 : 자신 안에 갇혀 있는 지식인에게 던지는 과학논객
들의 제언》, 고즈윈, 2005.

장 보드리야르, 《세계의 폭력》, 배영달 옮김, 동문선, 2003.

장경렬, 《코울리지 : 상상력과 언어》, 태학사, 2006.

장시기, 《노자와 들뢰즈의 노마돌로지》, 당대, 2005.

장회익, 《이분법을 넘어서 : 물리학자 장회익과 철학자 최종덕의 통합적 사유를 향한 대화》, 한길사,
2007.

전미정, 《에코토피아의 몸》, 도서출판역락, 2005.

조광제, 《몸의 세계 세계의 몸 01 : 몸》, 이학사, 2007.

＿ , 《주름진 작은 몸들로 된 몸》, 철학과현실사, 2003.

조나 레러, 《프루스트는 신경과학자였다》, 최애리 외 옮김, 지호, 2007.

조나단 스위프트, 《걸리버 여행기》, 신현철 옮김, 문학수첩, 2010.

조윤경, 《초현실주의와 몸의 상상력》, 문학과지성사, 2008.

조지 P. 랜도우, 《하이퍼텍스트 2.0》, 여국현 옮김, 문화과학사, 2001.

존 버거, 《이미지 : 시각과 미디어》, 편집부 옮김, 동문선, 1997.

존 브록만, 《과학의 최전선에서 인문학을 만나다》, 안인희 옮김, 동녘사이언스, 2006.

지아우딘 사르다르, 《과학》, 안소연 옮김, 김영사, 2008

진중권, 《놀이와 예술 그리고 상상력》, 휴머니스트, 2005.

진형준, 《상상력혁명 : 따라갈 것인가, 창조할 것인가?》, 살림출판사, 2010.

진휘연, 《아방가르드란 무엇인가》, 민음사, 2002.

질 들뢰즈, 펠릭스 가타리, 《카프카 : 소수적인 문학을 위하여》, 이진경 옮김, 동문선, 2001.

질베르 뒤랑, 《상상계의 인류학적 구조들》, 진형준 옮김, 문학동네, 2007.

＿ , 《상상력의 과학과 철학》, 진형준 옮김, 살림, 1997.

＿ , 《상징적 상상력》, 진형준 옮김, 문학과지성사, 1998.

칼빈 톰킨스, 《아방가르드 예술의 다섯 대가들》, 송숙자 옮김, 현대미학사, 2000.

케빈 워릭, 《나는 왜 사이보그가 되었는가》, 정은영 옮김, 김영사, 2004.

코넬리 A. 반 퍼슨, 《몸, 영혼, 정신》, 손봉호 외 옮김, 서광사, 2005.

클라우스 에메케, 《기계 속의 생명》, 오은아 옮김, 이제이북스, 2004.

클레어 콜브룩, 《이미지와 생명, 들뢰즈의 예술철학 : 《시네마》예술 정치학》, 정유경 옮김, 그린비, 2008.

테드 사전트, 《춤추는 분자들이 펼치는 나노기술의 세계》, 차민철 외 옮김, 허원미디어, 2008.

토머스 휴즈, 《테크놀로지 : 창조와 욕망의 역사》, 김정미 옮김, 플래닛미디어, 2008.

톰 지그프리트, 《우주, 또 하나의 컴퓨터》, 고중숙 옮김, 김영사, 2003.

페터 보르샤이트, 《템포 바이러스》, 두행숙 옮김, 들녘, 2008.

펠릭스 가따리, 《기계적 무의식》, 윤수종 옮김, 푸른숲, 2003.

＿, 《분자혁명 : 자유의 공간을 향한 욕망의 미시정치학》, 윤수종 옮김, 푸른숲, 1998.

폴 데이비스, 《원자속의 유령 : 양자물리학의 신비에 관한 토론》, 김수용 옮김, 범양사출판부, 1994.

폴 비릴리오, 《탈출속도》, 배영달 옮김, 경성대학교출판부, 2006.

＿, 《정보과학의 폭탄》, 배영달 옮김, 울력, 2002.

프란츠 카프카, 《변신》, 이재황 옮김, 문학동네, 2005.

프리먼 다이슨, 《상상의 세계》, 신중섭 옮김, 사이언스북스, 2000.

프리초프 카프라, 《새로운 과학과 문명의 전환》, 구윤서 외 옮김, 범양사, 2007.

＿, 《현대 물리학과 동양사상》, 이성범 옮김, 범양사, 2006.

＿, 《히든 커넥션》, 강주헌 옮김, 휘슬러, 2003.

＿, 《생명의 그물》, 김용정 옮김, 범양사, 1998.

피에르 레비, 《디지털 시대의 가상현실》, 전재연 옮김, 궁리, 2002.

＿, 《집단지성 : 사이버 공간의 인류학을 위하여》, 권수경 옮김, 문학과지성사, 2002.

피터 벤틀리, 《디지털 생물학》, 김한영 옮김, 김영사, 2003.

하인즈 페이겔스, 《우주의 암호 : 양자 물리학의 자연관》, 이호연 옮김, 범양사출판부, 1989.

한국과학문화재단, 《Ten years after : 과학 + 예술 10년 후》, 다빈치, 2004.

한양대학교 과학철학교육위원회, 《과학기술의 철학적 이해》, 한양대학교출판부, 2010.

핼 포스터, 《시각과 시각성》, 최연희 옮김, 경성대학교출판부, 2004.

현우식, 《과학으로 기독교 새로 보기》, 연세대학교출판부, 2006.

현원복, 《나노기술과 인간》, 까치, 2005.

홍상훈, 《하늘을 나는 수레 : 옛 중국인들의 여섯 가지 과학적 상상》, 솔, 2003.

홍성욱, 《네트워크 혁명, 그 열림과 닫힘》, 들녘, 2002.

＿, 《싸이버스페이스 오디쎄이 2001》, 창작과비평사, 2001.

＿, 《과학으로 생각한다 : 과학 속 사상, 사상 속 과학》, 동아시아, 2007.

홍은영, 《푸코와 몸에 대한 전략》, 철학과현실사, 2004.

• 해외문헌

Alice Goldfarb Marquis, Marcel Duchamp: The Bachelor Stripped Bare: A Biography, MFA Publications, 2002.

Alvin I. Goldman, Simulating Minds: The Philosophy, Psychology, and Neuroscience of Mindreading, Oxford University Press, USA, 2008.

Arthur C. Danto, The Transfiguration of the Commonplace: A Philosophy of Art, Harvard University Press, 1983.

Bernard Masson, Lectures de l' imaginaire, Presses Universitaires de France, 1993.

Colloque de Cerisy, Le Mythe et le mythique, Dervy, 1997.

David Baird(EDT), Alfred Nordmann(EDT), Joachim Schummer(EDT), Discovering the Nanoscale, Ios Press Inc, 2005.

David Mendelson, Le Verre et les objets de verre dans l' univers imaginaire de Marcel Proust, Librairie J. Corti, 1968.

Don Ihde, Bodies in Technology, The University of Minnesota Press, 2001.

___ , Chasing Technoscience, Indiana Univ Press, 2003.

Florence de Meredieu, Arts et Nouvells Technologies, Larousse, 2003.

Gavin Parkinson, The Duchamp Book: Tate Essential Artists Series, Tate Publishing, 2008.

Gilbert Durand, L' imagination symbolique, Presses universitaires de France, 1976.

Gilles Deleuze, Mille Plateaux, Editions de Minuit, 1998.

Hayles, N. Katherine (EDT), Foushee, Danielle (EDT), Nanoculture: Implications of the New Technoscience, Intellect Specialized Book Service Inc, 2004.

Henk A. M. J. ten Have, Nanotechnologies, Ethics and Politics, UNESCO Publishing, 2007.

James B. Steeves, Imagining Bodies: Merleau-Ponty' s Philosophy of Imagination, Duquesne University Press, 2004.

James Elkins, Pictures of the Body: Pain and Metamorphosis, Stanford University Press, 1999.

Jean Baudrillard, Simulacres et Simulation, Editions Galilee, 1981.

Jean-Jacques Lecercle, Frankenstein: mythe et philosophie, Presses universitaires de France, 1997.

Jean-Paul Sartre, L' imaginaire: psychologie phénoménologique de l' imagination, Gallimard, 1986.

Joachim Schummer(EDT), Davis Baird(EDT), Nanotechnology Challenges: Implications for Philosophy, Ethics and Society, World Scientific Publishing Company, 2006.

Jonathan Crary, Techniques of the Observer: On Vision and Modernity in the 19th Century, The MIT Press, 1992.

Judy Malloy(EDT), Patricia Bentson(Foreword), Women, Art, and Technology, The MIT Press, 2003.

Julian Stallabrass, Internet Art: The Online Clash of Culture and Commerce, Tate, 2003.

K. Eric Drexler, Engines of Creation: The Coming Era of Nanotechnology, Anchor Books Edition, 1987.

Karl Gerbel(EDT), Peter Weibel(EDT), Ars Electronica 93: Genetische Kunst - Künstliches Leben, P.V.S Verleger, 1993.

Laura Hengehold, The Body Problematic: Political Imagination in Kand and Foucault, The Pennsylvania State University Press, 2007.

Lawrence Weschler, Mr. Wilson's Cabinet Of Wonder: Pronged Ants, Horned Humans, Mice on Toast, and Other Marvels of Jurassic Technology, Vintage, 1996.

Lev Manovich, The Language of New Media, The MIT Press, 2002.

Linda Dalrymple Henderson, Duchamp in Context: Science and Technology in the "Large Glass" and Related Works, Princeton University Press, 2005.

Lorraine Daston(EDT), Things That Talk: Object Lessons from Art and Science, Zone Books, 2004.

Lynn Gamwell, Exploring the Invisible: Art, Science, and the Spiritual, Princeton University Press, 2005.

Maria L. Assad, Reading With Michel Serres: An Encounter With Time, State University of New York Press, 1999.

Mark B. N. Hansen, New Philosophy for New Media, The MIT Press, 2006.

Mark Johnson, The Body in the Mind: The Bodily Basis of Meaning, Imagination, and Reason, The University of Chicago Press, 1990.

Martin Jay, Downcast Eyes: The Denigration of Vision in Twentieth-Century French Thought, The University of California Press, 1994.

Matthew Gale, Francis Bacon, Francis Bacon, Tate Publishing, 2008.

Merleau-Ponty, Le Visible et L'invisible, Gallimard, 1986.

Michael Gill, Image of the Body - Aspects of the Nude, Doubleday Dell Publishing Group, Inc, 1989.

Michael Peppiatt, Francis Bacon. Studies for A Portrait, Yale University Press New Haven and London, 2008.

Michael Rush, Les Nouveaux Medias dans l'art, Thames & Hudson, 2000.

Michel Foucault, Technologies of the Self: A Seminar With Michel Foucault, University of Massachusetts Press, 1988.

Michel Serres, Conversations on Science, Culture, and Time: Michel Serres with Bruno Latour, University of Michigan Press, 1995.

Mircea Eliade, Aspects du mythe, Gallimard, 1988.

Norbert Hillaire, Edmond Couchot, L'Art numérique: Comment la technologie vient au monde de l'art, Flammarion, 2003.

Norbert Wiener, Cybernetics: or Control and Communication in the animal and the machine, John Wiley & Sons, 1948.

Peter Galison(EDT), Caroline A. Jones(EDT), Picturing Science, Producing Art, Routledge, 1998.

Randall Packer(EDT), Ken Jordan(EDT), William Gibson(Foreword), Multimedia: from Wagner to Virtual Reality, W. W. Norton & Company, 2001.

Richard Coyne, Technoromanticism: Digital Narrative, Holism, and the Romance of the Real, The MIT Press, 2001.

Richard W. Oliver, The Biotech Age: The Business of Biotech and How to Profit From It, McGraw-Hill, 2003.

Robert Pepperell, Michae Punt, The Postdigital Membrane: Imagination, Technology and Desire, Intellect Specialized Book Service Inc, 2003.

Roy Ascott(EDT), Reframing Consciousness: Art, Mind and Technology, Intellect Specialized Book Service Inc, 2001.

Sherryl Vint, Bodies of Tomorrow, The University of Toronto Press, 2007.

Stephen Wilson, Information Arts: Intersections of Art, Science, and Technology, The MIT Press, 2003.

Tyler Volk, Metapatterns, Columbia University Press, 1995.

Vera Lehndorff and Holger Trulzsch, Veruschka trans-figurations, Olympic Marketing Corp, 1987.

Ars Electronica 99: Life Science, Springer Wien New York, 1999.

Timothy Druckrey(EDT), Ars Electronica Facing the Future, The MIT Press, 2001.

• 웹 사이트

http://www.artcyclopedia.com/artists

http://www.artinthepicture.com/paintings/Max_Ernst/The-Fireside-Angel/

http://www.dali-gallery.com/html/galleries/paintings.htm

http://www. veruschka.net/front.html

http://www.orlan.net/

http://www.robotmuseum.co.kr

http://brainwavedrawings.com

http://kr.youtube.com/watch?v=_2Mask2uGOY

http://kr.youtube.com/watch?v=-JV--AwLxiE&feature=related

http://kr.youtube.com/watch?v=75CXFwgslsY&feature=PlayList&p=0C3C598D031BF273&index=19

http://karakuriya.com

http://www.gazirababeli.com/doppelganger.php

http://www.voyd.com

http://www.andyrembrandt.com

http://www.andyrembrandt.com

http://www.portrait.gov.au/exhibit/doppelganger/

http://www.delappe.net

http://www.youtube.com China Tracy Channel

http://www.eculturefactory.de

http://www.eculturefactory.de

http://www.lib.pref.ibaraki.jp

http://www.designboom.com

KI신서 3267

# 몸, 멈출 수 없는 상상의 유혹

**1판 1쇄 인쇄** 2011년 03월 31일
**1판 1쇄 발행** 2011년 04월 8일

**지은이** 허정아 **펴낸이** 김영곤 **펴낸곳** (주)북이십일 21세기북스
**출판컨텐츠사업부문장** 정성진 **출판개발본부장** 김성수 **인문실용팀장** 심지혜
**기획·편집** 최혜령 **해외기획** 김준수 조민정 **디자인** 씨디자인
**영업마케팅본부장** 최창규 **마케팅** 김보미 김현유 강서영 **영업** 이경희 우세웅 박민형
**출판등록** 2000년 5월 6일 제10-1965호
**주소** (우413-756) 경기도 파주시 교하읍 문발리 파주출판단지 518-3
**대표전화** 031-955-2100 **팩스** 031-955-2151 **이메일** book21@book21.co.kr
**홈페이지** www.book21.com **트위터** @21cbook **블로그** b.book21.com

ⓒ 허정아, 2011

ISBN 978-89-509-3023-3  03300
ISBN 978-89-509-3024-0 (세트)
책 값은 뒤표지에 있습니다.